Das weiß-blaue Kopfkissenbuch

Das weiss-blaue Kopfkissenbuch

Bairische G'schichten zum Aufheitern

Zusammengetragen von Carl Borro Schwerla
Mit Zeichnungen von Ernst Hürlimann

Gräfe und Unzer

Umschlaggestaltung: Werkstatt Hotop/Monika Plenk
Druck: Presse-Druck- und Verlags-GmbH, Augsburg
Bindung: Großbuchbinderei Monheim/Schwaben
ISBN 3 7742 5014 6

Inhalt

Mit Baiern leben

Sommer in Baiern

Jetzt woll'n s' uns derblecken

Zum Anfang

»Geh weiter«, sagt der Hierangl Lenz zum Krampenschneider Sepp, »verzähl uns halt no' a G'schicht!«
Und der Sepp, seine Vierundachtzig auf dem Buckl und seinen Maßkrug vor sich auf dem Wirtshaustisch, braucht sich nicht lang zu besinnen.
Weil es in Baiern ja genug Geschichten gibt. Vom Urahndl her oder von der Großmutter. Oder von der Mutter, wenn sie vor achtzig Jahren neben dem kleinen Sepperl am Bettstatt'l gesessen ist und fröhlich drauflosfabuliert hat.
Vielleicht, daß auch noch mancher von uns zurückdenkt an die Abende, an denen er in seinem Betterl gelegen ist und hart an den Tränen geschluckt hat, die ihm ein aufgeschundenes Knie oder ein verlorener Schusser aus dem kleinen Herzen getrieben hat. Und wenn ihm dann die Mutter noch schnell ein G'schicht'l erzählt hat, bis ihm die Augen zugefallen sind.
Vielleicht, daß er auch heut noch aus seinem Werktag voller Unrast mit so einer Geschichte hinüberträumen möchte in den erquickenden Schlaf. Daß es ihm recht wäre, wenn er nur hinunterzulangen bräuchte unter sein Kopfkissen, und hinein in einen kleinen Schatz von wunderschönen, echt bairischen Geschichten.
G'schichten vom lustigen Leben und vom traurigen Tod. Oder auch umgekehrt. Weil bei uns in Baiern auch auf das traurigste Leben der lustigste Tod folgen kann. Mit einem Juchezer und einem Fingerschnackler, damit der leidtragenden Trauergemeinde nicht der Appetit zum Leichenschmaus verdorben wird.
Bei uns in Baiern – in Baiern mit »i«.
Denn das Bayern mit »y« reicht viel weiter über die Grenzen hinaus, innerhalb derer die Altbayern, deren Ahndl die Bajuwaren waren, langsam aber sicher aufgewachsen sind. Aber auch dort – in Franken und Schwaben – ist der Schatz der heiteren Geschichten nicht kleiner als in Altbayern.

Nur – wollte man sie alle zusammennehmen, so würden sie ein Buch ergeben, das dreimal so dick sein müßte wie das, das der geneigte Leser gerade aufgeschlagen hat. Und das könnte er dann wirklich nicht mehr unter sein Kopfkissen legen.
Bleiben wir – für heute – also bei den bairischen Geschichten, mit »i«.

CARL BORRO SCHWERLA

Drauß' bei die Bauern

Die G'schicht' von' Brandner-Kasper

1.

Der Brandner-Kasper is a' Schlosser g'west und hat bei Tegernsee a' kloa's Häusl g'habt, hübsch hoch ob'n a'm Almbach, wo mar auf Schliersee 'nübergeht. Da hat er g'haust mit sein' Wei', die Traudl g'hoaß'n hat und mit seini zwoa Buab'n, mi'n Toni und mi'n Girgl; die san zeiti' Seldat'n wor'n und hamm in an' Artollerie-Regiment 'dient in' Land d'raußt. Der Kaspar is a' fleißiger braver Mo' g'west und lusti' und schneidi'. G'forcht'n hat er ihm vor gar nix und hat amal an' groß'n wininga Hund, der a' Dirn umg'rennt hat und hätt's z'riss'n, frei mit der Hand bei'n Krag'n packt und hat 'n a so an a' Mauer hi'g'worfa, daß er nimmer aufg'stand'n is und 'n Hagmoar vo' Scharling hat er sei' Raaffa und Spetaklmacha bei der Mess' auf der Kaiserklaus'n aa' vertriebn. Neb'n seiner Schlosserarbet hat er's Büchs'nmacha guat verstand'n und für d' Jaaga d' Stutz'n g'frischt und z'amm'g'richt, besser was a' Büchs'nmacher in der Stadt. Is aa' 's Jag'n und 's Scheib'n-schieß'n sei' größti Freud' g'west und hat auf d'letzt überall jaagern derfa, denn der Forstmoaster hat an ihm an' verlässinga Jagdg'hilf'n g'habt und der nix 'kost' hat.

Wier er auf die Jahr kumma is, is sei' Traudl g'storb'n, hat 'n recht g'schmerzt, weil's gar a' guats und taugsams Wei' g'wes'n is und jetz' hat er halt alloa' für ihm a so furtg'lebt und no' in sein' fünfasieb'-zigst'n Jahr hat ihm weiter nix g'feit an der G'sundheit und hat g'jaagert und g'schoss'n wier a' fufz'ger.

Jetz' sitzt er amal dahoam und hat ihm an' Rechblatter z'ammg'richt und probirt, und überdem klopft's an der Thür. Denkt er, wer muaß denn da draußt sei', denn dees A'klopfa is bei'n ihm nit Brauch g'west und ruaft nacha »No' eina!« Jetz' kimmt da an' elendiger Loda 'rei, zaundürr, daß er grad 'klappert hat und bloach und hohlauget, an' abscheuliga Kerl.

Der Kasper sagt: »Was geit's, was willst?«

Na' der ander': »Kasper, i' bi' der Boanlkramer und hob' Di' frag'n woll'n, ob D' nit ebba mit mir geh' willst?«

»So? der Boanlkramer bist, na' Bruader, i' mag nit mitgeh', g'fallt ma' no' ganz guat auf der Welt.«

»'Denkt hab' i' ma's«, sagt der Boanlkramer, »aber hol'n muaß i' Di' do' amal, was moa'st ebber in' Fruajahr?«

»Waar' nit aus in' Fruajahr, wo der Ho'falz is und der Schnepfastrich und die kloan' Vögerln am schönst'n singa, na' dees waar' ma' z'wider.«

»Oder in' Summa?«

»Nix Summa, da hon i' mit der Rechbirsch Arbet und is aa' z'hoaß.«
»Oder in' Hirgscht?«
»Ja was fallt Dir denn ei', ha' narret, soll i' d' Hirschbrunft hint'lass'n, und die Klopfeter und 's Oktoberschieß'n, waar' nit aus!«
»No' also, nacher in' Winter?«
»Da mag i' aa' nit, schau 's Fuchspass'n und 's Moderausjag'n is mei' extragi Freud' und is in' Winter aa' z'kalt.«
»Ja willst denn Du ewi' leb'n? Dees thuat's nit, Kasper.«
»Boanlkramer, i' will Dir 'was sag'n, mei' Vater selig is neunz'g Jahr alt wor'n und so alt will i' aa' wer'n, na' ko'st mi' abhol'n. Aber i' glaab', es is g'scheiter als die Rederei da, wann D' mit mir a' Glaasl Kersch'ngeist trinkst, i hon an' recht an' guat'n und Du schaugst ja so elendi' aus und sper, daß Dir a' Glaasl g'wiß guat thoa' werd' und a' paar Kirternudl hon i' aa' no' dazua.«
Und so geht er an a' Wandkast'l hi' und holt a' Flasch'l raus und a' paar Glaasln und die Nudln. 'N Boanlkramer is ebbas selles no' nit passirt und setzt si' an' Tisch hi' und probirt den Kersch'ngeist. Der hat ihm woltern g'schmeckt und a' Nudl aa' und da trinka die zwoa (der Kasper hat fleißi' ei'g'schenkt) und der Boanlkramer is ganz allert wor'n; hat aber do' allewei' vo' die 90 Jahr ebbas abahand'ln woll'n. Da sagt der Kasper: »Woaßt 'was, mach' mar a' G'schpielei d'rum, pass' auf!« Und geht wieder an dees Kastl, da is a' Kart'n g'leg'n und der Grasober just ob'nd'rauf. Den schiebt der Kasper in sein' Joppn'-irmi und legt na' d'Kart'n auf'n Tisch.
»Jetz' heb' Dir a' Häuferl aba, Boanlkrama«, sagt er, »dees is des Dei' und dees ander' is des mei'. Wann jetz' Du in Dein' Häuferl 'n Grasober hast, so gehn i' mit Dir wann D' magst, wann aber i' den Grasober in mein' Häuferl ho', so derfst ma' nimmer kemma, bis i' 90 Jahr alt bi'.«
Der Boanlkramer, der scho' a bißl an' Dampes g'habt hat, hat g'lacht und hebt ihm an' woltern Thoal ab und sagt: »Weg'n meiner, es gilt«, denn er hat ihm 'denkt, weil er die mehrern Kart'n g'habt hat, kunnt leicht der Grasober dabei sei'. Wier er jetz' seini Kart'n nachanander a'schaugt, steckt der Kasper hoamli' den Grasober in sei' Häuferl 'nei und wie der Boanlkramer mi'n A'schaug'n firti' g'west is, broat' der ander vor ihm sei' Kart'n aus und da geht halt richti' aa' der Grasober her. »Verdammti G'schicht'«, sagt der Boanlkramer, aber der Kasper lacht und sagt: »Trink' no' a Glaasl und lass' ma' den neunz'ger leb'n!«
»I' ko' nix macha«, sagt der Boanlkramer, »aber ebber reut Di Dei' Glück amal und wann's a so is, derfst mi' grad ruafa, bi' nacha glei' da.«

»Hat guati Weg'«, sagt der Kasper und wie der oa' na' furt is, hat er ihm no' nachg'ruafa, er soll fei' Acht geb'n, daß er nit in' Bach einifallt, – und is mit den Bsuach ganz z'fried'n g'west. –

2.

'San schlechti Zeit'n kemma, der Tyroler Krieg is ausbrocha und hat alli Leut' d'erschreckt. Es is a' böser Krieg g'west und grausi' is 's herganga bei Schwatz und auf'n Berg Issl und viel boarische Seldat'n san 'blieb'n selm und 'n Kasper seini Süh', die er so gern g'habt hat, hat's aa' d'erwischt. Was hat's g'nutzt, daß s' g'lobt wor'n san in' Rapport, daß s' überall so schneidi' g'arbet hamm, der Kasper hat's halt nimmer g'seg'n und is ihm nachet 'ganga. Anderni traurigi Sachan und Z'widerheit'n san aa' a'g'ruckt, fremdi Leut' san daher kemma, hamm überall 's Holz z'ammakaaft und z'ammag'schlag'n; natürli' hamm si' die alt'n Wildwechs'l, die er so guat 'kennt hat, verändert und is mi'n Wildprat aa' weniger wor'n, und d' Wildschütz'n san mehra wor'n, wie 's allzeit geht, bal' a' Krieg is. Der Kasper is freili' nit leicht verzagt wor'n, aber an' diewei'n hat ihm do' d' Welt nimmer recht g'fall'n und na' hat er wohl aa' an' Boanlkramer 'denkt und was der g'sagt hat von »ruafa«, aber g'ruafa hat er'n dengerscht nit. –
Jetz' is ebbas b'sunders g'scheg'n. A' Sennderinn auf der Gindlalm is von an' wild'n Stier g'stocha wor'n und is glei dahi'g'west aa'. D'erwei' aber ihri Leut' g'woant und g'jammert hamm, is dees Diendl ganz frisch und wohlauf an der Himmisport'n g'stand'n, hat gar nit g'wißt, wie 's hi'kemma is.
Der Portner, der Petrus, hat's glei' d'erseg'n und hat's Thürl aufg'macht, des neb'n der groß'n Port'n g'west is. Er hat an' lange' graab'n Rock a'g'habt und a' blobi Bind'n um d'Schulter und 's Diendl hat 'n verwundert groß a'g'schaugt.
»Grüaß Di' Gott, Diendl«, sagt er und weil 's a' bildsaubers Diendl g'west is, hat er ihm denkt, die is taugsam für an' schön' Eng'l.
»Ja, wo bin i' denn?« sagt sie ganz d'erschrocka.
»In' Himmi bist«, sagt der Petrus, »und wer' Di' glei' ei'weis'n lass'n in's Paradies, aber z'erscht sag' ma', wo kimmst denn Du her?«
»I' bi' vo' Tegernsee dahoam und Sennderinn g'west auf der Gindlalm.«
»Ja na' kennst ebber aa' 'n Brandner Kasper?«
»Den alt'n Kasper moant's, wer werd' den nit kenna. Er kehrt oft ei' in meiner Hütt'n, wann er auf d'Jagd geht.«
»Geht er no' auf d' Jagd, muaß ja scho' an' achtz'ger sei'?«
»Ja wißts es, A'sitz'n thuat er halt die mehra Weil, 's Birsch'n geht freili' nimmer recht, aber sonst is er no' guat bei'n Zeug.«

»Schau, schau, er sollt' schon aa' herob'n sei', i' wart' alli Tag d'rauf.«
»Derft's scho' no' a' Wei' wart'n«, sagt's Diendl, »bal's wahr is, was an' diem oa' verzählt hamm.«
»No!? was is denn dees?«
»Sie sag'n halt, i' glaab's aber nit, der Kasper hätt' amal mi'n Boanlkramer 'kart' und hätt' der verspielt und derfet 'n der'ntweg'n vor sein' neunzigst'n Jahr nit furtnehma vo' der Welt. Der Kasper is a' Lustiga und hat ebba die G'schicht' amal oan' aufbund'n.«
»Wer woaß, wer woaß«, sagt der Petrus, »kunnt' ebbas d'ra sei', da muaß i' aufpass'n. Aber Diendl, jetz' geh' da eini, i' schick' Dir glei' an' Eng'l nach, der Di' weiter führt. Du hast brav und frumm g'lebt auf der Welt, schau', der'ntweg'n bist jetz' aa' in' Himmi herob'n.« Und 's Diendl bidankt si' und kußt ihm d' Hand und geht hi', wo er ihr hi'deut' hat; der Petrus aber schreibt glei' a' Vorladung an Boanlkramer und schickts' ihm. –

3.

Den andern Tag in aller Frua is der Boanlkramer daherkemma ganz unterthäni' und demüthi', dees just nit allewei' sei' Sach' g'west is.
»Habt's mi' ruafa lass'n, Herr Portner«, sagt er, »soll' Enk 'was b'sorg'n?«
Der Petrus schaugt 'n a' Weil' ernsthaft a', na' sagt er: »Boanlkramer, was muaß i' vo' Dir hörn? Du führst Di' schö' auf, spielst mi'n Brandner-Kasper um's Leb'n und verlierst no' ob'ndrei'! Was san dees für Sachan, wie ko'st Di' so ebbas untersteh'?!«
»Ja schaugt's«, sagt der oa', »i' woaß ja, daß der Kasper da 'rauf kemma soll und weil's a so gnua Leut' herob'n habt's, hon i' mir 'denkt, es macht nix aus, wann er a' bißl spater kimmt.«
»An dees hast aber nit 'denkt, gel', daß mit meiner Buachführung nix z'ammageht, bal' an' j'der 'raufkimmt, wann er mag. Der Kasper is auf achtzgi ei'g'schrieb'n, is schö' gnua, und jetz' is er scho' d'rüber und Du gibst ihm gar neunzgi!«
Der Boanlkramer hat 'was sag'n woll'n, aber der Petrus hat'n ganz fuchti' a'g'fahr'n: »Staad bist und glei' gehst abi und bringst 'n Kaspern 'rauf oder i' jag' Di' aus'n Dienst, jetz' woaßt es.«
Da hat ihm der Boanlkramer nix mehr z'sag'n 'traut und is ganz daasi' abg'schob'n. Die G'schicht' hat 'n g'walti' verdroß'n. Mei' Wort hon i' 'n Kaspern geb'n für die 90 Jahr, hat er denkt, und jetz' soll i's nit halt'n; es mag mi' a' so koa' Mensch auf der Welt und wann's aufkimmt, daß i' an' schlecht'n Kerl g'macht ho', na' derf i' mi' ninderscht mehr segn lass'n. Und hat ihm halt b'sunna hinum und herum, wier er aus den' Hand'l kemma kunnt. Er is aber allewei' an a'draahter

Schlaankl g'west und so is ihm richti' 'was ei'g'fall'n. Dees probirst, hat er ihm denkt, spannt sei' Wagerl a' und fahrt zum Kaspern. Der hat sei' Pfeifei g'raacht und just d'Zeitung g'les'n. Wie der oa' 'rei'kimmt, hat der Kasper sei' Brill'n vo' der Nas'n abag'schob'n und schaugt halt, wer's is. Er hat aber 'n Boanlkramer g'schwind d'erkennt, denn der is no' grad so zau'dürr g'west und der nämlichi Häuter, wie 's erstimal, wo er 'n g'segn hat.

»Ja was willst denn Du?« hat er g'sagt, »i ho' Di' nit g'ruafa und was ausg'macht wor'n is, werst aa' no' wiss'n oder willst an' schlecht'n Kerl macha?«

»Nix, nix, fallt mer nit ei' und i' woaß, daß D' no' 9 Jahr' guat hast, da feit si' nix. I' ho' just in der Nachberschaft a' kloa's G'schäft g'habt und da hon i' Di' b'suacha woll'n und schaug'n, was D' machst. Und weil i' mei' Wagerl da ho' und auf a' Plaatzl fahr'n muaß, wo ma' gar schö' in's Paradies einischaug'n ko', so is mar ei'g'fall'n, daß i' Dir dees sag'n will, wann D' ebba mitfahr'n wollt'st.«

»Na', i' dank' Dir recht schö'«, hat der Kasper g'sagt, »i' bi' nit so neugieri', wie D' moa'st und bi' lieber dahoam, wo i' mi' auskenn', als an an' fremd'n Ort, wo i' nit woaß, wie's is.«

»Ja«, sagt der oa', »Du moa'st ebba, daß D' dort bleib'n sollst, wo i' Di' hi'führ'. Vo' den is koa' Red', es is a' Spatzierfahrt und in an' Stündl san ma' wieder da, denn mit mein' Rößl geht dees leicht.«

»Und ko' ma' wirkli' in's Paradies einischaug'n?«

»Ja, versteht si', wann i's amal sag'.«

»Und in an' Stündl san ma' wieder da?«

»Wann Di' nit lang dort aufhalt'n willst, dees steht bei Dir, san mer in an' Stündl wieder da, so wahr i' Boanlkramer hoaß.«

Jetz' hat 'n Kaspern die G'schicht' do' begieri' g'macht, auf a' Stündl kann er ja mitfahr'n und a' wen'g einischaug'n in's Paradies, von dem er scho' so viel g'hört hat. Und er holt sein guat'n Freund, 'n Kersch'ngeist, her und schenkt a' paar Glaasln ei'.

»Weg'n mei'«, sagt er, »Boanlkramer, i' fahr' mit und Du bringst mi' wieder her! Da trink', es is frisch draußt.«

Und sie stöß'n a' und trinka und na' san s' 'naus. Da is a' schwarz's Wagerl g'stand'n wier a' Trucha und a' Raappi a'g'spannt. Sie steig'n ei', der Boanlkramer schnalzt mit der Peitsch'n und jetz' san s' dahi'g'saust, daß der Kasper kaam 'n Huat d'erhebt hat und is ihm Hör'n und Seg'n verganga. Als wann s' der Sturm davo'traget, san' s' dahi' und aufamal is 's finster wor'n und san Blitz' umanandg'fahr'n unter ihna und ober ihna und hat 'dunnert und 'kracht, daß der Kasper g'schrie'n hat:

»Was is dees? Kehr' um, kehr' um!«

Da hat ihm der Boanlkramer in's Ohr nei' g'ruafa:
»Da hoaßt ma's bei die schwarz'n Wolkan, da san die Dunnerwetter z'Haus, mir san aber glei' durch, derfst Di' nit fercht'n.«
Und richti' is 's g'schwind wieder liacht worn und sie halt'n vor an' groß'n, groß'n G'schloß in' schönst'n Sunnaschei'. An den G'schloß is a' golde's Thor g'west und bei'n Seit'nthürl hat der Boanlkramer a'g'läut' und is glei' der Petrus rauskemma.
»No', Kasper«, sagt er, »bist amal da, jetz' geh' no' glei' eina, i' wer' Dir 's Paradies zoag'n und werst 'a Freud' d'ra' hab'n.«
Und nimmt 'n Kaspern bei der Hand und führt 'n eini, aber der Boanlkramer hat draußt bleib'n müssen. Und die zwoa stenga jetz' in an' weit'n Saal mit durchsichtigi Wänd wie g'schliffe's Spieg'lglas und da hat ma' weit 'nausg'seg'n in an' Gart'n mit die schönst'n Bloamen in alli Farb'n und mit großi Baam' voll' Aepfi und Birn und Pfersi' und Pomerantsch'n, grad a' Pracht, und der Kasper hat nit red'n kinna vor lauter Verwunderung. Und in den' Gart'n san die schönst'n Eng'l 'rumg'wand'lt mit silberni Flüg'l und glanze'di Kranz'ln in' Haar, und daneb'n aa' viel', viel' Leut', und auf amal springa zwoa Bursch' daher und jux'n und ruafa: »Ja, grüß' Gott, Vater, grüß' Gott!« und er d'erkennt sein' Girgl und sein' Toni. »Jesses, meini Buab'n« schreit er und fallt ihna um 'n Hals, und da schau! sei' Traudl kimmt aa' daher und sei' Vater und Muatta und a' ganz' Rud'l vo' seiner Freundschaft und is a' »Grüß Gott« g'wen hinum und herum und a' Freud', daß ihm der Petrus, der zuag'schaugt hat, d' Aug'n g'wischt hat. Und in den' Gewurl fliegt aufamal a' kloaner Eng'l daher und sagt zum Kaspern: »Kasper, der Boanlkramer laßt Enk sag'n, er fahret jetz' wieder abi, ob's mitfahrts?«
»Na', lieb's Bübi«, sagt der Kasper, »sag' ihm, er soll no' alloa fahr'n, i' bleib' da und will nix mehr wiss'n vo' der Welt d'runt' und sag' Herr vergelt's Gott tausendmal, daß ma' die Gnad' wor'n is, daß i daher kemma bi'.«
Dees is die G'schicht' von' Brandner-Kasper.

FRANZ VON KOBELL

Der Guldensack

Die alte Kramerschusterin richtete ihrem Sohn, dem Martl, die Hochzeit zu.
Und da es ans Richtigmachen ging, ließ sie den Braunen vor das Gäuwagerl spannen, zog ihr Feiertagsgewand an und sagte: »Alsdann, Martl, jetzt fahr ma zum Notar, daß er mir mein Austrag schreibt.«
Der Martl meinte freilich, dies wär doch nicht notwendig bei einem Sohn, wie er einer sei; und auch seine Hochzeiterin, die Brunnfärberlies, pflichtete ihm darin bei und sagte: »Zu was an Notar! Mir san do koane Rauber und koane Spitzbuam! Mir woaß do selm, was si g'hört! Bei ins geht's enk gar nia schlecht, Muata.«
Aber die Kramerschusterin lachte bloß ein seltsames Lachen und erwiderte nichts weiter als: »Die weißen Haar und der Schimmel am Brot wachsen, bal d' Kinder Herr werden. – Bevor ma si net niederlegt, soll ma si net ganz ausziagn. Kunnt mir leicht aa geh' wia mein Baserl, der alten Windlsusann, oder mein Vettern, an Schimmelkaschban vo Kreiz.«
Ach ja – der Schimmelkaschber!
Das mag jetzt leichtlich an die fünfzig Jahre her sein; da kam dem Kaschber ein neues Regiment ins Haus.
Sein einziger Bub, der Simmer, hatte ihm eine Hochzeiterin heimgebracht: die Lebzelterannemirl.
Und da dem Kaschber sein Buckel sich gemach krummte wie der Stamm des alten Zwetschgenbaumes vor seiner Haustür, da er auch seinem guten und rechtschaffenen Handwerk, der Schuhmacherei, nimmer so nachgehen konnte, wie es notgetan hätte, so legte er Ahle und Zwirn beiseite, zog den pichigen Schaberer aus und meinte:
»Ja no, in Gottsnam. Muaßt halt du weiterwerka, Simmer. Du hast es ehnder im Kreiz und in die Arm, daß d' an Pechdraht durchziagst durch Oberleder, Brandsohl'n und Sohlleder, daß aus dera Dreifaltigkeit a feste Dreieinigkeit werd. Heirat dei Annemirl und haus guat. Mei' Geld und mein Seg'n sollts hab'n.«
Heißa! Da gab's eine lustige Hochzeit und einen fröhlichen Einstand!
Und des Lebzelters Annemirl wurde eine gar riegelsame Schimmelschusterin und war so honigsüß mit ihrem Schwiegervater, grad wie ein Metttränklein oder ein Zuckerzelten aus ihres Vaters süßer Werkstatt.
So mag's auch gekommen sein, daß der gut' Schimmelkaschber willig und zufrieden in seine Austragskammer zog, daß er schöne Wort für bare Münz' nahm und sich an den Ofen setzte, eh' er ihn geheizt hatte.

Daß er sich seinen Ausbeding weder verbriefen ließ, noch siegeln.
Und da ihm seine Annemirl die schöne, große Kammer neben der Stube einrichtete, da sie ihm gleich am ersten Tag nach der Hochzeit seine Leibspeis' kochte, so dachte er nicht daran, daß es mit dem Kinderdank und der Kindeslieb' geht wie mit dem Stamm eines Fichtenbaumes: je mehr er sich in die Läng' zieht, desto magerer wird er – und zuletzt hört er ganz auf.
Wohl hatte ihm sein Vetter, der Pfarrer von Michelsberg, gut geraten und hatte gemeint: »Tu dich versorgen! Das Gute, was d' den Kindern gegeben hast in Heuwägen, das werden sie dir vergelten in Fingerhüten!«
Allein es half nichts. Der Tag erschien dem Kaschber freundlich, und so vergaß er auf den Abend. –
Da geschah es, daß die Annemirl krank wurde – daß man eine Wiege in die Stube stellte – daß ein Schimmelkaschberl und ein Simmerl zugleich kamen!
Und ein Jahr darauf eine Annemirl. Und darnach noch drei – vier.
Und dann kam der Tag, wo die Schimmelschusterin zu dem Alten sagte: »Vater, jetz brauch' i enka Kammer. Ös könnts ja dees hintere Kammerl für enk nehma. An Knecht oder a Magd werd'n mir jo do' net dinga.«
Ja, ja. Da kam der Kaschber in die Magdkammer.
Bald darauf gab's wieder eine Änderung; indem der Simmer nämlich meinte: »Wia wär's denn, Vata, wennst von morg'n ab hint in deiner Kammer essen tatst? Da am Tisch is gar koa rechter Platz nimmer für di'! San ma eh scho achte oder gar neune!«
Und dann wurden sie ihrer zehn; und die Hennen legten doch im Tag bloß neun Eier, und die Kühe gaben bloß für neun Personen die Milch – und der Simmer verdiente bloß für neune die Kreuzer zu Fleisch und Bier!
Da sah es denn bald gar armselig und mager aus bei dem alten Schimmel; und er wär' froh gewesen, wenn ihm der Schreiner endlich hätt' das Maß nehmen mögen zu seiner letzten Truchen.
Am End' vergaßen sie auch noch, ihm seine Kammer zu heizen, und da man gerade einen harten Winter hatte, so durfte der gute Kaschber nicht einmal mehr eine Zähre aus den Augen fallen lassen; denn sie wär' ihm leichtlich an die Wange gefroren oder in den Bart.
In solcher Not und Armseligkeit gedachte nun der alte Schimmel seines hochwürdigen Vetters, des Pfarrers von Michelsberg.
Und da er den festen Glauben trug, daß dies der letzte Winter wär', der ihn auf dieser armseligen Erdenwelt schinde und zernigle, daß der Auswärts ihm wahrscheinlich nur noch das schwarze Erdhäuflein über

seiner Totenkammer ein wenig erwärmen und mit Gras und Blumen schmücken würde, so bedachte er bei sich: »Es ist wohl besser, ich bring' auch mit dem da droben mein' Sach' ins reine; wer kann sagen, wie's geht, und nix G'wiss's weiß der Mensch nit.«
Also ließ er sich eines Tages von einem Fuhrwerk aus Michelsberg mitnehmen und suchte seinen Vetter auf, um ihm zu beichten und dem Herrgott seine Rechnung zu bezahlen.
Daheim, bei seinem Sohn, dem Simmer, herrschte darüber große Freude. Hatte man doch endlich die gewisse Aussicht, daß einmal ein Beschluß herging mit dem alten Fresser – dem Hausbettler, dem notigen!
Das Bißlein, was der an barem Gelde eingelegt hatte ins Geschäft, das hatte er wohl leichtlich schon ein dutzendmal verzehrt! Und umsonst, heißt's, ist bloß der Tod – und der kost't 's Leben.
Derweilen aber der junge Schimmelschuster und seine Annemirl sich auf das Absterbensamen ihres alten Vaters freuten, kam der nach abgetaner Buß und Beicht mit der Postkutsche wieder daheim an, kreuzvergnügt und schnackerlfidel, ging ohne einen Grüßderhimmel in seine Kammer und riegelte sich dorten ein.
Schob auch noch die Vorhänge zu an Fenstern und an der Tür, zog ein artig's Säcklein aus der Joppe und leerte es schmunzelnd auf den wurmstichigen Tisch.
Heißa! Das klirrte und klang – das gleißte und glänzte!
Und der Kaschber begann zu zählen – ganz laut und jedem vernehmlich: »Fünfhundertfuchzg ... sechshundert ... sechshundertfuchzg ... sieb'nhundert ...«
Dazu strich er allemal ein Häuflein Gulden in die Hand und warf es in den Geldsack, wobei ihm aber des öfteren passierte, daß der eine oder ander Gulden über den Säckel sprang und klingend über den Boden rollte.
Was Wunder, daß dies die Jungen hörten und sich mit allen Fingern in den Ohren krauten, damit sie jedes Geräuschlein in des Alten Kammer desto feiner und gewisser unterscheiden möchten!
Aber es waren wahrhaftig gute Silbergulden, die da klangen und sangen.
Und er hatte zugeriegelt! Der alte Tropf!
Doch die Annemirl war nicht um einen guten Rat verlegen, und sie flüsterte dem Simmer in die Ohren: »Schick doch amal an Kaschberl eini, daß er eahm beim Aufklaub'n hilft! A Kinderbuckel biagt si leichter als a alter –«
Ei freilich! Daß ihm dies nicht lang schon selber eingefallen war, dem Simmer!

Also pochte bald ein Bubenfäustlein an die Tür des Alten, und der Kaschberl rief: »Großvata, mach auf! I möcht' helfen zum Aufklaub'n!«
Und da ihm der Alte willig auftat, konnte das Büblein gar bald davon berichten: »Lauter Gulden sands! Achtzehnhundert, hat er g'sagt, der Ahnl!«
Achtzehnhundert Gulden! Der Tropf, der scheinheilige! – –
Schon um die Essenszeit war die Annemirl vor seiner Kammertür.
»Vata! Geh', mögt's net bei ins hervorn essen? Is gar so mentisch kalt heunt in der Kammer hinten!«
Ja, ja, er mochte!
Aber jetzt fing das Gefrage an.
»Der Kaschberl sagt . . . von achtzehnhundert hat er g'red't . . .«
»Wenn's g'langt«, erwidert bedachtsam der Alt'; »wenn's nur g'langt. I' bin no net ganz firti mit 'n Zähl'n.«
Ja . . . woher . . .?
»Mei, dees hab' i' die ganzen Jahrl her bei insan geistlinga Herr Vetter aufg'hebt g'habt. Aber indem daß i' in Sinn hab', daß i' mi' wo einkaaf . . . in a Spital . . . oder a Pfreimd . . .«
»Jess' Maria! Vata! Du werst do' net! Die Schand' werst ins do net otoa! Daß 's hoaß'n tät, beim Schimmelschuasta hams eahnan Alten so schlecht versorgt, daß er si eikaaffa hat müass'n . . .«
»Ja no. – Es wird mir halt do' guatding z'kalt da hinten in mein Kammerl. – Und hie und da a Fleischsuppen hat aa a jeder gern. – Und auf a scheens Eingrab'n schaug i aa. Wer woaß's, wias geht bei enk . . . ob d' Not net scho so groß is bei enk, daß 's mi amal auf Gemeindekosten einscharr'n lassen müaßts!«
Achtzehnhundert Gulden! Und in die Pfründ! Das schöne Geld!
»Aber Vata! – Auf G'meindekosten! – Wo denkst denn hi! – Moanst, daß ma di net schee und mit alle Ehr'n eingrab'n tät'n!«
»Ja no – nix G'wiss's woaß man net. – Dees müaßt i' halt scho schriftli' hab'n . . .«
O! Sie gaben ihm das schönste Begräbnis schriftlich – mit großen, steifen Buchstaben – und von beiden unterzeichnet!
Und er kam wieder in seine schöne Kammer, der alt' Kaschber, hatte es schön warm und aß, was ihm grad schmeckte, bis an sein selig's End', das ihm so um die Osterzeit beschieden war.
Schad', daß er nun dahin war! Daß er's nimmer erleben konnte und mit ansehen, was nach seinem Abscheiden geschah!
Da wurden Kästen geräumt und Truhen geleert, Laden umgestülpt und Schreine durchwühlt, Säcke und Taschen geprüft und der Strohsack aufgeschnitten.

Aber es fand sich nichts als ein verschlossener Brief, darin stand:
An meine Kinder.
Dieweilen ihr Gulden sucht, werdet ihr Kreuzer finden. Denn die Gulden waren meines geistlichen Vetters Eigentum. Gut, daß er nicht nur Hirte ist, sondern auch ein Schelm. Und daß er aus mir auch einen gemacht hat. Amen.

LENA CHRIST

Das fette Essen macht halt blind

Wen Gott strafen will, den laßt er einen Witiber wern. Und wen er zweimal strafen will, den laßt er dann wieder heiraten.
Und wie dem Zachnhans die Seinige gstorben is, da hat der Schäfer von Adelnberg mit den Augen geblinzelt, als wenn ihm die Mucken haufenweis hineingflogn wärn und hat brummt: »Dem Zachnhans, den kann ich net ledig lassen. Der is noch im besten Saft. Und der kann schon einen schönen Heiratsschmuß zahlen, der Zachnhans.«
Und hat also hin und hergschaut, der Schäfer, und hat dann in Hengersbach eine gwußt, die Steffi vom Waitzenbeck mit fünftausend Gulden Heiratsgut.
Und wie sechs Wochen umgwesen sind, is der Schäfer zum Zachnhans gangen: »Hans, meinst net, daß dir deine Hennen verrecken, wenn du keine Bäurin net hast?«
»Mein ich net«, hat der Zachnhans grob gsagt, »die Leni, die schaut schon drauf.«
»Jaja – und die Säu schön herfuttern, da muß man schon jemand ham, der wo recht aufs Sach schaut; das muß schon eine Bäurin selber sein.«
»Mein ich net«, sagte der Hans, »die Leni, die futtert die Säu recht schön her.«
»Jaja – aber wenn man keine Bäurin nicht im Haus hat, da wern halt die Schmalzkübl arg schnell leer. Und s' Geldl fliegt davon wie die wilden Tauben.«
»Mein ich net, die Leni schaut schon auf mein Sach und auf mein Geld.«
»Sooo?« sagt der Schäfer. »Und wer is denn die Leni?«
»Die Dirn halt.«
(Sooo? Blast der Wind von der Hottseiten? denkt sich der Schäfer.)
»Ich will nix gsagt ham, und ich geb niemand keinen guten Rat net, das merkst dir, Hans, ehbevor er ihn net verlangt. Aber Dirn hin, Dirn her

– Hans, für dich hätt ich eine gwußt mit fünftausend Gulden Heiratsgut.«
Sagt der Zachnhans: »Und wenn sie bis zum Hals in die Guldnstückl drin stecken tät – Schäfer, die darfst schon selber heiraten. Ich hab mir die meine schon ausgschaut.«

Der Schäfer is dreimal um den Zachnhof herumgangen und hat links gschaut und hat rechts gschaut und überallhin.
Im Pflanzgartl aber is die Leni gstanden.
»Leni«, hat der Schäfer gsagt, »schön haltst dem Bauern sein Sach zsamm!«
»Was halt sein muß«, sagt die Leni und spielt mit ihrem Schurz.
»Arbeitst ja wie eine Alte. Und bist noch kreuzjung – hast den Dreißiger schon schlagen hören?«
»Du bist ja net ganz gscheit! Fünfundzwanzig Jahrl tun's auch. Im Langaus werd ich fünfundzwanzig.«
»Zweimal fünfundzwanzig tut fufzig«, sagt der Schäfer. »Und tust noch acht Jahrl drauf, dann hast dem Bauern sein Alter beinand.«
»Siebenundfufzig is er erst!« begehrt die Leni auf.
»Auf ein Jahrl kommt's da nimmer an. Mit fufzig wern halt die Knie kalt. Das mußt dir merken, Leni.«
Und der Schäfer is wieder zum Bauern hineingangen und hat gsagt: »Ja, da bin ich halt zu spät kommen. Und wennst die fünftausend Gulden Heiratsgut net willst, dann willst wohl keinen guten Rat auch net ham von meiner?«
»Na.«
»Dann pfüat dich Gott und adjes, Hans. Und wennst halt einmal meinst, du könntst einen guten Rat brauchen von meiner, dann weißt ja den Weg auf Adelnberg ummer.«
»Mach, daßt weiter kommst!« schreit der Hans.
»Adjes!« – Und der Schäfer geht.

Hat also der Zachnhans aus der Leni die Zachin gmacht.
Das Weibsbild is halt gar so viel sauber gwesn. Und anschickig und fleißig auch. Und dann: die hat ihm Schmankerln auftischt, so fein hat er's seiner Lebtag noch net ghabt.
Und so hat sich halt der Zachnhans gar nimmer auskennt: is's zwegen dem Garsovielsaubersein, is's zwegen der Anschicklichkeit oder is's zwegen dem guten Kochen – und hat also aus der Leni die Zachin gmacht. Die Leut ham anders gschaut.
Hinterher hat er sich's freilich überlegt: zwengen dem Garsovielschönsein hat er sie net gheirat – von der Leni ihrer Schönheit hat der jung

Knecht vom Freithofschuster mehr gschnupft als wie der Zachnhans. Und zwegen dem Anschickigsein kann's auch net gwesen sein – nach der Hochzeit is's viel langsamer gangen mit dem Arbeiten und viel schneller mit dem Anschaffen.
Und zwegen der guten Kuchl schon gar net – saggradi-saggradi, hat der Hans gflucht, hat dir die eine speere Kuchl! Die bringt mich um mit lauter Wassersuppn!
Will ich halt auf Adelnberg ummergehn – mir scheint's, ich bin der dümmer gwesn.

»Bist schon da?« hat der Schäfer gsagt. »Ich hab mir denkt, du wirst noch an die zwei, drei Wochn aus sein.«
»Zwei, drei Wochn«, brummelt der Hans, »so lang hätt ich's nimmer dermachen können. Und verhungern mag ich halt net. Das is ja ein Luderweibsbild – meinst, du siehst die ganz Wochn eine Zinthn auf der Suppn? Kein winzigs Aug net und kein Schmalz und kein Schmeer. Das sind dir Wassersuppn, die für den Karfreitag zu schlecht sind. Und die Nudln macht sie so hundsdürr und einen fetten Schmarrn, den wo ich halt gar so gern essen tu, denselbigen macht sie mir gar net mehr.«
»Was tust gar so gern essen?« sagt der Schäfer nachsinnig.
»Einen recht fetten Schmarrn und ein schweinernes Fleisch mit vier überzwerchte Finger Speck und eine Fleischsuppn mit recht viel Zinthen drauf!«
»Das sollst alle Tag ham«, sagt der Schäfer, »das will ich schon machen. Und jetzt gehst mit mir zu deiner Alten und der will ich's schon beibringen.«
Und sie stampfen selbander zum Zachnhof und haben ihre Heimlichkeit auf dem Weg.
Nimmt der Schäfer die Leni auf die Seiten und sagt: »Bäurin, derschrick net, indem daß der Deinige bei meiner gwesen is und hat eine schwere Krankheit, wo sich der Tod derzuschlagen kann!«
»Eine schwere Krankheit«, wischpert die Leni und muß die Freud gewaltsam hinunterschlucken, »was hast da gsagt?«
»Ja«, sagt der Schäfer, »das is eine böse Sach. Du darfst halt net derschrecken – blind muß er wern.«
»Blind!?« Jetzt denkt die Leni an den Knecht vom Freithofschuster – »blind, hast gsagt? Wann wird er denn blind?!«
»Ja, das is recht arg und tu dich nur trösten und es kann vielleicht noch lang dauern, bis's so weit is und mußt halt recht auf ihn schaun und recht Obacht gebn in der Kost – einen fetten Schmarrn darf er halt gar net essen und ja kein schweinernes Fleisch net, wo gleich vier überzwerchte Finger Speck hat, und keine Fleischsuppn net mit recht viel

Zinthen drauf. Sunst adjes und gute Nacht, wenn du net Obacht gibst!«
»Freilich will ich Obacht gebn! Freilich!«
In einer Wochn hat der Zachnhans wieder Backn ghabt wie ein Blasengel. »Ahhh!« hat er immer gsagt, wenn er beim Mittagessen gsessn is, »ahhh! Aber heut hast mir wieder schöne Sachn aufkocht, Weiberl!«
Und nach dem Essen, wenn ihm der Bauch weggstanden is wie ein Faßl, da hat er zu jammern angfangt: »Wenn ich nur kein so arg schlechtes Augenlicht net hätt! Ich glaub, ich muß völlig blind wern!«
Da hat sie glacht, die Leni.
Und schöne Tag sind das für den Hans gewesen: die Fleischsuppn, ein Aug am andern, das schweinerne Fleisch, wo der Speck dran zittert hat, und der Schmarrn, als wenn's Schmalz neingregnet hätt und als wenn man die Stiefel damit schmiern müßt.
Sind auch schöne Tag für die Leni gwesen: alle Bot is der jung Knecht vom Freithofschuster herübergsprungen und hat seinen Dischkurs bei ihr angsagt – meinst, der Zachnhans hätt ihn gsehn? Mit keinem Aug nicht.
»Alte«, hat er immer gjammert, »es hilft mir nix mehr, ich bin blind. Und hab keine Freud mehr auf der Welt und möcht sterben.«
»Aber nein«, hat die Leni scheinheilig gsagt, »du bist ja mein liebes Manndl und darfst net sterbn.«
»Nein«, hat der Zachnhans gschrien, »ich muß sterbn und gleich will ich sterbn und geh nur gleich her und führ mich an den Weiher, der is schön tief.«
»Gut«, hat die Leni gsagt, »so will ich dir halt den Gfallen tun. Weil ich halt eine garsoviel gute Haut bin.« Und geht also mit dem Hans an den Weiher.
»So«, hat dann der Zachnhans gsagt, »jetzt stellst mich ganz an den Rand hin von dem Weiher, da wo es an das tiefste Wasser hingeht.«
Tut ihm halt die Leni den Gfalln, die gute Haut.
»Und jetzt«, weint der Zachnhans, »jetzt gehst gutding an die fufzig Schritt zruck und nimmst dir einen recht schönen Anlauf und springst auf mich zu und gibst mir einen Schuppser, so fest als wie du kannst, daß ich recht weit hineinflieg und gleich dersaufen kann.«
Und weil sie eine gute Haut is, geht die Leni fufzig Schritt zruck und noch einmal fufzig und nimmt einen Anlauf, daß es eine Freud is, und will den Bauern anspringen – da hupft der Lump im allerletzten Augenblick auf die Seiten und laßt die Leni allein hupfen.
Plumps – hat das Wasser getan.
»Mann«, hat die Leni gschrien, »Mann! Hilf mir raus, ich muß versaufen!«

»Ich?« hat der Zachnhans gsagt, »ich? Wo ich doch blind bin!«
Und is heimgangen und hat die Leni versaufen lassen.

Und is dann gleich auf Adelnberg gangen und hat den Schäfer aufgsucht.
»Ja«, hat er gejammert, »Schäfer, wenn ich nur dir gfolgt hätt! Hast net gsagt, du hättst mir eine richtige Bäurin gwußt?«
»Und was für eine. Vom Waitzenbeck von Hengersbach die Steffi. Mit fünftausend Gulden Heiratsgut!«
»Jajaja!« hat der Hans traurig gsagt, »jetzt is's halt z' spät. – Mit fünftausend Gulden Heiratsgut!«
»Aber han«, meint der Schäfer und blinzelt schlau, »jetzt wird dich die Deinige net schlecht herfuttern?«
»Jaja, hast dein Sach net schlecht gmacht. Da hast einen schönen Taler. Den hast verdient, Schäfer, das muß ich sagen.«
»Verdient!« schimpft der Schäfer, »wo ich den Schmuß hätt verdienen wollen mit dem Heirat!«
»Kann man halt nix machen«, sagt der Zachnhans. »Gschehn is gschehn.« Und is gangen.
Und is auf Hengersbach ummer zum Waitzenbeck und hat mit ihm hin und hergredt. Und hat die Sach gleich richtig gmacht. »Und nach der Trauer«, hat er gsagt, »muß uns der Herr Pfarrer gleich verkünden. – Und hättst es glaubt, Waitzenbeck, daß sich die Meinige den Tod antut?«
»Ich net.«
»Ich auch net«, hat der Zachnhans gsagt und is gangen.
Und ihr Leutl – habt ihr glaubt, daß der Zachnhans dem Schäfer einen Heiratsschmuß zahlt hat? – Ich auch net.

GEORG QUERI

Kabale und Liebe

Sie zeigte sich lieblich zu ihm und erweckte ihm Hoffnungen, die waren grün wie Buchenlaub. Es war aber zur Zeit der Schneeschmelze, daß Anton sie kennenlernte, an einem Feierabend, nachdem er sich den Ruß von Gesicht und Händen abgewaschen hatte. Er ging den Schloßberg hinauf und wußte nicht, warum er so seltsam bewegt war. Alle Rippen dehnten sich unter der Weste, und die Füße hoben sich von selber und marschierten dem Frühling entgegen.

Wo aus, du junger Schlossergeselle?
Immer weiter hinaus, wo das Glück sein muß. Es war aber ganz nahe und bog um die Ecke und schaute Anton aus zwei blitzblauen Augen an.
Ei, guten Abend, Fräulein Babette, und so spät noch um den Weg? dachte er; denn was ein Dürnbacher Jüngling ist, faßt sich nicht so leichthin das Herz, ein zierliches Frauenzimmer anzureden.
Er ging der Allerfeinsten nach und füllte sich mit Sehnsucht nach ihr, und als ihm das gleiche noch mehrere Tage geschehen war, wollte es sich schicken, daß er in ein Gespräch mit ihr kam.
Und Jungfer Babette Warmbüchler, eines Spenglermeisters Tochter, zeigte sich lieblich zu ihm.
Es nahm alles im stillen und heimlichen seinen Fortgang, und die Leidenschaft des Jünglings schlich an des Meisters Tür vorbei über knarrende Stiegen an einen Gartenzaun.
Dort legte sich Antons Schatten über die Wiese und gesellte sich zu einem andern in mondhellen Nächten.
Wie herrlich war die Welt in diesem liebreichen Sommer!
Niemals zuvor hatten die Grillen lauter gezirpt, niemals hatte das Heu so geduftet, niemals hatten die Sterne heller gefunkelt.
Und Anton durfte die Darbietungen der Natur mit frohem Gewissen entgegennehmen, denn das Ideal stand unberührt in seinem Herzensschrein; er wollte als bildungsbestrebter Jüngling seinem Mädchen poetisch nahen und wandelte auf schüchternen Fußspitzen im Liebesgarten umher.
Er besprengte die kostbare Blume der Jugendneigung mit allerzierlichsten Redensarten und mußte doch eines Tages sehen, daß sie verwelkt war.
Jungfer Babette wandte sich von ihm ab.
Es traf damit zusammen, daß ein neuer Apothekerprovisor als auffällige Erscheinung in Dürnbach einzog; ein Mann, der gekräuselten Haares hinter der Ladenbuddel stand und mit dem Maul nicht weniger Süßigkeiten vergab als mit den Händen. Wie er in brauner Sammetjoppe, den Schlapphut verwegen nach links geschoben, durch die Gassen schritt, war er sogleich ein gefährlicher Rivale für jeden Handwerksgesellen.
Was half es, daß Anton sich an Sonntagen mit der schwarzen Turnerkrawatte auftat und goldene Fransen auf die Brust baumeln ließ? Herr Provisor Elfinger trug eine künstlermäßige Lavaliere, die unterm Adamsapfel einen beträchtlichen Knoten schlang und nach zwei Seiten ins Freie schweifte.
 Und was konnte ein ehrlicher Schlosser in die Wagschale werfen gegen

ihn, der alle wohlriechenden Wässerlein zu verschenken hatte und selber roch wie der Stöpsel einer Eau-de-Cologne-Flasche.
Es war nicht verwunderlich und es war nicht das erstemal, daß unscheinbare Tüchtigkeit vor dem glanzvollen Nichts zurückstehen mußte.
Jungfer Babette kam nicht mehr an den Gartenzaun, und Anton saß in seiner Kammer und schaute über die Dächer zum Nußbaum hinüber, unter dessen Zweigen er glücklich gewesen war.
Er nahm ein Büchlein zur Hand, das hatte einen blauen Einband, und darauf stand mit silbernen Buchstaben: Lebensweisheit in Versen.
Er blätterte darin und fand ein Gedicht, welches seiner Trauer angepaßt war.

Lenz und Herbst

Die Blumen weinten in der Maiennacht
Und des geschiednen Tages süße Wonne.
Der Morgen kam. O sieh die Tränenpracht!
Zu Diamanten schuf sie um die Sonne.

Zur Herbstnacht stand die Blumenschar betaut,
Die Tränen hat kein Sonnenstrahl getrunken,
Sie wurden Reif, und eh' der Morgen graut
Sind welk die Blumen alle hingesunken.

»Sind welk die Blumen alle hingesunken«, wiederholte Anton, und schrieb die Verse auf ein Blatt und legte es zu unterst in seinen Koffer und wußte nun, daß seine Trauer über die Maßen poetisch war.

Das Folgende war auf der ersten Seite des Dürnbucher Anzeigers zu lesen:

»Erlaube mir, einem hohen Beamtenkörper, sowie Magistrat und verehrlichen, kunstliebenden Publikum ergebenst anzuzeigen, daß ich nur wenige Tage dahier mit meinem Theater verbleiben werde, und dürften die letzten Vorstellungen einem besonderen Interesse begegnen, indem ich bemüht bin, trotz erheblicher Kosten, dem allseits geäußerten Wunsche nach den Darbietungen unserer Klassiker entgegenzukommen. Heute wird das so lebenswahre und ergreifende Trauerspiel ›Kabale und Liebe‹ von Friedrich von Schiller gegeben. Die Rollen sind auf das vorteilhafteste besetzt und sehe einem zahlreichen Besuche entgegen.
Jakob Weindl, Theaterdirektor

Bezugnehmend auf obige Anzeige möchten wir nicht verfehlen, unsere kunstfreudigen Mitbürger ganz besonders auf den heutigen Theater-

abend aufmerksam zu machen. Ist doch ›Kabale und Liebe‹, dieses ewig junge Werk unseres Nationaldichters, ungemein geeignet, durch den rührenden Kampf der Unschuld mit dem Laster immer wieder die Herzen zu ergreifen, und dürfte niemand das Theater unbefriedigt verlassen.
Die Redaktion.«

Der Lammbräusaal war angefüllt mit solchen, denen der Hinweis auf den verstorbenen Nationaldichter genügte; besonders waren die billigen Plätze dicht besetzt. Aber es fehlte auch nicht an Honoratioren, unter welchen man den Oberamtsrichter Trollmann bemerken konnte, welcher sich vormals in Regensburg zu einem schätzbaren Theaterkenner ausgebildet hatte. Er schenkte seine Unterhaltung dem quieszierten Lehrer Furtner, von dem man eine nachfolgende Besprechung der Klassikervorstellung um so mehr erwarten durfte, als er die Theaterkritik für Dürnbuch übernommen hatte. Aus der zweiten Reihe drang ein angenehmer Geruch hervor, weil darin der Apothekerprovisor Elfinger saß, welcher durch ein Opernglas aus kurzer Entfernung auf Jungfer Babette Warmbüchler hinsah, jedoch auch andere Bürgermädchen in das Prisma nahm. Wenn er das Glas niedersetzte, vollführte er mit gelben Glacéhandschuhen Bogen und Kreise, oder brachte seine Locken in eine verführerische Situation, oder tat irgend etwas anderes, was die Damenwelt in Schwingung setzte und den ehrlichen Turnern und Handwerksgesellen im Parterre die Galle aufregte. Unter den besser Placierten fiel weiterhin der Lohgerber Weiß durch seine riesige Gestalt auf und durch das tiefe Seufzen, welches er schon vor Beginn hören ließ; denn es war ihm erzählt worden, daß die Sache einen traurigen Ausgang nehmen werde, und er war von der butterweichsten Art, aber ein leidenschaftlicher Freund der Bühne. Nahe bei ihm saß die Spediteurswitwe Karoline Tretter, welche eine Lebenstragödie hinter sich hatte, weil ihr verstorbener Mann in die Hände einer leidenschaftlichen Näherin gefallen und als Vater eines so entstandenen Kindes ruchbar geworden war und damit das Glück einer zwanzigjährigen Ehe zertrümmert hatte, wenn schon ihn der Tod bald darauf von seinem Schuldbewußtsein erlöste. In der Witwe blieb ein ungemeiner Schmerz hängen, aber auch ein wunderbarer Spürsinn für alles Sündhafte, und sie stand das Laster vor, daß sie auf jeder Preissuche eine höchst lobende Erwähnung davongetragen hätte. Sie hatte es momentan gegen den Apothekerprovisor Elfinger, und indem sie seinem Opernglase folgte, sammelte sie halbe und ganze Verdachtsbegründungen. Es wäre von den bekannteren Bürgern noch der Hutmacher Zehetmaier zu erwähnen, welcher immer und überall und wo er nur konnte, über die Aristokratie schimpfte und die Vorrechte der Geburt mit demokratisch ätzender Lauge übergoß. Im Parterre standen die Minderbemittelten, und vor allem die jungen Leute, und es war der Turnverein »Altvater Jahn« vollzählig erschienen, weshalb man auch den Schlossergesellen Anton bemerken konnte. Er sah ohne Opernglas jedes Mienenspiel der Jungfer Babette und warf darum die allerdüstersten Blicke um sich und versengte mit ihnen die samtene Weste des Apothekerprovisors Elfinger. Es fehlte also nicht an Leidenschaften und Gefühlen im Lammbräusaale, und die Worte unseres Nationaldichters konnten auf gepflügten Boden fallen. Der Vorhang ging in die Höhe, und aller Augen wandten sich der Bühne zu. Herr Direktor Weindl in eigener Person stellte den Musikus Miller dar; seine Frau Marie spielte abwechselnd die Lady Milford und die Millerin. Als prächtige Buhlerin des Herzogs trug sie einen großgeblümten Schlafrock und vergoldete Ballschuhe; als Millerin schlang sie einen dunklen Schal um die Schultern und schlurfte in Filzpantoffeln über die Bühne. Auch im Tone wußte sie die beiden Frauengestalten gut auseinander zu halten und brachte bald eine vornehme Üppigkeit und bald das bürgerliche Wesen vor die Lampen. Fräulein Therese Weindl spielte die Luise in gedämpftem Tone, und das war vorteilhaft, weil die Nähte des Kleides unter ihrem üppigen Busen ohnedies einen schlimmen Abend verbrachten. Der Sohn des Direktors, Herr Franz Weindl, kam als Ferdinand und wirkte als Liebhaber wie als Militär durch Kanonenstiefel und einen gelben Schnurrbart. Obwohl die übrigen Rollen weniger günstig besetzt waren, indem insbesondere dem Sekretär Wurm ein auffälliger Spitzbauch im Wege stand, wirkte doch die Dichtung sogleich auf ein kunstliebendes Publikum. Die rauhen Worte des Musikus Miller gefielen und stärkten das bürgerliche Selbstbewußtsein, und als dann hinterher der Präsident Walter mit seiner lästerlichen Hochnäsigkeit ankam, ging ein Murren von der ersten Reihe bis zur Saaltüre.

»Bürgercanaille«, sagte er. Der Hutmacher Zehetmaier lachte grimmig auf, und die braven Burschen vom »Altvater Jahn« rekelten sich.

»Daß er der Bürgercanaille den Hof macht, meinetwegen Empfindungen vorplaudert, das sind Sachen, die ich verzeihlich finde; spiegelt er der Närrin solide Absichten vor – noch besser.«

Stand es also so? Müssen ehrbare Bürgerskinder zum Vergnügen herhalten?

Alle ergrimmten; am meisten Anton. Er kannte so einen, der Flatterien vorsagte und Geschmack an schönen Mädchen zeigte.

Die Entrüstung im Saal legte sich, als man im Hofmarschall Kalb einen waschechten Junker und dumme Vorurteile verlachen konnte, und die ernste Unterredung Ferdinands mit seinem Papa zeigte, daß es auch in diesem eingebildeten Stande ordentliche Leute gibt.

»Umgürte dich mit dem ganzen Stolz deines Englands – ich verwerfe dich – ein deutscher Jüngling!«

Das gab ein Bravo beim »Altvater Jahn« und ein Patschen in harte Hände, daß der Vorhang wieder und wieder in die Höhe gehen mußte.

»Wie sind Sie zufrieden?« fragte der Lehrer Furtner. »Ich wiederhole, was ich schon immer sagte«, antwortete Oberamtsrichter Trollmann, »es ist ein Fehlgriff der Direktion. Dieses Stück ist für ein ganz anderes Publikum geschrieben und erweckt hier nur gewisse Instinkte.« – »Aber als klassisches Stück?« – »Klassisch hin, klassisch her. Ich sage, es ist nicht für Dürnbuch. Diese Leute betrachten es nicht historisch, sondern ziehen die Ereignisse in die Gegenwart. Haben Sie das einfältige Lachen bemerkt, als der Hofmarschall auftrat?« Furtner nickte zustimmend und nahm sich vor, von diesen Gesichtspunkten einiges für seine Kritik zu verwenden. Der zweite Akt begann, und Frau Weindl nahm im geblümten Schlafrock reizende Stellungen ein und zeigte den Dürnbuchern, wie sich die schönen Weiber gehaben, welche unsere Fürsten auf Abwege bringen, und deren Launen wir Untertanen bezahlen müssen. Freilich, diese Lady war gutherzig und wollte die Edelsteine nicht annehmen, welche mit dem Glücke von siebentausend Landeskindern bezahlt waren. Niemand kann eine dukatengespickte Börse vornehmer in den Hut eines Kammerdieners werfen, als es Frau Weindl tat, aber ihre Freigebigkeit machte keine Wirkung. Ein lautes Bravo, ein Bravo aus tiefem, gepreßtem Herzen ertönte, wie der Kammerdiener die große Summe mit Verachtung zurückwies. Die Spediteurswitwe Karoline Tretter war es, und als man sich nach ihr umdrehte, nickte sie kräftig mit dem Kopfe, um zu zeigen, daß sie auf ihrem Beifall bestehen bleibe, und einen Mann achte, der von liederlichen Frauenzimmern nichts haben wolle. Sie kannte ja auch diese Sorte, und sie mußte nur bitter lachen, als Frau Weindl den Fluch des Landes nicht mehr in den Haaren tragen und den Erlös ihres Schmuckes unter die Armen verteilen wollte. Schwindel!

Aus dem prächtigen Salon der fürstlichen Geliebten ging es wieder zum Musiker Miller, und die Dürnbucher hielten den Atem an, als ein finsteres Schicksal über die braven Leute kam.

Der Lohgerber Weiß wischte sich dicke Schweißtropfen von der Stirne, wie nun der Vorhang über die Szene der frechsten Unterdrückung gefallen war, und alle anderen schwiegen erschüttert.

Nur der Apothekerprovisor mußte zeigen, daß er Spiel und Wirklichkeit nicht verwechsle; er stand auf und ging zu Jungfer Babette hin und brachte sie dazu, auch ihrerseits über das trauervolle Auditorium ein höchst frivoles Lachen anzuheben.

Anton sah es und nahm einen fressenden Zorn in den dritten Akt hinein, der wahrhaftig nicht dazu angetan war, einen ehrlichen Burschen abzukühlen. Was gab es für schmerzverzerrte Gesichter! Wie fühlte sich jeder in seinem Glücke bedroht, wenn solche Dinge in der Welt geschehen konnten und sich alles gegen treue Liebe verschwor! Auch harte Männer, welche ihre stürmischen Gefühle längst in die Ehe gebettet hatten, mußten weinen, als Luise den verhängnisvollen Brief schrieb, den der schuftige Sekretär diktierte. Der Lohgerber Weiß war völlig gebrochen und preßte die riesigen Hände ineinander und ließ sein Wasser hilflos rinnen, und wie die Seelenqual auf der Bühne immer ärger wurde, hielt er keinen Seufzer mehr an und arbeitete so furchtbar von innen heraus, daß es eine schauerliche Begleitung zu Luisens Vernichtung bildete.

Mit wuchtigen Schritten eilte die Tragödie vorwärts. Niemand hörte mit so schmerzenden Ohren das Dröhnen des Schicksals wie Anton, der immer mehr in Ferdinand von Walter sein Ebenbild sah, und der ganz in der Lage und in den Umständen war, mitzuknirschen gegen den Verrat an seiner Liebe. »Bube! Wenn sie nicht rein mehr ist! Bube! Wenn du genossest, wo ich anbetete! schwelgtest, wo ich einen Gott mich fühlte! Dir wäre besser, Bube, du flöhest der Hölle zu, als daß dir mein Zorn im Himmel begegnete! Wie weit kamst du mit dem Mädchen? Bekenne!«

Ha, du geschniegelter Hofmarschall, oder nein, du pomadisierter und bisamduftiger Apothekerprovisor, jetzt geladene Pistolen und ein Schnupftuch zwischen dir und Anton, und du solltest Gott danken, Memme, daß du zum erstenmal etwas in deinen Hirnkasten kriegtest!

Fühlst du die brennenden Blicke, Babette Warmbüchler, welche aus dem dunklen Parterre hervor nach dir schießen, und weißt du, was du aus dem dort gemacht hast? Sie wußte es nicht und sie dachte an nichts dergleichen, sondern hing während der zermalmenden Geschehnisse ihre Gedanken an einen blauseidenen Gürtel, welchen ihr Herr Elfinger heute geschenkt hatte. Die anderen Mädchen im Saale stellten sich mit Luise vor Lady Milford hin und sagten ihr so gründlich die Meinung, wie sie ein anständiges Bürgerkind einem solchen Frauenzimmer sagen muß, wenn es um den Liebsten geht, aber Babette Warmbüchler dachte an einen blauseidenen Gürtel; und als der Vorhang fiel und es wieder hell im Saal wurde, rümpfte sie verächtlich die Nase über die weinenden Menschen und lachte zu Herrn Elfinger hinüber.

Verloren, ja! Unglückselige, du bist es.

Und der Jammer häufte sich im Lammbräusaale und akkompagnierte den Musikus Miller, als er seiner Tochter die Schrecken des Selbstmordes malte, und hundert Herzen drängte es, dem rasenden Major die

Wahrheit zu sagen über diesen unglückseligen Brief, und hundert Herzen baten Luise, doch endlich den aufgedrungenen Eid zu brechen. Doch sie schwieg. Und dann ging ein tiefer und langer Seufzer durch den Saal. Luise war tot. Gestorben an der vergifteten Limonade.
Zu spät, daß Ferdinand seinem Vater Flüche ins Antlitz schrie, zu spät, wie immer, daß die Polizei eingriff und den schurkischen Präsidenten und den noch gemeineren Sekretär Wurm verhaftete. Der Vorhang fiel.
Die Dürnbucher standen auf und verließen den Saal; jedoch der Lohgerber Weiß blieb noch sitzen in Vernichtung und rang nach Luft und verwischte mit seinem blaukarierten Schnupftuch alle Spuren seines Seelenkampfes und ging als der letzte hinaus. Die Zuschauer eilten durch den dunklen Hausgang auf den Stadtplatz, wo sie aufatmend inne wurden, daß noch alles am rechten Platz stände, die Heimatstadt, ihre Wohltätigkeit und ihr Familienglück. Niemand bemerkte den Schlossergesellen Anton, der aus einer dunkeln Ecke das Tor überwachte und sah, wie der Apothekerprovisor der Jungfer Babette folgte und in eine Nebengasse bog.
Er schlich ihnen nach. Indessen schritt Furtner neben Trollmann und sagte, daß ihn die Dichtung doch in einem gewissen Banne gehalten habe. »Das schon«, erwiderte Trollmann, »und ich verkenne durchaus nicht die Vorzüge dieses Werkes, aber die Leute sind nicht gebildet genug, um Wahrheit und Dichtung auseinanderzuhalten. Es sind doch sehr starke Ausfälligkeiten darin.«
»Sie meinen den Hofmarschall Kalb?«
»Ich meine überhaupt die Prinzipien, und die Rolle, welche man den Herzog spielen läßt.«
»Aber vielleicht waren die Zustände früher weniger geordnet?«
»Früher! Das ist es eben. Ich sehe den historischen Hintergrund, Sie sehen ihn auch. Aber die anderen werden aufgehetzt.«
»Ja«, sagte Furtner, »in dieser Beziehung muß ich Ihnen recht geben.«
»Heutzutage, wo ohnehin jede Autorität ...«
Trollmann sperrte seine Haustüre auf.
»Wo ohnehin jede Autorität ... also gute Nacht, Herr Lehrer!«
»Gute Nacht, Herr Oberamtsrichter!«
Furtner ging tiefsinnig heim und überlegte, wie diese Bedenken in der Einleitung zu verwerten waren.
Und indessen geschah etwas am Gartenzaune bei Warmbüchler, was die Befürchtungen Trollmanns bestätigte.
Elfinger hatte Abschied von Babette genommen und schritt so leichtfüßig heim, wie nur ein Jüngling schreiten kann, dem sein Mädchen unter Küssen das Unerlaubte versprochen hat.

Er hüpfte und hielt die Nase siegesgewiß zum Sternenhimmel empor und forderte den Mond auf, noch auf einen so verfluchten Kerl zu scheinen, wenn er es fertig bringe.
Da tönte ein Halt.
Anton sprang vor und faßte den Provisor an der Lavalierekrawatte und legte seine Finger um den Adamsapfel. Wie sie zittert, die Memme!
Wie weit kamst du mit dem Mädchen?
Und eine harte Schlosserfaust schlug drauflos und ruinierte eine Menge Schönheiten und raufte zierliche Locken aus und brachte Backenzähne in Unordnung.
»An meine Blume soll mir das Ungeziefer nicht kriechen, oder ich will es so, und so, und wieder so durcheinanderquetschen.« Und in die Haselnußstauden hineinschmeißen, daß es aus einem Provisor und Ebenbild Gottes zur blau und grün überlaufenen Jammergestalt wird.
Und so war es klar, daß Friedrich von Schiller für das gegenwärtige Dürnbuch zu leidenschaftlich wirkte.

LUDWIG THOMA

Der glückliche Brauch

I

Im Egling-Kaltenbacher Viertel tragt man dem Hitler nichts nach, durchaus nicht! Im Gegenteil, da sagen sie heute noch: »Der hot schon dös Rechte ghabt.« Wenn zum Beispiel jetzt von der Regierung auch wieder verordnet worden ist, daß von Amts wegen und vor allem vom Landrat Sterzinger über den Hitler gesagt werden muß, derselbige hat ein Schandregiment geführt und durch seinen unsinnigen Krieg Deutschland ruiniert, im Egling-Kaltenbacherischen sagen sie: »Üns hot dös net scheniert«, und sie bleiben dabei: »Der hot schon dös Rechte ghabt.« Und das hauptsächlich deswegen, weil der und seine Leute die alten Bräuche wieder zur Geltung gebracht haben. Für die waren die Egling-Kaltenbacherischen immer, und sie sind es auch heute noch, wenn auch die wirbligen Zeiten in ihre Strichweite hineingewirkt und manche äußeren Neuerungen mit sich gebracht haben. Die Leute selber haben sich durch solche Umstände nicht ändern lassen. Sie halten sich an das Alte, und damit basta. Andernorts wird ja über so scheinbar zurückgebliebene Weltwinkel gelacht und hämisch gespottet. Das kümmert die Egling-Kaltenbacherischen nicht im mindesten. Sie wissen ge-

nau, daß ihre Bräuche einen Sinn, einen Zweck und einen Wert haben, und grad das letztere gibt bei ihnen seit eh und je den Ausschlag. Nicht umsonst heißt es bei ihnen: »Wos mir guat tuat, dös is recht – und wos mir net guat tuat, dös is schlecht.« Wert ist selbstredend bloß das, was einen handgreiflichen Nutzen abwirft.
Späte Heiraten sind dort die Regel, und als neulich die dreißigjährige Jungfrau Anna Maria Geitinger, genannt die Banzer-Annamarie, den um etliche Jahre älteren »ehrengeachteten Jüngling« Franz Xaver Wimmer geheiratet hat, ist allgemein gesagt worden: »Herrgott, dö pressiert's aber mit'm Ehstand!« Miteinander *gegangen* sind zwar der Franzl und die Annamarie schon gutding ihre sieben oder acht Jahre. Aber »Erst guat ausprobiert – nachher wird kopuliert«, heißt es seit ewig im Egling-Kaltenbacherischen.
Der einzige Häusler in Egling, der Hupfauer-Georg, der »Hupfauf-Girgl« wie er lustigerweis' geheißen wird, der geht jetzt schon in das einundachtzigste Jahr, aber er ist noch um und um gesund wie seine achtundsiebzigjährige Alte, die Zenzl. Das einzige, was die zwei von der neuen Zeit angenommen haben, ist, daß sie radlfahren, und das in ihrem Alter noch wie Junge. Erstens ist das praktisch, und zweitens kostet es nicht haufenweis' Geld wie etwa ein Motorradl oder ein Volkswagen. Wenn der Hupfauf-Girgl einen Burschen oder Bauern in so einem Vehikel daherbrausen sieht, schüttelt er bloß den Kopf und brummt: »Hmhm, wia ma bloß so dumm sei' konn und überoi herzoagt, wos ma hot! Dös derspecht doch 's Steueramt glei ...« Für irgendwas Geld hergeben, kommt ihm nicht bloß unnütz und saudumm vor, sondern schon fast sündhaft. Und Steuern überhaupt?! Die windigen Faulenzer von Steuerbeamten schnüffeln dich doch sogar schon so verdächtig an, wenn du öfter neues Zeug anhast. Da schaun sie aber beim Girgl ganz umsonst. Sein schwerer Mantel ist noch von seinem Vater selig, und die zwei Radl im Haus sind noch aus der Inflationszeit in den zwanziger Jahren.
Beim Hupfauf sind zwei Kinder da – die Walli, die jetzt ins Vierzigste geht, und der um fünf Jahre ältere Wastl –, und es ist soweit, daß die Alten mit gutem Gewissen dem letzteren das Sach' übergeben und die Walli gern heiraten lassen möchten, nachdem die zwei bisher wie Dirn und Knecht daheim gearbeitet haben. Hinwiederum, in so einer reichen Bauerngegend wie um Egling-Kaltenbach, da reißt sich ein Bursch nicht so schnell um eine Häuslmannstochter, und der Wastl hat auch noch keine passende Hochzeiterin. Infolgedessen redet der alte Hupfauf-Girgl seit einiger Zeit ganz gegen seine Gewohnheit überall herum, daß seine Walli einen schönen Batzen Geld als Heiratsgut mitkriegt und daß diejenige, die den Wastl nimmt, in ein schuldenfreies Anwesen hin-

einkommt. Da ist – wenn die Leute sich auch wundern darüber – kein Wort gelogen. Der Hupfauer steht sich gut in allem, und wie es so weit gekommen ist, das verdankt er einem uralten, man kann schon sagen glücklichen Egling-Kaltenbacher Brauch.

II

Vor jetzt einem Vierteljahr, an einem vernebelten Mittwoch gegen Ende Oktober ist der Häusler in aller Frühe aus seinem dämpfigen Federbett gesprungen und schier wieselgeschwind in die daneben liegende dunkle Kuchl gelaufen, indem er noch schnell hingesagt hat: »Jetz is's aber Zeit . . . Heunt pack i's . . .«

»Wos denn?« fragte seine Zenzl und richtete sich verschlafen auf. Ihr Girgl stand schon im grobleinenen Hemd unterm elektrischen Licht am Kuchltisch und blätterte hurtig im *Bayerischen Bauernkalender.*

»Wos is denn? Herrgott, hörst denn net, ha?« fragte seine Zenzl grober und lauter, und da kratzte er sich an seinen struppigen, eisgrauen Schläfenhaaren und sagte wiederum: »Jetz werd's aber Zeit . . . Jetz muaß i's packa . . .«

»Schaug, daß d' a Kaffeesuppn herbringst!« knurrte er sie an, als sie in der ausgewaschenen, geblümelten Nachtjacke und dem dicken wollenen Unterrock in die Kuchl kam: »I muaß macha, daß i weiterkimm!«

»Daß d' weiterkimmst? . . . Ja, wos host denn jetz auf amoi mittn in der Woch?« staunte sie ihn an: »Is ja noch schier gschlogne Nocht?«

»Gschlogne Nocht, ha! . . . Bis i aus'n Haus kimm, werd's scho heller! Geh weita, sog i . . .! Kaffeesuppn mach warm!« raunzte er sie noch unguter an, lief wieder in die Ehekammer zurück und zog sein gutes Gewand an: »A Weiberts hot doch nia a Hirn! . . . Woaßt denn net, daß dös jetz boid fufzg Jahr san, daß mir gheirat hobn? . . . Konnst denn net rechna?«

»Ja so«, sagte die Zenzl, und jetzt ging ihr ein Licht auf: »Jaja, an dritten Januar Anno zehne is's gwen. Aber dös hätt'st mir doch glei sogn kinna!«

»Sogn? . . . Sogn!!« schimpfte er weiter: »Drodenka hob natürli i wieda müassn, lapperts Weiberts, lapperts!«

»Host denn nachher aa oi Papiera beinand?« fragte sie ungeschmerzt und war ganz bei der Sache.

»Na! Mit dö laarn Händ wer i furtfahrn«, belferte er sie an, hockte sich hin, brockte das Brot in die dampfende Schüssel und fing zu löffeln an: »Herrgott, i sog ja, i sog ja, a Weiberts! A Weiberts . . .!«

Sie machte sich am Herd zu schaffen und schaute beiläufig durch das Fenster, in den milchigen Nebel hinaus.

»'s Wetter bleibt ja«, meinte sie und fragte: »Nimmst 's Radl?«

»Na, oblaffa tua i dö ganz Gegend wia a gstutzter Hund, Schofkopf, saudummer!« Er stand auf und schlüpfte in seine schwere Joppe. Sie ging an den Weihwasserkessel an der Tür, besprenkelte ihn und machte ein geschwindes Kreuz. Auch sein Faltengesicht wurde jetzt friedlich.
»I hoff, du host vui Glück, Girgl«, sagte sie fast andächtig.
Gleich darauf schob er sein Radl am Kuchlfenster vorbei, kam auf die nebelfeuchte Straße und schwang sich in den Sattel wie ein Junger. Etliche erleuchtete Stallfenster blinkten durch den Nebel, Kühe muhten und Rösser wieherten, an dem und dem Zaun rannte ein bellender Hund entlang, aber kein Mensch war noch auf der Straße. Dem Hupfauf-Girgl war das ganz recht. Nur sich nicht aufhalten lassen, wenn man was Ernsthaftes im Sinn hat. Kräftig trat er auf die Pedale, und weil es ihm nach und nach wärmer wurde, lebte er mehr und mehr auf. Seine flachen, stahlgrauen Augen wässerten, und er mußte sie oft auswischen, aber sein faltiges Nußknackergesicht mit dem drahtigen, dikken, grauen Schnurrbart schaute drein, als sei ihm allerhand Aussichtsreiches eingefallen.
»Dö kloana Brunzer nimm i z'letzt«, brümmelte er: »Dö und dö geizign Schundniggl! . . . Z'erst müassn dö Großn dro . . .«
Die Nebelschwaden stiegen aufwärts und wurden dünner, und als er auf der nudelbrettflachen Landstraße zwischen Hengelbach und dem Baron von Auerbachschen Gut, das weit weg in den abgeernteten Feldern lag, dahinfuhr, wurde es langsam taghell. Die Sonne brach durch und wärmte die frische Herbstluft. Gar zu früh, rechnete sich der Hupfauf-Girgl aus, das ist auch wieder nicht das Rechte. Da sind die Leute noch nicht mit der Stallarbeit fertig und hocken noch nicht bei ihrer Kaffeesuppn. An der Walpertsberger Wegkreuzung, in die er jetzt einbog, steht die Sankt-Josephs-Kapelle, die der alte Muggenthaler selig damaligerzeit hat bauen lassen, wie sein einziger Sohn, der Sepp, der jetzige Muggenthaler, gut und gesund vom Ersten Weltkrieg heimgekommen ist. Der Muggenthaler ist der größte und reichste Bauer von Walpertsberg, und beim Alten ist die Hupfauerin bis zu ihrer Heirat mit dem Girgl Dirn gewesen. Zwanzig rechtschaffene Jahre lang. Da hat sie den Sepp und seine zwei Schwestern aufwachsen sehn, von den Windeln bis zum Großwerden und Heiraten. Heute noch, wenn man von Egling nach Walpertsberg wallfahrten geht, kehrt die Hupfauerin beim Muggenthaler jedesmal ein und wird immer gut aufgenommen und ausgespeist.
»Dös san Leut . . . Dö wissn, wos si ghört«, brümmelte der Hupfauf-Girgl wiederum, stieg ab und ging in die Kapelle. Daß er beim Muggenthaler zuerst haltmachen und sein Anliegen vorbringen wollte, läßt sich leicht denken, und das nicht bloß, weil dem sein Hof gleich am

Lieber Leser,

wir bitten Sie herzlich, uns hier Ihre Meinung über dieses Buch mitzuteilen. Sie ist für unsere Verlagsarbeit wertvoll und interessant. Gern möchten wir Sie von Zeit zu Zeit über unsere Neuerscheinungen unterrichten. Bitte kreuzen Sie unten an, welche der Verlagsgebiete Sie interessieren. Vielen Dank für Ihre Mitteilung.

Ihr Gräfe und Unzer Verlag

Diese Karte entnahm ich folgendem Buch:

Meine Meinung darüber ist:

Ich interessiere mich für die angekreuzten Verlagsgebiete und bitte um kostenlose Information:

- ☐ Städte und Länder
- ☐ Ostpreußen
- ☐ Schlesien
- ☐ Bayern
- ☐ Reisen und Wandern
- ☐ Haus und Garten
- ☐ Küche und Keller

Senden Sie Ihre Prospekte bitte auch an:

Bitte Absender umseitig eintragen!

Absender:

Name

Vorname

Postleitzahl/Wohnort

Straße und Hausnummer

Ich bestelle in Rechnung/per Nachnahme:

Bitte liefern Sie durch meine Buchhandlung:

Wenn keine
20 Pf Marke
vorrätig,
zahlen wir
das Porto.

Werbeantwort

Verlag

Gräfe und Unzer

8 München 13

Isabellastraße 32

Postfach 465

Dorfeingang, auf einem flachen Hügelbuckel lag: Wie der Muggenthaler eine Sache aufnahm, das galt. Und außerdem waren die Walpertsberger nicht umsonst überall als »Protzenbauern« bekannt. Da hatte jeder seinen eisernen Stolz und ließ sich nicht von seinen Nachbarn überbieten. Da machte dieser Bauernstolz sogar den größten Geizkragen splendid.

Trotzdem – als kleiner Häuslmann hat man ein andres Hirn – der Hupfauf-Girgl ging in die Kapelle, kniete hin, betete etliche Vaterunser und beschloß dieselbigen aufs dringlichste: »Noja, lieber Herrgott, und du, guater heiliger Joseph, wenn sich die Walpertsberger auch net lumpen lossn – allmächtiger Himmelvater und heiliger Joseph, i bitt inständigst um enkern Beistand! Gell, sorgts fei' für mi und loßts net zua, daß oaner saumassi schäbig is und gibt net gnau sovui wia der Muggenthaler . . .«

Nach ungefähr einer knappen Viertelstunde lauft die Walpertsberger Straße in den Forst und fängt ziemlich zu steigen an. Alsbald mußte der Girgl sein Radl schieben, und jetzt meldete sich auch langsam der Hunger bei ihm. Infolgedessen kehrte er in der alten Forstwirtschaft, die gleich drauf kommt, ein, bestellte sich zwei warme Dicke und trank eine Maß Bier dazu.

»Is der Wirt noch net auf?« fragte er die rundliche Kellnerin beiläufig.

»Na, worum?«

»Worum? . . . Noja, ma frogt hoit«, warf er ihr ziemlich abweisend an den Kopf, schaute in die Richtung aufs Schiebfenster der Kuchl: »Aber d' Wirtin hör i scho, ha?« und war froh, daß er nicht weiter disputieren mußte, weil die faßdicke Wirtin schon aus der Tür kam und die Kellnerin barsch anfuhr: »Schaug daß d' 's Gschirr herricht'st und steh net 'rum . . . Geht dir heunt wieder gor nix von der Hand, ha?« Auf das hin stemmte sie die zwei Fäuste in ihre feisten Hüften und sagte mit ihrer Mannsbilderstimme: »Tja, dös is a glei gor der Hupfauf-Girgl, ha? . . . Wos treibt denn jetz di scho in oia Früah zu üns 'rum?«

»Ja no«, fing der Girgl gleich mit dem richtigen Ton an: »Wos mi 'rumtreibt . . .? . . . Fufzg Johr san ma jetz verheirat', mei' Zenzl und i! . . . Do muaß i dazuatoa, daß i a bißl wos z'sammbring . . .« Und mit zwingender Bitthaftigkeit setzte er dazu: »Man werd ja doch, moan i, a Herz hobn für an arma Häuslmo . . .« Aber die saukalte Wirtin interessierte ganz was andres.

»Soso, fufzg Johr?« sagte sie interessierter und musterte ihn: »Tja, hm, wia oit bischt denn nacha jetz scho, Girgl? . . . Wos? Oanadachzg scho? . . . Du bischt ja noch beinand wia a Fufzger . . . Pumperlgsund schaugst aus, um und um . . .«

»Ha! ... Pumperlgsund! ... Bei üns leidt's scho koa Kranksei'! ... Wenn man dös ganz Johr nix ois rackern muaß, do hot ma koa Zeit dazua«, meinte er um einige Grade wegwerfender, denn die Harthörigkeit von dem fetten Weibsbild war ärgerlich.

»Is denn der Wirt noch net auf?« fragte er wiederum, setzte kurz aus beim Wurstessen und schaute sie arg schelch an.

»Na«, sagte sie: »Den is scho dö ganz Wochan net guat ... Wasser, moant der Doktor, hat er in dö Füaß, weil er so jammert, daß s' eahm so schwaar san ...«

»So? ... Soso!« meinte auf das hin der Girgl und fing wieder zu essen an: »Jaja, dös kimmt vom guatn Lebn ...« In der ganzen Umgegend war ja bekannt, daß es keinen verfresseneren Menschen gab als den Forstwirt, und dem Girgl war das lange Herumreden schon zuwider.

»Do«, sagte er und gab ihr sein amtliches Erlaubnis-Schreiben mit der darangehefteten Sammelliste, das nach uraltem Brauch jedes ortsansässige Ehepaar in der Egling-Kaltenbacher Strichweite ausgestellt bekommt, wenn es nach fünfzig Jahren goldene Hochzeit feiern will. Verfaßt, unterschrieben und gestempelt vom hochwürdigen Herrn Pfarrer Aurbacher und vom Bürgermeister Hosp in Egling und beglaubigt und befürwortet vom Landrat Sterzinger und vom Bezirksamt Kaltenbach, heißt es darin, daß es dem »ehrengeachteten Häusler Hupfauer Georg, wohnhaft in Egling, Gemeinde und Pfarrei dortselbst, und seiner Ehefrau Kreszenzia, geb. Buchbichler aus Walpertsberg aus Anlaß ihrer bevorstehenden goldenen Hochzeit verstattet ist, in den Ortschaften der Gemarkung des Bezirksamtes Kaltenbach entsprechende Gaben zu sammeln.« Und besagt dasselbige zum Schluß: »Die verehrlichen Anwohner werden infolgedessen gebeten, genanntem Hupfauer Georg bei Vorweisung dieses Schreibens nach altem, christkatholischen Brauch je nach ihrem Vermögen die Spenden auszuhändigen, was ihnen von Gott, dem Allmächtigen, einst gnadenvoll vergolten werden wird.«

»I taat hoit nachher doch schön bittn um a milde Gab«, schoß er aus sich heraus, eh' die Wirtin mit dem Lesen fertig war, und schaute sie fest an.

»Hm, ja, hm«, drückte sie herum: »Hm, dös is jetz dumm, ha! ... Mei' Peter konn oft dö ganz Nocht net ei'schlafa ... Erst in der Früah bringt er oft d' Augn zua. Do möcht i'n net aufwecka ... Und – und i alloa konn dös net macha, Girgl ... Hmhmhm ...« Grundverlegen stellte sie sich.

»So? ... No, nachher kimm i hoit rei', wenn i von Walpertsberg hoamfahr ... Was bin i denn schuidi?« sagte der Girgl eiskalt und zog seinen Geldbeutel. Das verstand sie endlich, und schnell wehrte sie ab: »Nana, dös loß nur geh, Girgl!« Genau so gschwind schob er seinen

Geldbeutel wieder ein und stand auf: »Nachher sog i hoit 'gelt's Good und Pfüad Good aa glei ...« An der Tür nahm er einen Spritzer Weihwasser und machte ein Kreuz, ehe er hinausging.

»Schundige Matz, geizige!« knurrte er und schob sein Radl aus dem Gang. Das war kein guter Anfang. Vermurrt tappte er neben seinem Radl den Walpertsberger Berg hinauf. Öfter mußte er einhalten und verschnaufen.

»Hm, gor net einiganga soit i sei' in dö Sauwirtschaft!« grantelte er verdrießlich in seinen Bart: »Dö poor windign Würscht und dö Maß Bier san's net wert gwesn ... Hm, an helliachtn Tog schlaft er noch, der zeckafoast Wirt! Wia er si nur net schamt! ... Krank is er, krank? Der hot scho dö recht Krankhat! Überfressn hot er si hoit amoi wieda ... Den trifft schon amoi a schneller Schlog ...«

Erst als er droben aus dem Forst kam und das neugestrichene, breite Muggenthalerhaus aus dem weitläufigen Obstgarten leuchten sah, wurde sein Gesicht besser. Jetzt natürlich hieß es schneidig sein. Ein verbrummter Bittsteller hat nicht recht viel Aussichten, zu seinem Sach' zu kommen. Um hinwiederum nicht lang herumzureden und gleich das Beste zu verraten: Bare 2340 Mark brachte der Girgl bei den Walpertsberger Protzenbauern zusammen, und der Rederer versprach ihm, bei der nächsten Gelegenheit etliche Sack Winteräpfel hinüberzubringen, der Schmauß sagte ihm durch Handschlag zu, bei der Feier der goldenen Hochzeit ein Faß Bier zu zahlen. Zu all diesem unerwarteten Glück hatte ihm einzig und allein der Muggenthaler verholfen, der sich gleich mit hundert Mark als erster in die Spendenliste eintrug, indem er sagte: »Und wenn a poor recht Geizige 'rumdrucka, Girgl, nachher sogst, i hätt' eigentli zwoahundert Mark gebn wolln, aber i mog net, daß si wer blamiert und weniger gibt ...« Der Muggenthaler nämlich hat es gern, seine Nachbarn in Verlegenheit zu bringen und freut sich, wenn sie sich darüber ärgern. Er schaut aus wie der alte Bismarck. Genau denselben dicken platterten Rundkopf mit etlichen kurzen, grauen Stichelhaaren an den Schläfen, dieselben dicken Augenbrauen und den gleichen Schnurrbart hat er, und auch seine Figur ist danach. Jeder Mensch weiß, daß man ihm am leichtesten beikommen kann, wenn man ihm das bei einer Unterhaltung öfter sagt. Natürlicherweis' bildet sich der Muggenthaler auch ein, daß er nicht bloß die Figur und den Kopf vom Bismarck hat, sondern auch das, was derselbige in seinem Kopf drinnen gehabt hat. Darum sagte der Hupfauf-Girgl nach der Bemerkung vom Bauern gleich: »Herrgott, Muggenthaler, an Verstand host du! A Minister hot net leicht sovui Vernunft ...« Auf das hin schenkte ihm der Bauer ein Glasl Taubeerenschnaps ein.

»So, Girgl, und jetz wünsch i dir hoit vui Glück bei üns ... Mei' Peter muaß mi heunt auf Wimberting an Roßmarkt umifahrn. Vielleicht derwisch i do an Haflinger Hengst«, schloß der Muggenthaler alsdann. Seit eh und je hat er es mit den schönen Rössern, wenn er sie auch gar nicht mehr braucht, und am meisten ist er auf einen echten Haflinger Hengst aus. So nämlich ist es in der reichen Bauerngegend um Egling und Kaltenbach heutzutag' nicht mehr, daß die geldigen Bauern sich scheuen, die neuesten landwirtschaftlichen Maschinen zu halten, und auch sonst sind sie für die Annehmlichkeiten der jetzigen Zeiten durchaus eingenommen. Wenn auch außer dem Muggenthaler bloß noch der Schwinglinger einen guten Mercedes-Benz hat, Autos und Motorräder gibt es auf jedem Bauernhof. Sogar viele Bäuerinnen fahren auf leichteren Motorrädern nach Egling in die Kirche. So eine fette Wohlhäbigkeit hebt den ganzen Stand, und es läßt sich denken, daß sich jeder gern mitleidigerweis' herabläßt, wenn so ein Notschnapper wie der Hupfauf-Girgl daherkommt. Freilich stutzte der Schwinglinger, als er die hundert Mark vom Muggenthaler auf der Sammelliste las, aber er ließ sich nicht lumpen, insbesondere, nachdem der Girgl den Spruch vom Muggenthaler vorbrachte. Und so ging es noch öfter in dem umfänglichen, schönen Bauerndorf mit seinen sechzig Häusern. Leute wie der Rederer und der Schmauß selbstredend, die ihrer Lebtag nie fürs Geldhergeben waren, die sagten bloß: »Hoho, dö protzn aba mit eahnern Geld ... Mir hobn nix, aber, natürli, wos der Brauch is, is der Brauch.« Und der Rederer machte ein recht saures Gesicht, als er seine zwanzig Mark hergab. Am liebsten hätte er es bei den Winteräpfeln gelassen. Der eiskalte Schmauß hinwiederum, der klagte gradheraus: »Hm, dö Herrn Protznbaurn! ... Dö wissn freili net, wia ma si schinden und plagn muaß, daß's umgeht ...« Da aber kam der Hupfauf-Girgl mit seinen achtzig Jahren daher und fragte, ob man vielleicht meint, er müßt' sich nicht noch heut schinden und plagen wie nicht leicht wer.

»Und wia lang werd i 's Lebn noch hobn, Schmauß? ... Do, moan i, kunntn Leut, dö wo besser gstellt san, doch an oanzigs Moi a Herz hobn«, redete er richtig wehleidig daher. Das stimmte schließlich auch den Schmauß um. Mehr als fünfzehn Mark gab er nicht. Wie ihn aber der Girgl anschaute, so anschaute, daß er nicht mehr ausweichen konnte, da versprach er das Faßl Bier dazu.

Der Hupfauf-Girgl war recht zufrieden, als er kurz nach der Drei-Uhr-Brotzeit aus Walpertsberg herausfuhr und den Forstberg hinuntersauste. Auch unternehmungslustig war er, und am liebsten hätte er auch noch Hengelbach auf dem Heimweg mitgenommen, aber er sagte sich, da wird's Nacht, und bei dem feuchten Nebel ist es kein gutes Fahren. Darum machte er bloß noch beim Forstwirt Halt. Der hockte mit dem Gendarmeriekommandanten Lochbichler am runden Tisch in der Stube und jammerte dem über sein Leiden vor. Ein elendiges Gesicht machte er her, aber das genierte den Girgl durchaus nicht. Er grüßte, hockte sich hin, bestellte bei der Kellnerin seine Maß Bier und fragte mitten in den Wirt seine Jammerei hinein: »So, do bin i ... Hot dir d' Wirtin nix gsogt, Lechner?«

»Gsogt? ... Wos denn?« stellte sich der dumm.

»Noja, wega meiner goldenen Hochzeit ... Vo Walpertsberg kimm i ... Do«, wurde auf das hin der Girgl deutlicher und gab ihm sein Schreiben und die volle Liste auch gleich.

»Ja so, ja«, gab jetzt der Wirt endlich zu, und es war ihm vom Gesicht herunterzulesen, daß er sich über die Spenden schreckte.

»Hoho, hoho, dö gebn's aber nobl!« verriet er sich alsdann auch noch, aber der Girgl hatte schon das richtige Wort drauf.

»Nobl? ... Dö wissn hoit noch, was der Brauch is und hobn an Ostand«, sagte er fast herausfordernd frech: »Ich hoff ja, daß du net hintenbleibst, Lechner ... D' Wirtin hot ja gsogt, sie konn do nix macha, aber gebn tuast mir du ganz gwiß wos ...«

»Hm, jaja, hm ... Aber mit dö Walpertsberger Protznbaurn konn i net mit, Girgl! ... I bin bloß a windiger Geschäftsmo«, drückte der Wirt herum. Der Girgl ließ ihm ruhig Zeit und bestellte sich einen kalten Aufschnitt. Zu zwanzig Mark verstand er sich schließlich, der schundige Wirt. Dem Girgl sein »Vergelt's Gott« klang arg nebenbei.

»Und«, fragte er, als er den Aufschnitt drunten hatte. »Mei' Zech geht noch drei', wos?« Da konnte der Wirt schon nicht anders, als zu allem ja und amen sagen. Auf das hin hielt sich der Girgl nicht mehr auf und fuhr schnurstracks heimzu. »No«, brümmelte er, kurz nachdem er die Forstwirtschaft aus den Augen verlor: »No, zwanzg Mark und a guate Brotzeit is aa net in d' Hosen gschissen ...« So ist's schon, wenn einem das schnelle Glück in den Kopf steigt. Windig kam ihm die Spende vom Forstwirt schon vor. –

III

Fast bis in die Novembermitte hinein ließ sich diesmal das Wetter gut an. »Dös muaß ma ausnutzn wia beim Erdäpflklaubn«, sagte der Girgl zu den Seinigen und war kreuzfidel dabei. Tag für Tag radelte er die Gegend ab. Kein Haus ließ er aus. Aber bloß noch der Baron von Auerbach spendete einen Hunderter und gab ihm eine Flasche Kornschnaps aus seiner Brennerei. Sonst waren zwanzig und fünfundzwanzig Mark schon das höchste. Es läßt sich ausrechnen, was für ein hübscher Batzen Geld zusammenkam, wenn man bedenkt, daß die weitläufige Gemarkung des Bezirksamts Kaltenbach an die dreiundzwanzig größere und kleinere Dörfer und ungefähr ein Dutzend Einöden hat. In Anbetracht dessen verschwieg der Girgl auch nicht mehr, daß dieser goldene Segen eigentlich gar nicht mehr für ihn und seine Zenzl, sondern für die Walli und den Wastl was Richtiges bedeute.

»Mei' Gott, mir san zwoa oite Leit und hobn höchstens noch a poor Johr z' lebn!« sagte er von jetzt ab überall herum: »Aber ma mächt doch seine Kinder net in der Not hintnlossn ...« Und *wie* er das sagte, das wirkte entsprechend. Da und dort, wenn er aus einem Haus ging, meinten die Leute: »Hmhm, Respekt vorm Hupfauf-Girgl! Auf sei' Familie schaugt er! ... Do loßt er net aus, samt seine oanadachzg Johr ...« Das stimmte aufs Haar. Seit eh und je hielten die Hupfauerischen zusammen wie Pech und Schwefel, und knauserisch, rackerisch und juchtenzäh waren die Alten wie die Jungen. Auch als der kalte Wind und der Regen einsetzten, ließ sich der Hupfauf-Girgl nicht schrecken. Er sammelte. Hingegen als es auf einmal haufenweis' Schnee herunterwarf, da war es aus mit dem Radln, da war es überhaupt nicht mehr zum Durchkommen. Der Girgl war froh, daß er bloß noch die kleine Ortschaft Schaffelberg vor Kaltenbach und den Bezirksort selber zu machen hatte. Schaffelberg ist ein ziemliches Notschnapperdorf, wo hauptsächlich Arbeiter wohnen, die in der Schuhfabrik, in der Färberei und anderen Kaltenbacher Betrieben arbeiten. »Do is 's Gschwerl dahoam«, heißt es bei den Bauern, und auch der Girgl sagte voll Verachtung: »Do klopf i liaba bei koan Haus o ...«

Und Kaltenbach, der große Marktflecken, der erst kürzlich zur Stadt erhoben war? Da ging es schon recht neumodisch zu. Da wußten höchstens der Landrat Sterzinger, der Amtsrichter Kegelbacher, der alte Forstrat Ederer, die zwei Pfarrer, der weitbeliebte, sackgrobe Bezirksarzt Fahlbaur und noch etliche alteingesessene Geschäftsleute etwas von einer brauchmäßigen Pflicht und Schuldigkeit. Den Fahlbaur und den Amtsrichter Kegelbacher kannte der Girgl halbwegs, aber sonst keinen von den besseren Leuten. Das macht unsicher. Deswegen drückte der Girgl lang herum, ob und wann er dort sein Glück versuchen sollte. Verbrummt hockte er in der Kuchl und schimpfte über das Sauwetter. Immer wieder schaute er durch die eingeschneiten, kleinen Fenster. »Auslossn sollt man's doch net ... Und wenn aa bloß fufzg Markln 'rausschaugn«, meinte er einmal. Aber es schneite und schneite Tag für Tag, geschlagene zwei Wochen lang. Der Advent fing schon an. Die Überlandbusse, die von München über Kerglbach, Egling nach Kaltenbach laufen, mußten ihren Verkehr einstellen. Die Bauern spannten wieder ihre Rösser vor die Schleifschlitten, wenn sie wohin kommen wollten.

 Um dieselbige Zeit kam einmal der Schuster Pichler, der als boshaftes

Spitzmaul in der ganzen Gegend bekannt ist, auf der Dorfstraße daher, als der Hupfauf-Girgl gerade den Schnee vor seinem Häusl wegschaufelte, und sagte lustig: »So mog i's! . . . Dös is amoi wieder a richtiger Winter, wia ma's früherszeitn ghabt hot . . .«
»Jetz du gfreust mi!« murrte ihn der Girgl ungut an: »Dir freili, dir macht a so a Wetter nix aus! . . . Du hockst an ganzn Tog in deiner warma Werkstott und schaugst beim Fenster 'naus . . .« Der Pichler grinste und verzog dabei sein Bartmaul bis zu den Ohren: »Ja no! . . . I hob mir ebn dös recht Gschäft 'rausgsuacht.« So kamen sie ins Disputieren. Ob er seine Million schon beieinander hat, der Girgl, weil er gar so herumprotzt mit dem schönen Heiratsgut, das wo er seiner Walli geben kann, stichelte der Pichler.
»Noja, umanandertriebn hot's di ja dö ganz Zeit wia an narrischn Gockl, der wo moant, er werd mit seine vuin Hennen nimmer firti!« redete er weiter und fragte gradwegs: »Host jetz dö ganz Gegend scho abgrost mit deiner Sammlerei, Bazi, elendiger?« Da verriet ihm der Girgl, daß er bloß in Kaltenbach noch nicht gewesen sei und setzte ein wenig zweiflerisch dazu: »Aber bei dö feiner Leut, dö neumodischn, do, moan i, werd sowiaso nimmer vui hergeh.«
»Wos?« staunte der Pichler ein wenig: »Wos sogst? . . . Ha, du bist ja guat, Girgl! Do siecht ma's wieder, wos du für an hübschn Batzn Geld z'sammbrocht host, wennst dö Kaltenbacher auf amoi hintnlossn mächst!« Und gleich wurde er eifrig und zählte alle Leute auf im Bezirksort, bei denen noch was zu holen wär'. Dabei schaute er in den bleigrauen Schneehimmel hinauf und sagte: »'s Radio hot gmeldt, daß morgn oder übermorgn a Wetterumschlog kimmt . . . Und durchgsogt is wordn, daß nachher glei wieder dö Autobussn verkehrn . . .«
»So? . . . Hm! . . . Soso«, brummte der Girgl und überlegte was.
»Bloß jetz net auslossn, Girgl! . . . Jetz, bei derer heilign Zeit, Girgl? . . . Dös is doch dö bescht Glegenheit«, sprudelte der Schuster munter weiter, und als dem Girgl immer noch kein Licht aufging, half er ihm nach: »Is doch Weihnachtn! . . . Weihnachtn!! . . . Herrgott, Girgl, bist denn scho so hirnschwach! . . . Do *müassn* ja so Leut wia der Landrat und dö bessern Leut was gebn! . . . Scho wega eahnan Renommee, verstehst mi? Und daß's hoaßt, sie hobn a christkatholisches Herz . . . Do geht noch oiahand her, Girgl, verloß di drauf!« Das war einleuchtend.
»Hm, ja! . . . Du host es, Schuasta . . . Du host es«, sagte der Girgl und schaute den Schuster schier dankbar an. Dafür aber hoffe er bei der goldenen Hochzeitsfeier seine doppelte Portion Schweinsbraten zu kriegen, schloß der Pichler. »Aber gwiß, gell, Bazi, schlechter!« lachte er, und der Girgl nickte und lachte genau so. Ganz alert kam er in die

dämpfige Kuchl zurück. Hin und da, meinte er, ist so was Neumodisches wie ein Radio das Schlechteste doch nicht und erzählte bei der Brotzeit, was ihm der Pichler berichtet und geraten hatte.

»Wia der Autobus wieda laaft, fahr i auf Kaltenbach umi«, sagte er fest entschlossen. So hielt er es auch. »Respekt«, sagte er: »Gnau, wia er's gsogt hot, is's Wetter wordn. Ganz gnau so ... Respekt vorm Schuaster ...« Er schlüpfte in den dicken Mantel, nahm den Gehstecken mit, weil es ein wenig glatt draußen war, machte ein Kreuz und besprenkelte sich mit Weihwasser und ging zum Dorfplatz. Kurz drauf brauste der Autobus daher und nahm ihn mit. Es war kein Bekannter drinnen, bloß ein schwaches Dutzend fremder städtischer Leute, die wahrscheinlich über die Festzeiten ihre Kaltenbacher Verwandten besuchten. Der Girgl hockte, auf die Krücke seines Gehsteckens gestützt, mit einem sehr ernsten Gesicht da, weil er sich in einem fort überlegte: Wo geh' ich zuerst hin und wie pack' ich's an?

Von Egling bis Kaltenbach geht ein ausgewachsenes Mannsbild bei gutem Wetter fast vier Stunden. Der Autobus brauchte auch jetzt, bei den schneeglatten Straßen und samtdem, daß er in Hengelbach und Schaffelberg kurz anhielt, nur knappe dreiviertel Stunden. Das war für den Hupfauf-Girgl ein bißl zu schnell, aber er ließ sich deswegen doch nicht aus der Fassung bringen. Er fragte herum und hinum und kam zuallererst zum Landrat Sterzinger. Das Fräulein im Vorzimmer war recht freundlich zu ihm, und zum Glück war noch kein einziger Besucher da.

»Ein Momenterl, Herr Hupfauer«, sagte das Fräulein, ein hübsch rundliches Ding, und der Girgl lachte sie recht dienerisch einnehmend an. Das Fräulein ging durch eine Türe, und kaum, daß er sich richtig besinnen konnte, ging die Tür schon wieder auf, und abermals sagte das runde, freundliche Ding: »Bitteschön, Herr Hupfauer ...« Der Girgl nahm seine ganze Courage zusammen, aber das war gar nicht notwendig. Der Sterzinger, ein recht gut gepolsterter Fünfziger mit einem gesunden, roten Schnurrbartgesicht, war schier die Legerität selber.

»No«, sagte er halb hochdeutsch, »Hupfauer Georg, der Hupfauf-Girgl, net wahr? No, wo fehlt's denn? Wos haben wir für Beschwerdn?« Dieses schöne Herablassen machte den Girgl ganz verlegen.

»Nur 'raus mit der Sprach! Für das bin i ja da, Hupfauer!« half ihm der gute Landrat, und da zog der Girgl sein Schreiben und die Liste und stotterte leicht bitthaft: »Es is hoit, Enkerne Gnadn –«

»Also, ›Enkerne Gnadn‹, Hupfauer, dös gibt's net!« verbat sich der Sterzinger ganz energisch: »Ich bin der Landrat Sterzinger und für die Bauernschaft da ... Für die Kleinen ganz bsonders! ... Also, wo fehlt's? ... Aha, jaja ... hm ...« Er überschaute die Spenden und bekam ein bißl ein anderes Gesicht, aber gleich sagte der Girgl demütig:

»Und do hob i hoit gmoant, Herr Landrat, net, do sogn d' Leut zu mir, der Herr Landrat, der gibt dir ganz gwiß wos, Girgl ... Den –«
»Ja so, hm, jaja, natürli, Hupfauer«, fiel ihm der Sterzinger ins Wort: »Von Amts wegn is ja so wos net vorgsehn ... Da darf so was gar net sein, aba – man kennt mich ja – i komm selber aus'm Baurnstand ... Also, ich persönlich, verstehst, Hupfauer, ich will mich um den guten alten Brauch nit 'rumdrucka ...« Er setzte umständlich eine Brille auf und schrieb fünfzig Mark auf die Liste. »A Großbaur bin ich ja net, Hupfauer, bloß a notiger Beamter«, schloß er, und der Girgl dankte wie nicht leicht wo, wenn der Sterzinger auch fort und fort abwehrte. Draußen auf der Stiege des alten, noblen Amtsgebäudes brummte der Girgl freilich: »Hm, a notiga Beamta? ... Hot sein' Baurnhof verpacht und schiabt dös ganz Johr sein' schöna Ghoit aa noch ei' ...« Trotzdem, der Pichler hatte ihm gut geraten, es war die Müh' wert, Kaltenbach nicht hinten zu lassen. Der hochwürdige Herr Pfarrer Messinger von der oberen Stadt und der Pflögl von der unteren, die zwei hielten sich selbstredend mehr an die Religion als ans Geben, jeder verstieg sich nicht weiter als bis auf zehn Mark, aber jeder gab dem Girgl einen christkatholischen Segen. Hingegen beim alten Bezirksarzt Fahlbaur, der sackgrob war, was Bauernleute gern haben, der Fahlbaur zeigte sich immer von der noblen Seite.
»Zeit hab ich net, Hupfauer, und ich seh ja, gsund bist auch noch! Obkratzn tuast du noch lang net ... Do! Und viel Glück, Hupfauer ... Loß dir in der Küch von der Marie a richtige Portion Essen gebn und a Bier! ... I muaß ins Kranknhaus«, sagte er kurzerhand und gab ihm einen blanken Hunderter. Er ist schon lang Wittiber, und die Dinglinger-Marie, seine Haushälterin, ist eine Köchin, einfach großartig! Und nicht bloß eine Köchin, denn mitten im Essen nestelte sie einen Zwanzigmarkschein heraus und bekam nasse Augen. »Da, Hupfauer, auch vo mir a kleins Glückerl«, sagte sie: »Und alles, alles Guate, gell.« –
Am schönsten aber war es beim Amtsrichter Kegelbacher, der natürlicherweise jetzt, wo Gerichtsferien waren, die beste Laune hatte. Den Kegelbacher nämlich kennt jeder Mensch in der weitesten Umgegend, weil er als landbekannter Heimatforscher überall herumkommt und in alles echt Bauernmäßige schier verliebt ist. Er redet, denkt und gibt sich in allem wie ein Bauer, und heißen tut es, er macht das bloß deswegen, um seine ungute, bissige Alte zu ärgern.
»Jajajajaja, i hob an schöner Bsuach! Geh du in dei' Kuchl!« sagte er ihr schon gleich, als er den Hupfauer-Girgl erkannte: »Dös, wos mir ausz'handln hobn, dös interessiert di ja sowiaso net, Afra ...« Die imposante, dicke Frau Amtsrichter bekam ein rotes Gesicht, und ihr Kropf färbte sich auch so.

»So? ... Naja, hoffentlich vergißt du die Zeit net!« warf sie hin und rauschte weg.

»'rein do, Girgl, 'rein do!« winkte auf das hin der Kegelbacher dem Girgl und zog ihn in die mollig warme, urgemütliche Bauernstube. Gleich stellte er Rotwein und Zigarren hin. Ohne langes Besinnen schrieb er fünfzig Mark auf die Liste, und nicht bloß das.

»Wos? ... Und bei meine Spetzln, beim Forstrat Ederer und beim Finanzdirektor Hufnagl bist du noch gor net gwen? ... Do laufst jetz nimmer umanander, Hupfauf! ... Dös mach i dir jetz glei telefonisch! ... Nachher hobn mir a Ruah und kinna gemüatli redn miteinand«, sagte er und tat es auch gleich: »A Momenterl, a ganz kloans Momenterl! ... Trink nur derweil und rauch dei' Zigarrn, dö Operation is glei vorbei ...« Der Girgl hockte ziemlich benommen da, als der kleine spitzbärtige Mann mit der alten Wackelbrille fort und fort wie ein räsonierender Feldwebel in die Telefonmuschel hineinschimpfte: »Wos? Wos, du schäbiger Hundsbeutl, du ganz schäbiger! ... Dreißg Markln? ... Dös gib liaber i noch, ehvor i mi für di scham, du elendiger, Sautropf, du! ... So? No also? ... Dös is eher a Wort ... Fufzgi also? Guat, i leg's aus für di ... Und dös sog i dir, dei' letzte Hosn gwinn i dir o beim nächsten Haferltarock. Du Schneebrunzer, du gräusliger!« Als er endlich solcherart auch mit dem Finanzdirektor Hufnagl fertig war, warf er den Telefonhörer hin und lachte sein breites, urgemütliches altbayrisches Lachen: »Haha, ma muaß dö Leut bloß richtig oredn, Girgl ... Also vo jedn noch fufzgi, dö gib dir i für sie ... Und jetz, jetz amoi richtig Prost! ... Jetz redn mir. Wo hoit'st sie denn, dei' golderne ...?« Er fing das Ausfragen an, trank und erzählte zwischenhinein Spaßetteln und bekam Glanzaugen und der Girgl auch. Dem sein Nußknackergesicht wurde rot und feucht mit der Zeit. Die Stube dunkelte an, auf einmal stand die Frau Amtsrichter in der offenen Tür und fragte: »Albert, ich will ja net störn, aber muß denn der Herr –«

»Hupfauf-Girgl hoaßt er ... Red deitsch!« fuhr sie der Amtsrichter an, und da sagte sie bloß noch scharf und beleidigt: »Es ist viertel nach vier Uhr, der Autobus ist weg ...« Damit zog sie die Tür wieder zu. Das verschlug dem Kegelbacher und dem Girgl doch das Wort.

»Herrgott! ... Herrgott, wos mach ma jetz, Girgl? Herrgott, is dös aba saudumm!« Etliche Augenblicke lang war der Amtsrichter wirklich ratlos. Den alten Mann bei sich über Nacht zu behalten, das ging schon wegen seiner bissigen Afra nicht. Der Kegelbacher telefonierte den Gumpenwirt an, ob nicht vielleicht jemand dort sei, der heute noch nach Egling oder München fahre? Nein, war die Auskunft. Er telefonierte, trotzdem der Hupfauf immer wieder sagte, er geht, er sei schon bei ärgerem Wetter heimgekommen, er rief den Fuhrwerksbesitzer und

Taxameter-Inhaber Leitner an und wollte ein Taxi bestellen, aber – die Auskunft über die glatten Straßen, Herr Amtsrichter, ist sehr arg, mein Chauffeur macht mir das nicht und ich bin hundsmiserabel beieinander, erfuhr er da. Er sagte resolut: »Girgl, jetz, woaßt wos, i nimm dir auf meine Köstn a Zimma beim Gumpenwirt, und du fahrst morgn hoam mit 'm Autobus ...«

Der Girgl aber war für all das nicht zu haben. Er stand schon auf, er bedankte sich noch weiß Gott wie, und – es half alles nichts – sagte er: »I kimm scho hoam, Herr Amtsrichter, i kenn ja an Weg, und Mondnocht is aa ...«

Das stimmte, die Nacht war silberhell, vor der beißenden Kälte hatte der Girgl keine Angst, und solang er aus Kaltenbach hinausging, war die Straße schneeglatt, aber nicht allzu rutschig. Dem Hupfauf-Girgl war von dem vielen Rotwein und dem Zwetschgenwasser zu guter Letzt recht warm. Er machte Schritte wie ein Junger und freute sich, daß er doch noch Kaltenbach mitgenommen hatte. Dreihundertvierzig Mark? So was war schon der Müh' wert gewesen.

»Ha, und es geht doch ganz guat ...« redete er vor sich hin: »Hm, da Kegelbacha? A grundguater Mensch, hm ... Haha, und boid hätt' er mir a Räuscherl oghängt mit sein' guatn Wei', hmhm ... Aufpassn, Girgl, aufpassn!« Er rutschte aus auf einer vereisten Stelle und erfing sich noch.

»Aba a Weiberts hot er, der Kegelbacha! ... Dö hot Hoor auf dö Zähn, mei' Liaba ... Do glaab i's freili, daß er sauft und an Wirtshaus umanandhockt«, unterhielt er sich weiter mit sich. Da verging die Zeit. Hinter Schaffelberg ging es leicht bergab. Weit im Mond breitete sich die Hengelbacher Mulde aus. Und ein zügiger Wind kam jetzt daher. Der ging durch und durch. Da war auch dem Girgl sein dicker Mantel nicht dick genug.

»Herrgott, aba jetz beißt's«, brummte er und zog den aufgestülpten Kragen höher. Seine Augen rannen, die Nase tropfte inwendig, über die Haut rieselte die Kälte, wenn er auch vom mühseligen Dahingehn schweißnaß war. Er nahm sich fest zusammen und umklammerte seinen Gehstecken wie eisern. Er spürte die Hand kaum mehr.

»Kreizherrgott –« fluchte er heraus, weil er jetzt wirklich so rutschte, daß er gestreckterlängs hinfiel. Erschreckt richtete er sich auf, aber es ging nicht, er sackte wieder auf die eisglatte Straße und riß sich die Hände auf. Hart und fliegend schnaufte er, und erst nach dem zweiten und dritten Plagen stand er wieder halbwegs. Er beugte sich nieder und griff nach seinem Gehstecken, kam aber abermals ins Rutschen und mußte einhalten.

»Dös Zwetschgnwasser z'letzt, dös hot mir net guat to«, stellte er fest und rieb sich die Stirn. Da merkte er, wie seine Hand blutete, und daß das Blut eisig krustete.

»A Kältn is dös, hm ... Dös is scho ganz wos Gräusligs«, brummte er und fing auf einmal zu schlottern an. Er schaute über die weite Mulde und bekam ein arg verzagtes Gesicht. Er war noch nicht einmal in Hengelbach, und von dort aus war's ungefähr die Hälfte des Wegs. Er zog seine silberne Uhr und schüttelte den Kopf: »Hmhm, scho glei neuni, und um hoibe fünfi bin z'Kaltenbach wegganga ... Hmhm ...« Er spürte, daß seine alten Knie zunehmend weicher wurden, riß sich mit aller Kraft zusammen und machte energische Schritte.

»Noja, es geht ja, es geht ja! ... Es muaß geh!« redete er sich zu und wurde nach und nach ärgerlich über das Aufhalten beim Kegelbacher: »Dö Herrn müaßn ja net 'raus bei jedn Wetter ... Dö hocka jedn Tog schö bacherlwarm an Gricht oder dahoam und lossn si's herrli wohl sei ...« Vom Ärgern steigerte er sich in eine Wut hinein, stieß ein ums andere Mal seinen Gehstecken fest in den harten, glatten Schnee und stapfte und stapfte dahin. Hie und da kam er ins Stolpern, aber er erfing sich immer wieder, und sonderbarerweise spürte er gar nicht mehr, ob es ihm eiskalt oder siedendheiß war. Ganz mechanisch setzte er Schritt vor Schritt. Belzig bis in die Knochen hinein schien sein ganzer Körper. Auch von seinem schweren, feuchten Schnaufen merkte er nichts mehr, aber hinter Hengelbach überkam ihn so eine zentnerschwere Müdigkeit, daß er sich kaum noch aufrecht halten konnte und schon drauf und dran war, sich einfach hinfallen zu lassen und einzuschlafen. Zum Glück kam der Rehberger-Gustl von Egling, der bei seiner Zukünftigen, der Windmoser-Marie von Hengelbach, gewesen war, mit seinem Volkswagen daher und nahm ihn mit. »Ja-ja, ja, vo Kaltenbach kimmst du, Girgl? ... Bei derer Eiskältn ... Ja-jaja, do treibt ma ja koan räudign Hund 'naus!« sagte er, aber der alte Häusler gab nicht mehr weiter an, sackte in den Sitz neben ihm und – eins, zwei, drei – schnarchte er schon. Vor dem Hupfauerhäusl mußte ihm der Gustl heraushelfen und ihn ins Haus führen.

»Herrgott!« brummte der Girgl bloß noch; »oi Knocha tean ma weh, Gustl, wia hoibert tot bin i ...« Und die Hupfauerischen schreckten auf, als er einfach auf die Bank niederbrach und herausschnaubte: »Dös is zvui gwen ... Helfts mir ins Bett.« Er schlotterte, daß man seine paar alten Zähne noch klappern hörte, und er merkte nicht mehr, wie ihm die Zenzl den heißen Tee eingab. In der Nacht schwitzte er das ganze Bett durch, wachte auf einmal auf und kreischte: »Ja, Herrgott, i derstick ja faktisch vor Hitzn!« Wie nicht mehr ganz recht, stieß er die dicke, bauchige Federdecke weg und japste nach Luft wie in seiner letzten Stund'. Angst und bang wurde der Zenzl, und sie weckte den

Wastl und die Walli. Und jetzt war es doch gut, daß sich der Doktor Baumann, ein ehemaliger Ostflüchtling, kurz nach dem Krieg in Egling als praktischer Arzt niedergelassen hatte, wenn es auch am Anfang gar nicht gern gesehen worden ist. Zu dem ging der Wastl, denn, weiß Gott, hundsmiserablig schaute es mit dem alten Girgl aus, er hatte schon gläserne, fremde Augen und phantasierte allerhand daher, er schlotterte wie Espenlaub und lachte auf einmal »hahaha, obkratzn, nana ... ha, Pichler, recht host ghabt! ...« und jammerte alsdann wieder gottesjämmerlich, aber nichts paßte mehr zusammen. Jetzt vom Unterwirt den Bezirksarzt Fahlbaur anrufen lassen, das ging da nicht mehr. Also gut, der Wastl kam mit dem Baumann. Der gab dem Kranken eine Spritze, sagte, sie sollten ihn hochlegen und öfter abwischen und meinte, er wird jetzt gleich einschlafen. Hernach, in der Kuchl draußen sagte er viel ernster: »Hupfauerfrau, Herr Wastl, es ist eine starke Pneumonia ... Was an der Lunge, verstehn Sie? Ob er das mit seinen einundachtzig Jahren noch übersteht, da kann ich nicht garantieren ... Ich tue mein Bestes ...«

Da fing die Walli zu weinen an, und die Hupfauerin bekam auch nasse Augen, ihre Kinnbacken zitterten, und sie jammerte recht verzagt: »Mein Gott, wenn ma'n doch wenigstens über ünsern goldenen Hochzeitstog außibringa ...«

Es läßt sich denken, daß das recht traurige Weihnachtswochen für die Hupfauerischen wurden. Der Pfarrer schloß bei jeder Messe und bei jedem Hochamt eine »schwerkranke Person« ins Gebet mit ein, und die Eglinger schauten einander dabei ernst an und sagten: »Ob er's noch durchreißt, der Girgl ...?«

Indessen, der Girgl müßte kein Hupfauerischer gewesen sein – er überstand das Ärgste. Schon am zweiten Weihnachtstag hockte er, dickeingewickelt, in der Kuchl am Ofen und sagte zur Walli: »So, Walli, jetz brauchst du koan Baurnknecht oder Häuslmo mehr heiratn ... Siebentausendfünfhundert konnst aufweisn, verstehst mi? ... Und dö andern zwoatausenddreihundertundvierzgi, Wastl, dö ghörn dir ... Du host ja aa a schuidnfreies Anwesn ...«

»Vaterl«, sagte auf das hin die Walli: »Werd du bloß gsund, werd gsund! ... I bet jedn Tog dafür ...« So eine zärtliche Aufwallung war wunderselten bei den Hupfauerischen, sie tat dem kranken Girgl wohl. Er lachte schon wieder. »Ah«, sagte er: »Unkraut verdirbt net ... Bloß net nochgebn, nachher werd ma oiwei wieda!« Und richtig, der Doktor Baumann staunte, sein Renommee bei den Eglingern stieg, der Girgl ließ vom Wastl das Mahl für die goldene Hochzeit bestellen. Mit Müh und Not brachte es der Doktor soweit bei ihm, daß er die Feierlichkeit um eine Woche verlegen ließ. Und schön war es, und der reichverzierte

Saal vom Unterwirt war so voll wie schon lange nicht mehr, und der lange Tisch mit den Extrageschenken langte nicht aus, es mußte noch ein kleinerer dazugestellt werden, und neben dem hochwürdigen Herrn Pfarrer Aurbacher und dem Bürgermeister Hosp hockte der Hupfauf-Girgl mit seiner Zenzl. Sie im blinkenden, silberverschnürten Mieder und der goldgewirkten, schweren Riegelhaube auf dem Kopf, und er in der schwarzledernen Bundhose, mit dem reich mit Silber bestickten Gilet, dem schönen Tuchjanker und dem jahrelang geschonten flaumfedergezierten Velourhut. Zufrieden lachten sie, und grad gut zum Anschauen waren sie, wenn auch der Girgl noch ziemlich mitgenommen und eingefallen ausschaute. Und der hochwürdige Herr Pfarrer hielt eine wunderschöne Rede auf das Paar, und nach dem Bürgermeister Hosp der seinigen hoben alle die Maßkrüge und ließen die Jubilare hochleben. Gegessen und getrunken wurde massig, lustig und immer lustiger wurde es, und sogar zum üblichen Ehrentanz raffte sich der Girgl noch zusammen, wenn er ihn auch bloß kurz machte und mit seiner Zenzl bald wieder an seinen Tisch ging.

»In dö Fufzger stehn mir ebn doch nimmer, wia bei ünserer silbernen, Zenzl«, sagte er und schnaufte recht schwer, aber voller Fidelität war sein Nußknackergesicht, als jetzt der Schuster Pichler mit seinem vollen Maßkrug daherkam und ihm laut zuprostete. Resolut stand er auf und stieß den seinen an den vom Pichler, indem er sagte: »Und dei' doppelte Portion Schweinsbrotn host kriegt, Schuster, ja?«

»Ja, Girgl, Respekt. Sollst no lang lebn!« lachte der Pichler, aber da – seltsam, was war denn das? – da wurde der Girgl auf einmal weiß wie eine Wand und schwankte, seine Lippen schlugen aufeinander und umbrach er stockstumm, das Tischtuch riß er mit sich und fiel auf den Boden. Die Zenzl schrie kurz auf, jäh setzten Tanz und Musik aus. Tot war der Hupfauf-Girgl, maustot. Unter uns gesagt, ein schöner Tod.

Noch schöner war seine Leich'. Der ganze Eglinger Gottesacker war voll, und sogar ganz eiskalte Bauern wischten sich mitunter die Augen aus, als der hochwürdige Herr Pfarrer Aurbacher mit bewegter Stimme seine Leichenpredigt schloß: »Und, meine lieben christkatholischen, in Trauer versammelten Pfarrkinder, es wird nicht leicht wieder einen solchernen musterhaften Familienvater gebn, wie den Hupfauer Georg, der wo faktisch bis auf z'letzt bloß für die Seinen gsorgt hat. Drum will ich schließen mit den Worten: Ehre, wem Ehre gebührt, und es wird ihm in der Ewigkeit vergolten werden, dem Verstorbenen ... Amen.«

Wer, so frag' ich, kann das, wenn er alles recht durchdenkt, eigentlich bezweifeln? –

OSKAR MARIA GRAF

Am Land

Haustiere unter sich
So, Frau Nachbarin – ham S' Kirchweih gsund überstanden?

Ausflug aufs Land
Mitten im Fressen liegen s' wieder drin ...

Bartprämiierung
Meina is bei der Trockenheit heuer gar ned recht gwachsen ...

Fußball
Kimmst mit? – Heit spuin de unsern gegen Unterpinding.

Der Kuhhandel

Der Schreindl war ein Schmuser, ein ganz gewappelter. Lang, dürr, ein Gesicht wie eine Kletzen, ein ewiges Nasentröpfl am Zinken und zwei Arme, daß er sich in der Kniekehle hätt' kratzen können, ohne sich zu bücken. Kleine muntere Äugl hatte er und unter dem strohblond gedeckten Schädeldach einen wiefen Verstand, dem mancher Gescheite nicht gewachsen war.
Er war der ständige Begleiter des Viehhändlers Schmelbeck, spitzelte ihm die Kälber, Kühe und Ochsen aus und war auch bei jedem Ankauf und Handel als Vermittler zugegen und gab sich dann als den Schutzengel der Bauern aus. Dabei sekundierte er dem Schmelbeck nach Noten und setzte das Vieh mit solcher Redegewandtheit und Treuherzigkeit herunter, daß die Bauern letzten Endes dann meist selber schon an die Untauglichkeit und Wertlosigkeit ihrer Vierbeiner glaubten und der Schmelbeck ein leichtes Handeln hatte.
Beim Kotterer in Glaselberg hatte der Schreindl eine Kuh aufgegabelt, der man die acht Kaibln, die sie schon in die Welt gesetzt hatte, nicht ansah, sie also leicht noch als ein prima Rind mit drei Kaibln einem andern aufhängen konnte. An einem Nachmittag machten sich die Zwei also auf, um den Kotterer »hintumizuheben«. Dem angefressenen Schmelbeck trieb es die größten »Schwitzpetteln« heraus, als er den Berg hinaufschnaufte. Wie schwere Regentropfen rutschten sie über sein grünsamtenes Leibl hinunter und verfingen sich in der Uhrkette oder in dem Hundertmarkschein, der aus dem Leibltaschl lugte. Neben ihm sprang der Schreindl von Stein zu Stein, daß es ihm alle Augenblicke das Nasentröpfl wegprellte.
Bei den Haselstauden blieb der Schmelbeck schnaufend stehen, wischte sich mit dem Schnupftuch den Schweiß von der haarlosen Kopfhaut und tupfte mit dem Wurstfinger den Schreindl an die Brust.
»Also gell, woaßt es scho! – Zwanz'g Prozent. – Wenn's um Hundert hergeht, verdean i leicht sechzg Mark damit, nacha kriagst zwölfe.«
Der Schmuser schnupfte, der Handler schneuzte und dann büffelten sie die letzte Höhe hinauf. Der Schreindl riß beim Kotterer die Stubentür auf, steckte den Kopf hinein und knurrte:
»Sollst aussa geh'n, da Schmelbeck is da, möcht dei Kuah sehng.«
Da stellte der Kotterer den Milchhafen hin, aus dem er die g'stöckelte Milch getrunken hatte und schlupfte umständlich in die Holzschuhe. An seinem üppigen Bart hatte sich die gestockte Milch verfangen und gab ihm das Aussehen einer Hauskatze, die mit dem Kopf in eine Kalkgrube geraten war.
 Auf dem Weg vor dem Haus stand der Schmelbeck, die Haxen gespreizt

wie ein Holzbock und stocherte mit dem Hackelstecken in einem Hennerdreck herum.
»s'Gott«, sagte der Kotterer und wischte sich mit der Hand die Sauermilch aus dem Gesicht, dabei erspähte er den Hunderter, der aus dem Leibtaschl immer weiter herausschaute, und gleich riß er die Stalltür angelweit auf und hieß sie eintreten.
Schnell wollte der Schreindl voran und rumpelte mit dem Kopf an den steinernen, niederen Stalltürstock, daß es krachte als ob zwei Geißböcke stoßen täten.
»Eha, langsam«, lacht der Kotterer, »laß mein Türstock da.«
Der Schreindl fluchte und rieb sich den roten Fleck, der an seinem Hirn auflief.
»A schlechts Vorzeichen«, pröstelte er, »laß sehng dei alte Krampen.«
»Is die da«, deutete er auf einen großen Rotscheck, genau wissend, daß sie dem Kotterer nicht feil war.
»Na, na, de Blaß' is' dahinten!«
Spitzig äugelnd pirschte sich der Schmuser an die Kuh heran.
»Ujessas, da kriag i ja glei an Krampf. Sakra, sakra, da san ma umasunst ganga, da muaßt um an Metzger schicka.«
»De Kuah is ja no guat beinand«, mumfelt der Kotterer, »und a guate Millkuah is's aa.«
»Guat beianand? Geh weg, daß dir net auffifallt. A so a schlehbauchete Katz und oa Horn hots aa grad mehr. Dö tauget in a Lachkabinett eini, o Bluatsauerei, is' dös a Kuah.«
Der Schmuser umsprang die Kuh wie ein bimsiger Waldstier.
»Also, was soll jetzt dös Gstell Mill geb'm am Tag?«
»Fufzehn Lita«, greinte der Bauer ganz belzig.
»Geh laß mi aus. Dö gibts net und wennst es selber hersuzlst aa net.«
Stumm und breitbeinig hatte der Schmelbeck bis jetzt im Stall gestanden und sich die Mistfliegen von den Backen und dem Genick geklopft.
»Was mögst denn für den Boanahaufa«, mischte er sich ein und blinzelte den Kotterer von der Seite an.
»Muaß net hergeb'm aa, is a guate Millkuah. Wer woaß, ob i no a söcherne krieg«, redete der Bauer geschwollen.
»Ja, wennst es eh net hergibst, nacha is 's eh umasunst«, sagte der Schmelbeck gleichgültig und zog einen zerlutschten Zigarrenstummel aus dem Leibtaschl. Zufällig ging der Hunderter auch mit, und der Handler legte ihn umständlich in seine Brieftasche. Dieses Manöver brachte den Bauern wieder auf einen anderen Gedanken.
»Was gibst nacha?« forschte er.
»Mei, woast, da woas i wirkli net, was i da glei sag'n soll. Gwöhnli kauf i koa so alte Haut net.«

»Gibst halt hundertzwanzge.«
Da lachte der Schmuser, daß es ihn beutelte und eine fette Bremsen in seinen aufgesperrten Mund flog. Hustend und spuckend förderte er das Viecherl wieder ans Licht.
»Hundertzwanzg«, lachte er und buckelte sich, als ob er Bauchschneiden hätte.
»Also mach halt du amal a Bot«, wandte sich der Bauer an Schmelbeck.
»Achzg Mark«, sagte der schnell und trocken und entzündete seinen Stummel.
Der Bauer grinste und sagte nichts darauf. Da ereiferte sich der Schreindl:
»Dös lebendige Elend wennst kaufst Schmelbeck, nacha derfst mir dreißg Mark geb'm, daß i dirs umitreib auf Gottszell, denn da lachen mi ja d'Leut aus, wenn i mit dem Unglück daherkimm.«
»Also hundertfufzeha«, knurrte der Kotterer, »weiter kann i nimmer obageh'n.« Umständlich zog der Viehhandler das Viehmaß aus der Tasche und maß die Kuh. Wie eine Putzmühle ging das Mundwerk des Schmusers.
»Also, wo a groß Hennerloch is, kann dö Blaß unscheniert aus- und ei'schluifa«, zahnte er, »dös war so a Haustier für Loschileut, dö kunntens in a Naglkistl einitoan.«
»Neunzgi gib i dir, damitst as anbringst«, bot der Schmelbeck gönnerhaft und hielt dem Kotterer die Hand hin. Der wetzte, als wenn er die ganzen Läus und Flöh vom Haus auf seinem Leib hätte, und bürstelte mit der Zunge nachdenklich seinen Schnauzbart.
»Na, na, geht net, hundertfufzeha, muaß i kriag'n, sunst bleibts da.«
»Gib eahm holt no fünf nachi«, stellt sich der Schreindl auf die Seite des Bauern.
»Na, na, fünfazwanzge drauf«, beharrte der Kotterer.
»Hundertfufzeha Mark für dö Goaß, dös is ja a Sünd, wo jetzt die Viechpreis a so obaganga sand.« Der Schmelbeck knöpfte demonstrativ die Joppe über Bauch und Brieftasche zu und drehte sich um.
»Ja mei, nacha kinn' ma nix macha«, zahnte hinterfotzig der Kotterer, »zum Herschenka hab i aa nix.« Als der Schreindl die Aussichten auf das Schmusgeld schwinden sah, versuchte er es noch einmal.
»Also Schmelbeck, um an Hunderter gibt ers nacha scho her«, redete er gut. Er bückte sich und langte mit seiner großen Hand von hinten der Kuh unter das Euter.
»'s Euta is net schlecht«, lobt er. Dabei drückte er hin und her und sei es, daß er die Kuh an einer kitzligen Stelle erwischt hatte oder daß der Blaß die stete Herabwürdigung ihres alten Körpers zu dumm

wurde, auf einmal drückte sie los und setzte dem Schmuser einen Hut auf, der ihm über die Ohren lief und in das Genick tropfte.
»Himmisakra, Saubär z'nepfter.« Wie der Teufel fuhr der Schreindl auf. Gebückt hastete er davon und stieß mit dem verschandelten Kopf den Schmelbeck vor den Bauch, so daß dieser auch seinen Teil der Ladung an die Joppe bekam. Dann suchte er zur Stalltür hinaus und steckte draußen seinen Grind in den Brunnen. Scheltend nahm der Viehhandler einen Schüppel Heu auf und putzte an seiner Joppen. Der Kotterer aber lachte, daß ihm das Hemdknöpfl davonsprang. Sogar die Blaß zog ein breites Maul und deckte vergnügt mit dem Schweif ihre Hutfabrik zu.
»B'halt dir dein Krempa, Kotterer, hau's aufs Hirn aufi öds Sauviech«, schimpfte der Schreindl, als sie sich entfernten. Dem Schmelbeck hatte es überhaupt die Rede verschlagen.
Bei den Haselnußstauden blieben sie stehen und sahen einander an. Der Schreindl schnupfte, und der Schmelbeck tupfte ihn mit dem Wurstfinger auf die Brust und sagte: »Also, dö Kuah is gar net amal so dumm!«

BAUMSTEFTENLENZ (PAUL FRIEDL)

Der Spottvogel

Wann sich Herr Bollinger den schönen, grünen Papagei angeschafft hatte, wußten nur die erwachsenen Leute der oberbayerischen Landstadt, in der Herr Bollinger wohnte. Aufs Jahr genau erinnerte sich natürlich niemand; so vor zwanzig, fünfundzwanzig Jahren mochte es gewesen sein, daß Flora, so hieß der Papagei, das erste Mal von seinem Messingkäfig aus durch das offene Fenster der Erdgeschoßwohnung in die Hauptstraße hinausblickte, wortlos vor Staunen und mit rollenden Augen, denen nichts entging.
Herr Bollinger hat viel Ausdauer aufgebracht, um dem Vogel ein paar Redensarten beizubringen. Die Belehrungen gingen sozusagen Hand in Hand mit der Beschäftigung des Herrn Bollinger, der, ein Schneidermeister, Tag um Tag mit gekreuzten Beinen auf dem Tisch neben dem Fenster saß und fleißig nadelte. Er ließ Flora nur aus der Zucht, wenn er auf Kundenbesuch ging zur Anprobe oder Ablieferung von Kleidungsstücken. Dann schloß er sorgfältig jedesmal das Fenster, wie es sich eben für jedermann empfiehlt, der im Erdgeschoß wohnt, auch wenn er kein Papageienbesitzer ist.

Für den Schneidermeister aber war es doppelt triftig, das Fenster in seiner Abwesenheit niemals offenstehen zu lassen. Er hatte einen Feind, und er hatte selbst alle Vorkehrungen getroffen, um stets daran erinnert zu werden, daß er diesen Feind habe. Das war der Schuhmachermeister Brandner, der jenseits der Straße in seiner ebenerdigen Werkstatt saß.

Früher waren die beiden verträgliche Nachbarn gewesen, die einander nichts Böses wünschten oder gar taten. Dann war der zwistreiche Tag gekommen, an dem Brandner gegenüber dem Schneidermeister wegen eines angefertigten Maßanzuges Mangelrüge erhob. So formulierte es nachmals das Gericht, der Schuhmacher aber sagte gereizten Tones, der Rock zwicke, und auch die Hose säße nicht so makellos, wie man das von der Hose eines Maßanzuges verlangen dürfe. Darüber war es zu einer Änderung der gerügten Stücke durch den Schneider und zu einer noch mehr gereizten Einwendung durch den Schuhmacher gekommen, worauf der Schneidermeister ein Paar Schuhe hervorzog und kalten Hohnes behauptete, diese Meisterwerke hätten ihm drei Hühneraugen und zwei Frostballen eingebracht, so eng seien sie geraten, und von Maßschuhen könne also keine Rede sein. Der Schuhmacher Brandner verlor alle nachbarliche Zuneigung und nannte Bollinger eine »verpfuschte Schneidergeiß«.

Er hatte noch einiges mehr gesagt, und so landeten die beiden, nachdem der Schuhmacher die Rechnung unbezahlt verstauben ließ, beim Richter, der dem Schuhmachermeister wegen der verschiedenen beleidigenden Äußerungen eine Geldbuße auferlegte. So war Feindschaft gesät zwischen Bollinger und Brandner von diesem Augenblick an, und sie blühte an jedem Tag immer aufs neue auf dank der Vorkehrungen, die, wie gesagt, der Schneidermeister getroffen hatte. Von der Stunde des Zwistes an vereinigte Bollinger alle Anstrengungen, seinem Papagei nur noch eine einzige Redensart einzutrichtern. Sobald der Schuhmacher den Kopf aus seinem Fenster streckte oder gar unter seine Werkstatt-Tür trat, krächzte Flora: »Gel Schuaster, da schaugst!«

Der Schuhmacher, auf den das gemünzt war, merkte es längst nicht als erster; das waren die Buben der nahen Schule, die die scheinbar beziehungslose Redensart nachäfften, deutlicher als sie die Kehle des Papageis formen konnte. Mit den Monaten wurde aber auch Floras Zunge geschmeidig genug, daß selbst ein Schwerhöriger nicht lange zu rätseln brauchte, wenn Flora lauthals und vernehmlich zu Brandner hinüberkrächzte: »Gel Schuaster, da schaugst!«

Wir kennen den Schuhmachermeister schon als eine Natur des raschen Ausgleichs; Brandner sprudelte jäh auf und war nahe daran, entbrannten Zornes über die Straße zu eilen, den Schusterhammer in der Hand.

Rechtzeitig genug fiel ihm die Geldbuße ein. Ein Rechtsanwalt, den er nach einigen Tagen aufsuchte, bedeutete ihm wohlmeinend, er solle sich taub und gänzlich unempfindlich zeigen, diese Haltung raube dem Spottvogel wie seinem Herrn das rechtlich leider unstrafbare Vergnügen, ihn tatsächlich aufs neue in Gluthitze geraten zu sehen. Er, der Anwalt, würde es jedenfalls so halten, und wenn ihm ein Papagei allstündlich ins Fenster plärrte: »Gel Doktor, da schaugst!«

Das war gut gemeint und sicher auch das einzige Tunliche, aber für eine Natur wie Brandner war's eine enttäuschende Auskunft aus dem Mund eines Mannes, der nach der Volksmeinung aus schwarz weiß und aus weiß schwarz machen kann nach Belieben. Der Schuhmacher fraß seinen Zorn in sich hinein und wartete. Es gab für ihn kein Ausweichen, zehnmal am Tag krächzte ihm der Schimpf entgegen. Bis der Tag der Rache kam.

Der Schneidermeister hatte das Haus verlassen, einen Anzug über den linken Arm gehängt, mit dem Liefertuch bedeckt. Und das Fenster stand offen. Flora wetzte den Schnabel an den Stäben. Brandner wartete, bis Bollinger außer Sichtweite war, dann bot er noch einmal, seine Rache zu würzen, sein Haupt dem Feinde. »Gel Schuaster, da schaugst!« schrillte ihm mißtönig noch einmal, ein letztes Mal, um die Ohren. Das Maß war voll. Er verließ die Werkstätte und schlenderte, das eiskalte Gericht der Rache scheinbar kaltblütig auskostend, die Straße entlang. Dann wechselte er auf die andere Seite hinüber und schlich an den Wänden der Häuser zurück. Am offenen Fenster hielt er an. Ein Griff nach dem Türchen, ein zweiter nach Flora, ein dritter, der das kreischende Bündel grüner Federn unter die Joppe stopfte. Kein Mensch hatte es gesehen.

Brandner kreuzte hinüber, eilte durch die dunkle Toreinfahrt in den Hof. In einer Ecke, unter einem Gestell von Draht, pickten zwei Hähne; breitbrüstige Hähne mit prallrot hochgestellten Zackenkämmen. Brandner lüpfte das Gestell, schleuderte die krallige Flora den Kampfhähnen vor die bespornten Beine. Flügelschlagend hieben sie mit geschliffenen Schnäbeln auf die verdutzte Flora ein; die Gabe der Sprache war ihr gänzlich entfallen, doch zog sie sich geistesgegenwärtig rücklings zurück, bis sie mit ihrem Gefieder ans Gitter stieß.

In diesem Augenblick des Triumphes schrillte die Glocke der Ladentür über den Hof. Ihr Ton traf den Schuhmacher ins Herz. Unmutig riß er sich, mitten im fünften Akt, von dem Schauspiel los, den beiden Scharfrichtern die Vollstreckung des Todesurteiles überlassend.

Den unzeitigen Kunden hatte er ohne geschäftliche Rücksichten rasch hinauskomplimentiert; rasch brauste er zurück, hoffend, noch vor dem Aktschluß Zeuge des Ausganges zu werden.

Die Waage des Sieges hatte sich schon gesenkt. Auf den Bälgen der entseelten Hühner hockte Flora, bös zerzaust, aber in lodernder Kampfeswut, als wäre ihr die Kraft der Überwundenen zugewachsen. Und die Stimme schrie, aufreizender als je zuvor: »Gel Schuaster, da schaugst!«
Das war ein überraschender Aktschluß und doch ein ungenügender, wenigstens für den Schuhmacher Brandner. Die Partie war unentschieden, und sie blieb es. Der Schuhmacher brachte es, wie das oft bei Jähzornigen zu beobachten ist, nicht übers Herz, das Urteil der Natur zu berichtigen. Der Papagei hockte fortan wieder in seinem messingnen Bauer am Fenster und rollte böse mit den Augen, so oft er Brandner sichtete. Auch seinen Schimpfruf hat er nicht vergessen, aber der Schuhmacher hört nicht mehr darauf.

KARL SPENGLER

Das Alibi

Vom Sträßlein, das aus dem Dorfe führt, zweigt ein kleiner Pfad ab, schleicht sich durch Buschwerk und senkt sich dann in eine Mulde, in der das Häusl der Gugler steht. Ein paar Wiesen sind darum herum, die gerade ausreichen, um etliche Ziegen zu ernähren. Auf dem unordentlichen Hof vor dem Hause scharren ein paar Hühner im Misthaufen, und aus dem Taubenkogel flattern die Tauben aus und ein. Wovon die Guglerleute eigentlich leben, weiß man nicht recht. Ein reiches Leben ist es jedenfalls nicht. Man weiß überhaupt nicht viel von ihnen, und das paßt ihnen gerade, denn sie lassen sich nicht gerne in ihre Geschäfte hineinschauen. Eines weiß man aber gewiß, nämlich dies, daß auf dem Guglerhaus das Wildern immer daheim gewesen ist.
Vom Großvater, der ein ganz Gefährlicher gewesen sein soll, erzählt man sich heute noch in den Wirtshäusern, wie er die Jäger getratzt hat, bis ihn dann doch einer erwischt hat, und der Gugler daraufhin richtig eingesperrt worden ist. Das Wildern hat er aber darnach auch nicht bleiben lassen.
Daß sein Sohn das heimliche Jagen fortgesetzt hat, verlangte schon das Ansehen, obwohl man nie nichts Rechtes herausbekommen hat. Der Förster Einrainer hat ein scharfes Auge auf ihn gehabt, und im Verdacht ist der Gugler immer gewesen, wenn wieder einmal ein guter Rehbock oder Hirsch nicht mehr auf den ausgemachten Platz gekommen ist.

Jetzt aber brauchten der Förster und die Jäger nicht mehr so auf ihn zu achten, seit er den einen Haxen nachzog, weil ihm bei der Holzarbeit ein Baum hinaufgefallen war. So erzählte wenigstens der Gugler selber.
Im Dorf hielt sich aber hartnäckig das Gerücht, ein Jäger hätte ihm beim Wildern eins hinaufgebrannt. Von den Jägern erfuhr man darüber nichts; es sind schweigsame Leute, und die Wahrheit erfährt man sowieso nicht leicht von ihnen.
Auf den Alten brauchten sie also nicht mehr zu schauen, um so mehr aber jetzt auf den Jungen, einen zähen schwarzhaarigen Burschen mit flinken, listigen Augen, die er überall hatte. Man brachte nie recht heraus, was er eigentlich tat, und woher er das Geld nahm, das er in den Wirtshäusern versoff und verspielte.
Die Leute sagten, der Gugler Hans sei ein ganz durchtriebener Lump, und der Förster Einrainer hatte dieselbe Meinung von ihm, zumal in letzter Zeit, wo man wieder einmal stark einen Wilderer im Revier spürte. Wenn der Gugler Hans den Herrn Förster traf, tat er immer gar so freundlich und grüßte ihn recht scheinheilig mit einem: »Grüß Gott, Herr Förster!«
»Grüß dich Gott, Hans«, sagte der auch ganz unbefangen, dachte sich aber dabei: »Bazi, elendiger, einmal krieg ich dich schon.«
Bis jetzt hatte man ihn aber nicht gekriegt, und es war ihm auch nichts nachzuweisen gewesen, denn ein Wilderer muß genau überführt werden, ehe man behaupten darf, daß er einer sei.
Den Wilderer im Revier spürte man aber immer mehr, und als wieder einmal ein guter Bock spurlos verschwunden war, ging der Förster mit dem Jäger Voitenleitner zu Rate.
»Eine Falle müssen mir dem Kerl stelln«, sagte der Jäger und dachte gleich an den Gugler Hans. Auf den hatte er nämlich auch sozusagen eine »außerdienstliche« Wut, weil ihm der Hans eine resche Sennerin ausgespannt hatte, bei der er immer einen so schönen Einstand gehabt hatte.
»Ich wüßt schon was«, sagt der Voitenleitner. »Im Schilchergraben hint steht ein starker Bock, und am Holzschlag in der Näh arbeit jetzt auf einmal der Gugler Hans. Als erster ist er da und als letzter geht er heim. Wetten möcht i, der geht auf denselln Bock. Jetzt is grad Neumond und schlechtes Schußlicht, aber beim nächsten Vollmond müssen mir aufpassen.«
»Wie machen mir's aber, daß der Lump nix spannt und daß er ganz sicher werd?« überlegte der Förster.
»Herr Förster«, sagt der Voitenleitner, »Sie bleiben jetzt a paar Tag dahoam, und i verzähl im Dorf umanand, daß Sie krank san und ganz

wehleidig 's Zipperl ham. Und nacha sag i, daß dees a Kreuz is, weil i in der Rehbrein drobn, also auf der ganz andern Seiten vom Revier, einen Hirsch für einen hohen Jagdgast ausmachen muaß. Dann geh i alle Tag der Rehbrein zua, schlag beim Kucheleck an Bogen, und Sie schleichen dann, wenn der Mond voll is, hint aus'm Haus. Unter der Falkenwand treff ma uns und ziahgn dann den Schilchergraben nauf.«

So geschah es. Im Dorf bedauerte man den Herrn Förster, der mit dick eingebundenem Haxen unter Mittag, wenn die Herbstsonne noch warm schien, auf der Bank vor dem Forsthaus saß. Ganz zufällig kam auch der Gugler Hans vorbei und fragte, wie es dem Herrn Förster gehe, und daß er ihm recht gute Besserung wünsche.

»Ischt scho guat«, lachte der Voitenleitner, »jetzt glaubt der Lump, er ischt sicher.« Wacker ging er am Gugleranwesen vorbei der Rehbrein zu und schlug dann seinen Bogen.

Und dann hockten der Förster und der Jäger am Schilchergraben und paßten. Der Wind legte sich in die Bäume, ein Käuzchen schrie und tief unten in der Schlucht rauschte der Wildbach, den man jetzt deutlicher hörte als am Tage. Sonst war jene nachtkühle, waldduftende Bergstille um die beiden, die dem Fremden so unheimlich und dem Jäger so vertraut ist. Dann kam klar der Vollmond herauf. Da krachte auch schon, nicht weit von den Wartenden, im Graben ein Schuß. Die beiden rannten, was sie konnten, mit schußbereiten Gewehren der Stelle zu und sahen einen Mann mit vermummtem Gesicht weglaufen, der, wie man selbst im Mondlicht ausmachen konnte, unverkennbar das Gestell vom Gugler Hans hatte.

»Hans, tua's G'wehr weg, mir kenna di!« rief der Förster. Noch ehe ihn die Jäger stellen konnten, war der Angerufene aber verschwunden, als ob ihn die Erde verschluckt hätte. Im Schilchergraben aber fanden sie den Bock, den der Wilderer geschossen hatte.

Sie berieten nun, was zu tun sei. Voitenleitner wollte die Nacht im Revier bleiben für den Fall, daß der Lump nochmal käme, um den Bock zu holen. Der Förster aber trat mißmutig, weil die so schön ausgeheckte Geschichte doch noch schief gegangen war, den Heimweg an. Als er im Dorf angekommen war, kehrte er, weil der zweistündige Weg Durst gemacht hatte und er zudem seinen Ärger hinunterspülen wollte, noch im Wirtshaus ein. Als er aber die Wirtsstube betrat, verschlug es ihm fast den Atem. Da saß leibhaftig ganz gemütlich der Gugler Hans beim Tarock, blickte kaum vom Spiel auf und rief dem Eintretenden so nebenbei ein hinterfotziges »Grüß Gott, Herr Förster, san ma wieder g'sund?« zu. Gut eine Stunde sei der Hans schon da, sagte der Wirt, als ihn der Förster ausfragte.

 Der Schuß am Schilchergraben war um acht Uhr gefallen, der Weg von dort bis zum Wirtshaus dauerte gute zwei Stunden. Der Hans hatte also ein felsenfestes Alibi. Die Anzeige des Försters auf Verdacht hin nutzte nichts, denn selbst ein gutbehaxter Beamter von der Gendarmeriestation, der sich am nächsten Tage eigens auf denselben Weg gemacht hatte, brauchte geschlagene zwei Stunden. Es war diesmal nichts zu machen, und die Geschichte geriet allgemach in Vergessenheit. Nur der Jäger Voitenleitner, den die ausgespannte Sennerin immer noch wurmte, vergaß sie nicht. Ganz beiläufig schlich er sich freundlich an den Gugler Hans heran, wie an einen Rehbock, den man nicht vorzeitig vergrämen durfte. Gelegentlich setzte er sich im Wirtshaus sogar zum Hans, entschuldigte sich auch noch wegen des damaligen Verdachtes – »Nix für unguat, Hans, man kann sich in der Finsternis halt täuschen, net wahr; trink a Maß auf mei Rechnung!« und spielte mit der Zeit sogar hie und da Tarock mit ihm. Zuerst war der Hans mißtrauisch, aber allgemach wurden sie ganz gute Spezln.

Vier Jahre waren darüber hingegangen. An einem Kirchweihtag, als die beiden wieder zusammensaßen, wurde es sogar besonders lustig. Der Gugler Hans hatte schön stad einen Rausch beisammen, daß ihm das Bier schon aus den Augen herausrann, zumal der Voitenleitner ihm immer wieder eine Maß bezahlt hatte. Schließlich begleitete ihn der Jäger sogar auf dem Heimwege, weil der Hans kaum noch gehen konnte. Und da geschah es, daß der Gugler, als der Mond auf die Berge niederschien, mit einem Male stehen blieb, schwankend in die Richtung des Schilchergrabens deutete und herausgurgelte:

»Ischt do schad g'wen, um sellern Bock.«

»Um was für an Bock?« tat der Voitenleitner ganz unschuldig, obwohl es ihn heiß überlief.

»No, um denselln im Schilchergraben hint!«

»Also bist es sellmal do du g'wen, du Hallodri?!«

»Freili bin i's g'wen«, freute sich der Hans und bedankte sich auch noch recht schön für den Freundschaftsdienst, als ihn der Jäger zur Haustür hineinschob, die er ihm auch noch fürsorglich aufgesperrt hatte.

Am nächsten Tag in aller Frühe machte der Voitenleitner die Anzeige. Bei der Verhandlung nützte dem Gugler sein Alibi, auf das er sich wieder berufen wollte, nichts mehr. Es wurde nämlich festgestellt, daß damals der Förster, wie auch der Beamte der Gendarmerie, vom Schilchergraben ins Dorf die Wege benutzt und auch den Bach bis zur nächsten Brücke entlang gegangen waren. Solche Bequemlichkeiten konnte sich der Hans seinerzeit natürlich nicht leisten. Er hatte, als die Jäger ihn anriefen, sich erst über ein Felswandl hinuntergelassen, dann quer über die Wiesen und durch den Bach den kürzesten Weg gewählt – und der dauerte eine Stunde, wenn man richtig rannte.

Den »größten« Bock aber hat der Gugler Hans auf dem Heimweg von der Kirchweih geschossen, als er dem Voitenleitner nach *vier* Jahren die Geschichte anvertraute. In allen Schlichen der wilden Jägerei mochte sich der Hans auskennen, nicht aber in jenen des Gesetzbuches – *fünf* Jahre hätten nämlich zur Verjährung genügt.

JOSEPH MARIA LUTZ

Der Vitus und der Med feiern Weihnachten

Kennen Sie den Vitus? Oder den Med, den Medardus?
Wenn Sie den einen kennen, so kennen Sie auch schon den anderen; der eine wie der andere ist ein armer Teufel, der vom Gelegenheitsverdienst lebt, wie ihn der Wald und der Bauernhof bietet.
Heute ist es acht Tage vor Weihnachten; sie trollen, frierend in ihren abgeschundenen Röckerln, schweigend dahin, nach Hause. Dieses Zuhause ist ein alter, halb verfallener Knappenstollen im Berg, den sie sich mit »Schwartlingen«, das sind die beim Bretterschneiden auf der Säge anfallenden Seitenstücke der Baumstämme, austapeziert und mit selbst gemachten Möbeln eingerichtet haben. Als Lager dient ihnen eine gemeinsame Pritsche, auf der Fichtenreisig aufgeschüttelt ist; der Vitus sagt, das hält die Flöhe ab, und man kann sich jeden Tag einen frischen Bettbezug leisten, was die noblen Leut in der Stadt nicht einmal können. Sie halten gute Kameradschaft, zumal sie über keinerlei Besitztümer verfügen, derentwegen sie in Streit geraten könnten.
Die Stimmung bei den sonst immer gut gelaunten Burschen ist heute flau; die letzte Arbeit, Christbäume hacken, gegen Kost und Quartier, ist vorbei, und die bevorstehenden Weihnachtstage werden sehr »diätischer« Natur sein; es besteht kein Grund zur Besorgnis, daß sich die beiden überessen könnten.
»Was ham mir denn no dahoam alls im Keller?« fragt der Med großartig. Der Keller ist eine im Boden ihres Wohnlochs versenkte alte Zuckerkiste von ohnehin bescheidenen Ausmaßen.
»Erschtens: Ruabn. Zweitens: Wieder Ruabn. No und nachher habn mir noch Ruabn im Keller.«
»Wann uns dös Chrischtkindl so a recht a saftigs Bratl zuabeuteln tat, dös war so was! Die Koscht beim Kalteis-Bauern war eh so viel trocken.«
Schweigend und frierend ziehen sie dem von den Holzschlitten der Bauern ausgefahrenen Talweg dahin und biegen in den Wald ein, der

ihre Hausung birgt. Über einem dichten Fichtentobel lärmen ein halb Dutzend Elstern.

»Die habn an Fuchs dersehn«, sagt der Med.

»I moan ehnder, da liegt a Stuck; es fallen gnua Reh umadum, hat mir der Förschtner gestern verzählt. Der Winter ischt heuer streng.«

Sie gehen weiter; auf einmal recken sie die Hälse – sie haben beide gleichzeitig den braunen Fleck im Schnee entdeckt, der nicht hingehört. Sie stapfen im knietiefen Weiß waldeinwärts – da liegt in seinem niedergetretenen Schneelager ein junges Reh, ein Kitzböckerl! Blutige Spuren deuten darauf, daß es sich beim Einbrechen in dem hart gefrorenen Harsch die Läufe verletzt hat; Hunger und Kälte tun dann das Übrige. Der Rest dieser stillen und häufigen Waldtragödie wird dann vom Fuchs und von den Dohlen besorgt.

»Dös kimmt, weil die saggrischen Bauernjager bei eahnere Schinderjagden im Herbst a jede Goaß übern Haufen knalln. Da ischt dann so an arms Hascherl gliefert, wann die Notzeit kimmt. Dös da kimmt nit davon«, sagt der Med und macht einige Schritte gegen das Tier zu; das springt auf, macht einige wankende Fluchten und bricht dann wieder zusammen, liegt da mit heftig atmenden Flanken und bewegt nur hilflos das feine Köpfchen, Angst und Verzweiflung in seinen glänzenden braunen Augen.

»Hm!« sagt der Vitus. »Dös ischt heut no hin.«

»Dös ischt's«, bekräftigt der Med.

»Und nacher fressen's die Krähen.«

»Oder die Füchs!« meinte der Med.

»Med«, sagte Vitus nach längerem Nachdenken. »Warum eigentli die Füchs? Habn die Füchs Weihnachten – oder mir?«

»Jana . . .« zögert der Med, »es ischt nur, wenn uns der Förschtner derwischt . . .«

»Mir tragen uns eahm alser lebendiger hoam, verstehst? Wann er uns am Weg begengt der Förschtner, nacher sagn mir halt, mir habn eahm dös Stuck bringen wolln, er kann uns ja nit anderscht beweisen.«

Der Vitus schritt gleich an die Ausführung. Er nahm das zappelnde Stück Leben auf den Arm und schritt frank und frei weiter; nur seine Augen gingen hin und her, ob nicht zwischen den Bäumen das wohlbekannte grüne Röckerl des Försters auftauchte. Unbemerkt kamen sie nach Hause und richteten für das Reh in einem Winkel ein Lager aus Heu und Reisig zusammen; dort lag es, halb steif und müde, still.

»Siehgst«, lachte der Med, »jetzt hat uns dös Chrischtkindl richtig no a feins Bratl zuabeutelt!«

»No . . .« machte der Vitus geringschätzig, »viel ischt nit dran – geht auf amal. Ma muaß eahm in der Boaz machen.«

»Geh weider! In der Boaz! Der ghört in schwarzer Soß hergricht, daß du's nur woaßt!«
»In der schwarzen Soß!« schrie der Vitus. »Ja, du Kreizköpfel, wo nimmst denn an Rahm her, han? Tuast du vielleicht unsern Kuchlhokker melk'n?«
Der unglückliche Gegenstand dieser Spekulationen lag mittlerweile auf seinem Lager, die Läufe lang gestreckt, und sah die beiden Männer an. Dem Vitus wie dem Med kam plötzlich der Gedanke, daß man aber keinen lebendigen Kitzbock in die Pfanne tun könnte.
»Also, fang an damit!« sagte der Med und erhob sich. »Heut hast du ja Kucheltur. I ... i geh derweil no in Wald um Tannazapf'n zum Unterzünden.« Das Reh folgte mit dem Kopf angstvoll seinen Bewegungen.
»Du, Med«, sagte der Vitus nach einigem Zögern, »moanst nit, es hätt no Zeit? Die Feiertäg sein ja erscht auf d'Wochen – und es ischt ja a ganz elendigs Wilprat. Sollt ma eahm nit a weng ausfüttern? Ruabn hätten mir ja da.«
Er wartete die Antwort seines Kumpans gar nicht ab, sondern warf dem Tier, das sich erschrocken zur Seite drückte, einige Rüben vor. Müde beschnupperte es das Futter und ließ dann den Kopf sinken.
»Psst! Er schlaft!« machte der Med; er hatte ganz vergessen, daß er eigentlich in den Wald um Tannenzapfen gehen wollte.
In der Nacht stieß der Vitus den Med an. »Hörst, Med? Hörst?«
»Was denn?«
»Hörst eahm nit? Jetzt frißt er die Ruabn!«
Beide lauschten eine Weile mit verhaltenem Atem auf das leise mahlende Geräusch der feinen, weißen Schaufeln, dann stießen sie sich vergnügt an – und schliefen weiter.
So ging die Woche zu Ende – es war zwei Tage vor Weihnachten.
»Mir scheint, er leibt si scho«, sagte der Med. »No, Ruabn frißt er grad guat und gnua! Jetzt ischt Zeit! Übermorgen habn mir Heiligen Abend!«
»Geh weider – da ischt do Fasttag! Hat no Zeit bis morgn.«
»Ja, weil da mei Kucheltur ischt, was?« brummte der Med. »Vitus, dös geht ja nit so weiter! Tua die Knobeln her – und knobeln mir's aus, wer's tuan muaß.«
Sie taten die beiden abgeschundenen Würfel in den ledernen Würfelbecher. Der Med haute den Würfelbecher auf den Tisch.
»Neun!«
»Sakrament, dös ischt scho allerhand!« murmelte der Vitus und ließ die Würfel mit einer drehenden Bewegung sachte aus dem Becher kollern; eine angebliche sichere Methode, hohe Augenzahl zu werfen.
 »Neun! Noamal!«

Diesmal gewann der Vitus, und jetzt ging er Tannenzapfen suchen, obwohl davon noch zwei große Säcke voll in der Ecke standen.
»Laß dir Zeit bis auf d' Nacht!« schrie er dem Kameraden noch über die Schulter zurück. »Daß dir neamd dazwischenkimmt, solang's liacht ischt!«
Der Med blieb mit dem jungen Reh, das schon ganz vertraut in dem engen Raum herumsprang, allein. Als es dunkel wurde, erhob sich der Med mit einem Ruck.
»Es ischt Zeit!« Er ergriff rasch das strampelnde Rehkitz, hob es auf – und trug es, unter seiner Joppe geborgen, aus der Hütte und den Weg talauswärts fort, gegen das Forsthaus zu!
»Dös hat mir der Himmel eingebn!« rief er aus, als er auf halbem Wege den Förster daherkommen sah.
»Am End hätt er uns no derwischt a.« Bevor er noch überlegen konnte, wie er dem Beamten die Geschichte mit dem Rehbock erklären könnte, stand der Förster schon vor ihm.
»Den Kitzbock da ...« stotterte der Med, »... den habn mir gestern auf der Hengelalm gfunden ...«
»Gestern?« wunderte sich der Förster. »Und auf der Hengelalm? Der Vitus sagt mir aber grad: heut – und im Scheikl-Tobel?«
»Ja, ja«, stotterte der Med verwirrt, »so halbwegns halt – und war dös erscht heut? Was für a Vitus sagt dös?«
»No, dei Freund Vitus«, lachte der Förster. »Es gibt ja, Gott sei Dank, nur den oan in der Gegend. Er war grad zuvor bei mir und sagt, i sollt mir gschwind an Kitzbock holen, den was ös zwoa gfunden habts.«
»No also!« sagte der Med und händigte schnell seinen Schützling aus. »Da kann i mir ja an Weg sparn!«
»Ös seids scho zwoa rechtschaffene Leut!« sagte der Förster. »A jeder andre hätt 's Stuck oanfach aufgfressen. Jetzt paß auf, Med: Unser Jagdherr wünscht si schon lang a jungs Reh für sein Garten, daß seine Kinder was zum Spieln habn. Tragts eahm dös Stuck mit oan schön Gruaß und Weidmannsheil von mir außi in d' Stadt; es werdt a schöns Trinkgeld aussischaun für enk zwoa.«

Der Vitus und der Med standen hilflos auf dem spiegelglatten Parkett der noblen Stadtwohnung, die Kiste mit dem Rehkitz vor sich, und trauten sich keinen Schritt zu tun, aus Angst auszurutschen.
»Entschuldigen scho der gnä Herr«, nahm der flinkere Vitus das Wort, »aber mir bleibn da im Vorzimmer – mir taten Eahna grad nur an Dreck ins Zimmer tragen, und Eahna Frau muaß si dann auf die Feiertäg am End no mit'n Besen abbuckeln. Und der Med hat gar seine Nag'lschuah an, da zerkratzt er Eahna ja die ganzen Bretteln!«

»Das macht nichts!« lachte der Hausherr und ließ die beiden Helden in seinem Arbeitszimmer Platz nehmen.
»Öha!« machte der Med erschrocken, als er in dem tiefen Klubfauteuil beinahe versank. »Dös ischt ja so weich wia a Kuahfladen! Daß 's dös gibt!«
Der Herr bot ihnen, während seine Kinder in hellem Entzücken das junge Reh bejubelten, Liköre an.
»Ah, naa – dös kann i ja gar nit annehmen!« sagte der Vitus wohlerzogen und packte sein Stamperl.
»Zur Gsund, gnä Frau! Trinken Sö koans?«
»Nein, nein«, lachte die Dame des Hauses. »Ich trinke keinen Likör.«
Der Vitus wiegte bedenklich das Haupt.
»Solltens aber scho, gnä Frau! Sie sein hübsch foast und in Ihrn Alter hat oans auf ja und na der Tuifl gholt. Mei Muatter war no gar nit so alt, wia Sie ...«
Der Hausherr beeilte sich, die Konversation abzubrechen. Er stand auf und bot ihnen mit Dankesworten die Hand.
»Haltaus!« sagte der Med schnell. »Vitus, wisch dir zerscht die Pratzen in dei Schneiztüchl! Er tuat nämli soviel in die Händ schwitzen, der Vitus«, erläuterte er auf die helle Lachsalve, die seine Eröffnungen hervorbrachten. »Beim Tanzen tuat er a alleweil a Tüachel unterlegen, der Vitus.«
Als die beiden Helden wieder draußen vor dem Hause standen, knisterten zwei blanke Zehnerbanknoten in der Rechten des Vitus.
»Huiii!« sagte der Vitus. »Dös hat sie auszahlt. Jetzt werdt's do no Weihnachten.«

Als sie, in lebhafte Diskussion über die beste Veranlagung dieses unerwarteten Reichtums vertieft, gegen ihre Hütte kamen, stieß der Med seinen Kumpan plötzlich an und deutete gegen den Waldrand.
»Vitus, da schaug hin: Maria mit dem Jesusknaben!«
»Bin i jetzt derschrocken«, sagt der Vitus. »I hab scho glaubt, sie ischt's wirkli! Heut ischt scho a Tag für Wunder. Derweil ischt's aber nur die Karrner-Wetti vom Krumppen-Häusel; was rennt denn die jetzt in der Kälten im Wald umeinand?«
Das junge, abgehärmte Weib saß da, über ihr etwa dreijähriges Kind gebeugt, das, in seinen Decken fast verschwindend, leise und kläglich wimmerte.
»Es ischt mei Bua – er hat das Haferl mit heiß'm Wasser umgstössen, und da hat er si verbrennt. Und jetzt muaß i mit eahm in d' Stadt 'nei, dahoam wird er nit.«
 »No, und da willst jetzt in d' Stadt 'nei?« fragte der Med mitleidig.

»Kimm a weng zu uns in d' Hütten und warm di auf; mir heiz'n glei ein. Was fahrst denn nit mit'n Autobus? Du derfrierst ja mitsamt dein armen Hascherl da!«
»Autobus! O mei!« sagte die Frau bitter. »Wann koa bißl Geld im Haus nit ischt! Mir sein ja Karrnerleut, nit?«
Der Vitus fuhr mit der Hand in die Joppentasche, wo er seinen Zehner verwahrt hatte.
»Haltaus!« rief der Med. »Gib die Würf'l her, Vitus!«
Sie würfelten wieder.
»Achte!« rief der Med.
»Elfe!« sagte der Vitus. »No also. Jetzt geh i zerscht um a Holz zum Einheizen.«
Als sich die Stube mit Wärme und dem scharfen Geruch brennenden Holzes füllte, begann das Kleine stärker zu wimmern.
»Er hat Weh-weh«, sagte die Mutter. »Dahoam tuat eahm die Großmutter allerweil Gschichten verzähln, daß er einschlaft. Aber – i woaß ja koane.«
»Vitus«, sagte der Med, »geh, verzähl eahm du was! Du hast ja a Goschn wia an Armeleut-Mühl!«
»Ja . . . i«, sagte der Vitus verlegen. »Was sollt i eahm denn verzähln. – No, paß auf, Bübel:
Da war amal, auf Weihnachten, ganz hint im Wald, an arms Karrnerkindl, auf dös hat dös Christkindl ganz und gar vergessen ghabt. Weils arme Leut warn. Auf die Reichen vergißt's scho nit. Wia's scho beim Hoamfliagn ischt, siacht's auf amal dös Liachtl im Wald, wo dös arme Kindl si die Nasen an der Fensterscheiben plattdruckt, ob denn zu eahm heuer wiederum dös Chrischtkindl nit kommen wird.
›O mei‹, sagt dös Chrischtkindl, ›dös arme Hascherl! Jetzt hab i zum Teifl eini ganz und gar drauf vergessen. Und i hab ja nix mehr in mein Sack! Was tua i denn jetzt?‹
Ischt es in Wald zum Oachkatzl gangen. ›Oachkatzl‹, sagt's, ›gibst mir für an arms Häuslerkind a paar Nussen?‹
›Gib i gern‹, sagt das Oachkatzl und sucht glei die schönsten Nuß aus sein Kobel raus. Jetzt ischt das Chrischtkindl aufs hart gefrorene Feld gangen und hat bein Hamster anklopft.
›Hamster‹, sagt's, ›gibst mir an Hafer für a arms Kind auf a Suppen?‹
›Gib i nit gern‹, sagt der Hamster, weil er ischt ja soviel neidig, aber er hat ja schließli dem Chrischtkindl do nit na sagn können – und hat a was herlassen.
Und die Elster hat aus ihrn Nest a schöns, schöns Ringerl herfürzogn, mit an blauen Stoan mitten drein – und alle jungen Chrischtbäum im Wald haben gschrien, wia dös Engerl si um oan umgschaut hat:

›Nimm mi! Nimm mi!‹
Und dös Engerl hat an schön Baam gnommen und hat seine Flügeln drüber ausgeschüttelt, daß's über und über voller Gold war – und die Sterndln sein vom Himmel ghupft in ihrn ganzen Glanz . . .«

»Gelt's Gott!« sagte die junge Mutter und stand leise auf. »Jetzt schlaft er scho.« Sie ging unter vielen schlichten Worten des Dankes in die Winternacht hinaus.
»Dös ischt amal a arms Leut«, sagte der Med. »Tuat mir nit load um meine zehn Mark. Leichst mir halt derweil von dir dein oan, gelt, auf Tabak?«
»Med«, sagte der Vitus verblüfft, »hast du ihr denn aa an Zehner gebn?«
»Aa?« wunderte sich der Med. »Nur i! Freili! I hab ja achte gschobn. I hab ja verlorn!«
»Und i hab gmoant«, stöhnte der Vitus, »i därf zahln, weil i ja gwonnen hab. Jetzt hat sie unser ganz' Geld. Renn ihr nach, Med . . .«
»Naa«, sagte der Med entschieden und sah durch das Fenster der dürftigen Gestalt nach, die sich, das Kind am Arm, mühsam gegen den Wind durch den Schnee kämpfte. »I renn ihr nit nach, i! Hat's uns halt auslassen wieder amal, dös Chrischtkindl. Werdn mir halt unsere Ruabn fressen, Vitus.«
»Jana . . .« sagte der Vitus beklommen, »aber . . . es sein koa mehr da. Die hat alle der Kitzbock gfressen!«

ERNST HENTHALER

Drinn' in der Stadt

Die Dienstmütze

»Sie heißen Markus Stutz?«
»Jawohl.«
»Sie sind 28 Jahre alt?«
»Jawohl.«
»Geboren zu Triftern in Niederbayern?«
»Jawohl.«
»Katholisch?«
»Jawohl.«
»Ledig?«
»Jawohl.«
»Von Beruf Tischler?«
»Jawohl.«
»Vorbestraft sind Sie nicht?«
»Nein.«
Der Richter weiß das alles schon, was er fragt; er weiß auch, daß alles richtig ist, denn er hat es ja urkundlich vor sich in den Akten. Er fragt auch nicht eigentlich, sondern teilt sozusagen dem Markus Stutz mit, daß er das alles weiß. Dieser gibt gleichmütig und bereitwillig seine Bestätigung ab und läßt erkennen, daß der Richter ihn fragen darf, soviel er will; er wird nicht ungeduldig. Aber etwas neugierig ist er, das sieht man ihm an. Er steht zum erstenmal vor dem Gericht.
»Gegen Sie liegt ein Eröffnungsbeschluß vor, wegen gefährlicher Körperverletzung, weil Sie am vergangenen Fronleichnamstag, den 26. Mai 1932, den Ordnungsmann Max Bichler körperlich mißhandelt haben, unter Anwendung gefährlicher Werkzeuge, nämlich eines hölzernen Stuhles und eines Tisches.«
Der Richter verliest den Eröffnungsbeschluß.
»Wollen Sie sich zur Anklage äußern?«
»Jawohl.«
»So, dann erzählen Sie einmal den Hergang, aber nicht zu weitschweifig, wenn ich bitten darf.«
»Nachmittags um drei Uhr hab i ogfanga.«
»Was angefangen?«
»Mein Dienst.«
»Sie sind Aushilfsordnungsmann im Hofbräuhaus, in der Schwemme, nicht wahr? Und am Fronleichnamstag hat Ihr Dienst um drei Uhr begonnen, nicht wahr? Fahren Sie fort.«
»I bin hintriganga zu mein Platz, hab d' Mützn aufgsetzt und hab ogfangt.«
»Sie haben eine Dienstmütze?«

»Ja, an Rock und a Mützn. – I bin oiso duachganga, duachs Lokal, und hab gschaut, daß d' Leit net stehbleiben. Des is vabotn, daß si d'Leit auf die Gäng histoin. Die Gäng miaßn freibleibn. Wia i so duachgeh und de Leit sag, sie soin weidageh, is der gewisse Bichler –«

»Das ist der Ordnungsmann Max Bichler. Der hat gleichzeitig mit Ihnen Dienst gemacht, nicht wahr?«

»Jawohl. A recht a hoaßer Tag is gwen, wissen S' scho, wia da d' Leit san, da weans schnoi bierig und nacha sans stützig.«

»Halt, was ist das, bierig und stützig?«

»No ja, da trinkens a weng schnoi nei, und nacha gebn sa se net so leicht, wenn ma eahna was sagt; nacha sans ebn stützig.

I hab oiso grad z' doa ghabt, daß i durchkemma bin; aber, net, ma redt gut mit de Leit. Seids gscheit, Leit, gehts weida, Leit, stehts net so umanand – und nacha gehts scho.

Aba da steht mittn im Gang da gewisse Bichler und untahoit si mit am Herrn, und grad gnädig hat ers ghabt!«

»Gnädig?« Der Richter stammt aus Franken.

»Ja, kreuzgnädig. Anstatt daß er mia huift, steht er si hi, mitten im Gang, und ratscht. Und weg geht er net. I mach mein zwoatn Rundgang, steht er oiwei no da. Was miaßn si denn da d' Leit denka, sie wern weggschafft und mei Kolleg stäit si soiwa hi und riat si net, wenn i oiwei wieda sag: ›Weidageh, Leit, net stehbleibn!‹ Hat mi scho vadrossn, des.

No, i geh wieda auf mein Platz hintri und wui mi a weng niedasitzn. Da stenga a paar Burschn und schaung a so auf mi her. I geh hi und frags, obs was mächtn. Sagt da oane, obs vielleicht nimma schaung deafn, und da andere hätt si glei auf d' Seitn druckt. Jiaz hab i's hoit nausdoa miaßn. I habs gnumma und habs bei da vordan Tia naus.«

»Ja, um Gottes willen, warum denn? Was haben denn die Leute getan, daß Sie sie gleich hinauswerfen?«

Markus Stutz geht näher an den Richtertisch und lächelt vertraulich und überlegen: »O mei, was glaabn S' denn! Da deafa Sie net lang wartn. Wenn Sie dene Zeit laßn, san S' scho vakaaft. Naa, net lang rumdoa, glei packa, sunst san ja Sie da Feichtl, was glaabn S' denn!«

»Der Feichtl?«

»Freili. Schaung S', soichane gibts üwaroi, de glei gegar an Ordnungsmann zamhoifa, und wenn Sie da net da Flinka san, gehts scho dahi aa. Da deafa Sie net lang wartn.«

Markus Stutz sagte das aus seinem guten Herzen heraus. Er hat die Erfahrung, die dem Richter offensichtlich fehlt, und gibt sie ihm gern weiter, damit er nicht zu Schaden kommt, wenn er einmal im Hofbräuhaus als Ordnungsmann Dienst tut.

»Ja, aber haben sich denn die beiden Leute so ohne weiteres hinauswerfen lassen? Sie haben sie ja durchs ganze Lokal zerren müssen.«
»Da ham mia scho unsare Griff, wissen S', aba natüali gsetzt ham sa se scho, bsondas da oane, der hat glei gar net woin, aba i hab eahna scho ghoifa, i habs nacha scho nausbracht.
Wia i wieda zu mein Platz hintrigeh wui, sieg i, daß a paar Leit lacha und auf mi headeitn. I schau, was an mia dro is zum Lacha, und richti ham mia de Hammen, de ungleichn, an Krogn und Krawatn owagrissn ghabt und an de Oawaschl hab i bliat.
Des laßt se bei unsam Dienst gar nia vameidn, da dengga mia uns nix. Wia i weidageh, zu mein Platz hintri, kim i wieda an dem gwißn Bichler vorbei, und ob Sie's glaabn oder net, der lacht aa. Des is mia aba do scho zdumm worn. Laßt er mi olloa, wo er vapflichtet gwen waar, zuaz'greifn, und danach taat er aa no zahna.«
»Zahna? Was ist denn das wieder? Sie haben doch gesagt, er hat gelacht?«
»Recht drecki no dazua! ›Du hast as ja noidi, daß d'lachst‹, sag i, ›füa was bist denn du da herin?! Geh do hoam und leg di ins Bett und schlaf, is glei gscheida!‹
Jiaz waar er dienstli worn. ›Tua di du fei net aufmanndln‹, sagt er; ›du hast mir gar nix zum Schaffn, des kannst dir merkn!‹ ›So is recht‹, sag i, ›i taat mi aufmanndln, wenn i mi von dir net dablecka laß, wo i mein Dienst richti mach, und stäist di glei säiwa in Gang nei, und i deaf ois alloa macha!‹ Wissen S', des is unsa Voaschrift a so, wenn a Ordnungsmann opackt wead –«
»Aber Sie sind doch nicht angepackt worden! Sie haben die beiden Leute angepackt!«
»Ja, soweit deaf ma's net kemma lassn. Wenn mia wartatn, bis ma opackt wean, nacha waars zspaat.«
»Was hat denn der Bichler noch gesagt zu Ihnen?«
»Da gwisse Bichler hat nimma vui sagn kenna. ›Geh zua‹, hat er gsagt, ›mit dia red i net, du bist ma z'dumm.‹ ›So, so, mit mir redst du net, i bin da z'dumm. Da schau her!‹
Streitn im Dienst, des kenn i net. I hab eahm steh laßn und hab mia denkt, du kimmst ma scho, Mandei. Nacha bin i auf mein Platz hintri und hab hoit mein Dienst weidagmacht.
Wia Schluß gwen is, hama fertiggmacht; i hab mi umzogn, und nacha hab i gschaut, wo der gwisse Bichler is. Dem hätts fortpressiert, aba i bin scho no z'doa kemma. I bin ganz ruhig auf eahm zuaganga und hab gsagt, jiaz waar ma soweit, und i mächt gern wissen, ob i eahm z'dumm bi. Antwort hat er mia koane gebn, und gsäng hat er aa, daß er mia nimma auskimmt. So ist er glei auf mi hergsprunga und hat mi bei

der Drossel packt. Und a so san mia hoit ins Raffa kemma. I kann mi do net dawüang lassen! Sie kenna Eahna nix dengga, wia mi der glei gfaßt hätt . . .«
»Ja, und weiter? Wie ist denn die Geschichte nun weitergegangen? Das muß ich genau wissen, denn jetzt sind wir bei der Hauptsache.«
»Da laßt se net vui sagn. Wia er mi net dawischt hat, wia er mia's gmoant hat, hätt er's andas probiat, und da is er üban Tisch nübagfoin, und nacha hamma hoit ois umgrennt.«
»So einfach und harmlos kann es nicht gewesen sein. Sie sollen den Bichler unter die Tische hineingeworfen, ihm einen Tisch und einen Stuhl hinaufgeschlagen haben, und jedenfalls ist der Bichler dann mit einer Gehirnerschütterung und einer Reihe blutiger Verletzungen in die Chirurgische Klinik eingeliefert worden.«
»Ah woher denn! Wenn i richti zuaghaut hätt, lebat ja der gwisse Bichler übahaupts nimma. Den kenna Sie net, wia der hintalisti sei ko; der hat si ja blos ogstoit. Schaung S', mir san nacha spata weng dera Gschicht alle zwoa zum Chef kemma, der hat alle ausgfragt, und uns aa, und nacha hat da gwisse Bichler sei Mützn heagebn miaßn!«
»Na gut! Wir werden ja sehen, was die Zeugen sagen. Zunächst wollen wir den Zeugen Karl Bürkel hören.«
Bürkel ist der Schenkkellner, der in jener Nacht den Kampf zwischen Markus Stutz, dem Tischler, und dem gewissen Bichler miterlebt hat. Er kennt sie beide gut. Wenn er's schon sagen muß, dann ist ihm der Markus Stutz der Liebere von den beiden, bekennt er. Der Markus ist ein guter Kerl, da fehlt sich gar nichts.
Das wundert den Richter. Er hat aus dem eigenen Mund des Markus Stutz gehört, wie er mit den Leuten umgeht; er weiß es auch aus dem Akt. Wenn das ein guter Kerl ist, dann möchte er einmal einen sehen, den der Zeuge für einen gewalttätigen Menschen hält. Bürkel läßt nicht von seiner Meinung. Er sagt, der Markus ist immer hilfsbereit, läßt keinen Kollegen sitzen, wenn's aufgeht; und hinterhältig, das kennt er nicht. Wogegen der Max, da kommt es schon vor, daß man ihn suchen muß, wenn man ihn braucht. So richtig trauen kann man ihm nicht.
Das sind so Auffassungen. Der Richter läßt sie auf sich beruhen. Er will wissen, was der Zeuge von dem Kampf gesehen hat.
Bürkel hat nach Geschäftsschluß fertiggemacht, aufgeräumt, hat sich umgezogen und zum Heimgehen gerichtet. Da hört er von der Schenke im Lokal was rumpeln. Er denkt sich, da muß er nachschauen, wo das herkommt. Er schaut auch, sieht aber zunächst nichts. Nur fällt ihm auf, daß ein paar Tische durcheinanderliegen. Auf einmal fangen die Tische zu springen an, fahren in die Höhe, tanzen hin und her, und

dann tauchen zwei Männer auf, der Markus und der Max. Zuerst der Max, ein wenig zerrauft; er drischt zu; dann der Markus. Geredet haben sie nichts, aber wild geschnauft. Er, der Bürkel, hat ihnen zugerufen, sie seien damische Luder, sie sollen doch Ruhe geben. Aber, wie es bei solchen Gelegenheiten immer ist, sein Zureden hat nichts geholfen. Der Max will aus den Tischen heraus, schlägt und tritt um sich, und trifft dabei, scheint es, den Markus »unrecht«. Der beutelt sich ab, packt dann den Max, lupft ihn und wirft ihn mitten unter die Tische hinein. Kann schon sein, daß er noch einen Tisch und einen Stuhl extra hinterdreingeworfen hat. Der Max hat dann zu jammern angefangen, und darauf haben er und der Markus ihn herausgezogen und in eine Droschke gesetzt, die ihn in die Klinik gefahren hat. Soweit man hat sehen können, hat nicht allzuviel gefehlt. Der Markus hat auch nicht schön ausgesehen. Er hat ziemlich zu waschen gehabt, bis er wieder sauber war, und sein Gewand hätte er, der Bürkel, nicht mehr geschenkt haben mögen.

Wer angefangen hat, wer schuld ist, darüber kann der Zeuge mit dem besten Willen nichts sagen. Der Markus hat von der Sache nicht viel hergemacht. Er hat hintennach nur ein paarmal gesagt, er glaubt nicht, daß er dem Max jetzt auch noch zu dumm ist.

Der Zeuge Karl Bürkel bemerkt abschließend, auf solche Sachen dürfe man nicht viel geben; die richten sich von selber wieder. Am besten ist, man mischt sich nicht ein.

Der Richter überlegt einen Augenblick, ob diese Bemerkung ihn angeht; dann läßt er es aber gut sein und ruft den nächsten Zeugen auf.

Das ist die Kassierin Mali Winter, ledigen Standes, 45 Jahre alt, mit dem Angeklagten nicht verwandt und nicht verschwägert. Was sie nicht anzugeben braucht, weil es jedermann sehen kann, das ist: daß sie von kräftiger Statur ist, ein frisches, offenes Gesicht und ein freundliches Wesen hat.

»Kennen Sie den Markus Stutz, den Angeklagten?«

Mali Winter dreht sich zur Seite und betrachtet sich den Markus aufmerksam von oben bis unten. Das tut sie nur aus Pflichtgefühl, denn an sich ist es überflüssig; sie kennt den Markus gut, und überhaupt ist sie mit ihm zusammen heute hierhergegangen.

»Nun, kennen Sie ihn?« Der Richter ist etwas ungeduldig. Die Zeugin ist ihm zu gründlich.

»Ja, natürlich kenn i eahm, er is do bei uns zur Aushuif.«

Gut. Die Mali soll erzählen, was sie am Fronleichnamstag von dem Streit zwischen Stutz und Bichler beobachtet hat.

»Streit«, sagt die Mali, »ko ma aa net sagn. Wissen S', unta an Streit vasteh i scho was andas. Abgwartlt hams hoit.«

»So, so, abgewartelt! Können Sie mir das nicht auf deutsch sagen?«
Die Mali wundert sich. Seit zwanzig Jahren ist sie im Hofbräuhaus im Geschäft, und da sind ihr wahrhaftig alle Arten von Menschen untergekommen, die es überhaupt gibt. Darunter ganz merkwürdige, daß man nicht glauben möchte, daß so etwas auf der Welt herumläuft. Sie ist aber mit allen fertiggeworden; das hat es nicht gegeben, daß jemand sie nicht verstanden hätte.
»Tuat mia leid, wenn Sie des net vastenga. Die zwoa ham hoit an Dischput ghabt mitanand. Was eigentli losgwen is, woaß i aa net. I bin voabeikemma, und da hab i blos gheat, daß der Markus gsagt hat, da anda hätt eahm aa häifa kinna. Mehra woaß i net.«
»Der Angeklagte war wohl sehr aufgeregt?«
»Naa, des net.« Die Mali ist nicht so dumm, daß sie dem Richter aufsitzt. Die Fragerei kennt man schon. Das ist alles so hergerichtet, daß man »ja« sagen soll, und dann ist die Falle eingeschnappt.
Aber so kann der Richter gar nicht fragen, daß sie »ja« sagen würde.
»Der Markus«, erklärt sie etwas näher, »hat zwoa nausdo ghabt, und de ham eahm richti dakreit, wissen S' scho. Da hat er si natirli gärgat, wei d' Leit glacht ham. Und da is eahm grad da Max untakemma. Leicht hams de Ordnungsmänna net, des deafa S' glaabn; da muaß ma scho an Eisähng ham. Da kunt i Eahna vui verzoin ...«
Der Richter will das nicht wissen. Er sieht, viel ist aus der Zeugin nicht herauszuholen. Und außerdem versteht er die Hälfte nicht von dem, was sie sagt. Diese Sprache ist ja grauenhaft. Bevor er die Zeugin entläßt, soll sie ihm aber doch noch sagen, was sie von den beiden Männern so im allgemeinen hält. Er will Anhaltspunkte für sein Urteil. Mit dieser Frage ist er bei der Mali an der richtigen Adresse.
»Der Markus is a ganz a richtiga Mensch, bestimmt. Fleißi, und pünktli; er woas, was sie gheat; allawei guat aufglegt, höfli mit de Leit –«
»Na, aber jetzt bitte ich Sie, höflich nennen Sie das, wie er die Gäste anpackt und hinauswirft?«
»Was sei muaß, des muaß sei! Is hart gnua für eahm. Sie glaabn net, was er aa scho Schleeg kriagt hat! Aba i hab no nia gheat – und des sagn alle Kolleginnen genau wia i –, daß der Markus oamoi grob gwen waar. Sie soitn blos säng, was unta de Ordnungsmänna oft für Klacheen drunta san. Naa, üban Markus kenna mia nua was Guats sagn.«
Es ist offensichtlich, der Markus ist den weiblichen Arbeitskameraden ans Herz gewachsen. Er hört sich sein Lob an und verzieht keine Miene. Er weiß, was er gilt. Übrigens ist er ein ansehnliches Mannsbild. Vielleicht hat er etwas zuviel Gewicht für sein Alter. Das schadet aber nicht.
 Erstaunlich ist die Kühnheit seiner Gesichtszüge. Er hat stahlblaue Au-

gen, trägt ein Schnurrbärtlein, und sein runder Kopf ist voll Locken.
»Und der Bichler?«
Mali will über einen Arbeitskollegen nichts Nachteiliges sagen. Aber der Max ist eben anders wie der Markus. Sie erläutert das an einem Beispiel: Im Sommer kommt es immer wieder vor, daß im Garten draußen Fremde, wenn sie ihre Maßkrüge im Brunnen ausschwenken, mit einem Krug verschwinden wollen. Wenn der Max einen erwischt redet er nicht viel, sondern zeigt den Übeltäter an. »Mein Gott«, sagt die Mali, »san oft aa ganz arme Deifi.« Der Markus macht's anders. »Der nimmt eahm den Krug wieda ab, haut eahm a paar nei, oder beitln a weni, und laßtn laffa. Anzeign, des kennt da Markus net.«
Die Meinung der Mali Winter über die beiden Ordnungsmänner ist nun klargestellt; sie kann, wenn sie will, nach Hause gehen. Sie will das aber nicht. Sie setzt sich auf die Zeugenbank.
Nun erscheint als letzter Zeuge der Verletzte, der Max Bichler. Er ist 35 Jahre alt, verheiratet, von Beruf Ordnungsmann, und verwandt oder verschwägert mit Markus Stutz ist er nicht. Wenn man ihn neben dem Angeklagten stehen sieht, scheint er körperlich unterlegen. Man darf sich aber nicht täuschen lassen. Er ist ein vielgewandter und erfahrener Kämpfer. Sein Beruf hat ihn gestählt.
Er berichtet den Hergang der Zwistigkeiten etwas anders als Stutz. Dieser hat ihn nachmittags angerempelt, und da hat er ihn, weil er doch nur Aushilfe ist, und er selbst richtiger Ordnungsmann, in seine Schranken weisen müssen. Schon wegen der Reputation bei den Gästen. Wo sich Stutz sowieso immer wichtig gemacht und aufgemanndelt hat. Er hat aber die Sache gleich wieder vergessen. Wie er nach dem Dienst sich zum Heimgehen richtet, hat ihm der Stutz den Weg verstellt, hat ihn bedroht, ist über ihn hergefallen und hat ihn unter die Tische hineingefeuert, so grob, daß man sich was Gröberes nicht mehr denken kann. Er gibt nun eine eindringliche Schilderung der Schäden, die er erlitten hat, und der Schmerzen, die er heute noch ausstehen muß.
Markus Stutz hört sich das alles, Kopf und Blick vom Gegner abgewandt, mit einem bitteren, verächtlichen Lächeln an, ist aber dabei ganz Spannung. Zuweilen schüttelt er den Kopf und schaut den Richter an: »So was Verlogenes werden Sie noch nicht gehört haben?«
Als er aufgefordert wird, sich zur Aussage zu äußern, möchte er am liebsten gar nichts sagen. Er besinnt sich indessen und stellt die Wahrheit, die der gewisse Bichler so gröblich mißhandelt hat, wieder her. Bichler läßt aber nicht aus. Für ihn geht es zwar nicht um die Bestrafung des Stutz, von der er gar nichts hat; aber wenn der Stutz freigesprochen wird, sind seine Hoffnungen auf Schadenersatz und Schmerzensgeld vernichtet.

Er macht dem Richter klar, was der Hintergrund des Streites ist: Der Stutz ist ihm um seine Stellung neidig gewesen. Nicht wahr, er, der Bichler, ist fest angestellt, ist richtiger Ordnungsmann; und der Stutz hätte ihn verdrängen wollen, hätte aus den Niederungen der Aushilfe zu seiner Höhe aufsteigen wollen. Daher der Haß, daher der Neid, daher der Überfall.

Nun ist aber das Maß voll. Markus Stutz gibt seine bislang eisern durchgeführte Haltung auf und dreht sich dem Bichler zu. Zwar versucht er, dadurch noch Abstand zu wahren, daß er ihn mit »Sie« anredet. Aber das mißlingt völlig. Auge in Auge muß er »du« sagen, ob er will oder nicht.

»Wenn i des woin hätt, waar i ja scho lang drin! Da brauch i do Eahna net; di am allerwenigsten. Üwahaupts, du hast ja aufhean und beim Chef dei Mützn heagebn miaßn.«

So, jetzt ist der Bichler an seiner empfindlichen Stelle getroffen. Er ist tatsächlich auf den Vorfall hin ausgestellt worden – nicht nur deswegen, aber immerhin hat es den letzten Anlaß gegeben. Und der Stutz ist in der Arbeit geblieben, wenn auch nur als Aushilfe.

Die Entlassung kann der Bichler also nicht bestreiten. Mit um so größerer Heftigkeit kämpft er um die Mütze. Wer kann ihm das verdenken? Man kann ihm seinen Verdienst nehmen, seine Tüchtigkeit und Zuverlässigkeit absprechen – an seine Mütze soll man aber nicht rühren.

Es gibt vielleicht einige Männer, die sich nichts daraus machen, ob sie eine Dienstmütze tragen dürfen oder nicht. Die Regel ist, daß die Männer die Erlaubnis, ein äußeres Zeichen ihrer Stellung und ihrer Tätigkeit in oder außer Dienst führen zu dürfen – vom Knopf bis zur vollständigen Uniform –, unendlich hoch schätzen. So ein Ordnungsmann hat ein – für sein gefahrvolles Leben – bescheidenes Einkommen. Reichtümer kann er nicht ansammeln. Aber er hat eine Dienstmütze, und das verleiht ihm Ansehen und ein Selbstbewußtsein, weit über seine Stellung hinaus. Nehmt ihm die Mütze, und ihr macht ihn zu einem kraftlosen Wicht, zu einem Niemand! Man stelle sich vor: Ein Ordnungsmann ohne Dienstmütze will die Gänge im Lokal freihalten, will Krakeeler zur Ruhe verweisen – glaubt nur ein vernünftiger Mensch, das könne ihm gelingen? Die Leute sehen einen Mann vor sich, barhaupt oder mit einem Hut, wie sie ihn tragen, der ihnen etwas sagen will – sie lachen ihn aus. Sie wissen: Solange einer nicht mit einer Dienstmütze auftritt, steckt nichts, aber schon gar nichts hinter ihm. Diese aber verlangt Respekt, mildert allzu freche Reden, lähmt den Arm des Widerstandes.

An die Mütze, sein Teuerstes, nein, an die Mütze läßt sich der Bichler nicht rühren, mag ihn auch der Markus Stutz hergeschlagen und der Chef entlassen haben.

»Die Mützn hätt i heagebn miaßn, i? Die Mützn? Da heat si ja do scho ois auf. Was wui denn da Chef mit meina Mützn, die eahm üwahaupt nix ogeht? Da hätt er ja blos was sagn braucha, nacha hätt is eahm scho recht gmacht. Des war ja mei Mützn, die Mützn hat mia gheat, de ko mia üwahaupt koa Mensch nehma, der Chef net, und du aa net, daß das woaßt, du Büffe, du gscheata!«

Das hätte der Bichler nicht sagen sollen. Markus Stutz vergißt, daß er sich im Gerichtssaal befindet, wo man nicht zuschlagen darf, auch wenn man Büffel genannt wird. Es ist ein Glück, daß der Bichler so gewandt flüchtet; so kann der Richter die Ordnung rasch wiederherstellen.

Markus Stutz aber findet sich nicht mehr zur Verhandlung zurück. Was jetzt noch hin und her geredet wird, hört er nur mit halbem Ohr. Er denkt an den Büffel, den gescherten; Zorn und Bitterkeit haben Macht über ihn gewonnen. Der gewisse Bichler kann sich freuen!

Der Richter unterdessen hat sich ins Beratungszimmer zurückgezogen. Dort geht er mit langen Schritten auf und ab, raucht an einer Zigarre herum, schaut zum Fenster hinaus, und horcht zu, was seine Gedanken über den Fall zu sagen haben.

Der Markus Stutz ist kein unebener Mensch. Grob ja schon, mit Neigung zur Gewalttätigkeit, aber er schont sich selbst nicht im Dienst, seine Arbeitskameraden haben ihn gern; und daß er kleine Diebstähle auf der Stelle selbst aburteilt, statt Anzeige zu machen und Gerichten die Arbeitslast zu erhöhen, ist geradezu sympathisch. Wogegen der Max Bichler, da ist kein Zweifel, seine eigene werte Person nie aus dem Auge verliert und an seinem Wohlergehen das Maß abnimmt für seine Dienstführung.

Man muß den Markus Stutz bestrafen. Wo käme man hin, wenn man solche Selbsthilfe durchließe. Aber man kann weitgehend Nachsicht üben. Schmerzensgeld wird er ja auch noch zahlen müssen.

Sonderbare Menschen, die Altbayern. Man kann nicht dahinterkommen, welche Ausdrücke und Vorwürfe sie als Beleidigung empfinden. Einmal werfen sie sich die gröbsten Schimpfworte an den Kopf und finden das nur lustig; dann wieder genügt eine Kleinigkeit, um sie zur Raserei zu bringen. Neulich hat er einen Angeklagten vor sich gehabt, der hat einen anderen beinahe erschlagen, der ihn einen »Körbelzeuner« genannt hat – dabei hat sich herausgestellt, daß darunter nichts weiter als ein einfacher Korbflechter zu verstehen ist! Und dann hängt es auch noch von der Gelegenheit ab, bei der eine Äußerung gebraucht wird, und der eine darf etwas ungestraft sagen, was den anderen in die schlimmsten Gefahren bringt.

Es ist nicht möglich, sich da auszukennen. Und diese Sprache! Sie klingt ja nicht schlecht, und sie ist offenbar geeignet, in besonderem Maße menschliche Empfindungen in knapper Form zum Ausdruck zu bringen. Aber verstehen müßte man sie! Er erinnert sich an den Ersten Weltkrieg, den er in Frankreich mitgemacht hat. Da hatte die sprachliche Verständigung mit der Jeanette, die ihm die Wäsche gewaschen hat, auch manche Schwierigkeiten. Aber wenn sie auf seine Bitte hin langsam gesprochen hat, dann ist er gut zurechtgekommen. Das Altbayerische aber wird je langsamer, desto rätselhafter.
Er legt die Zigarre hin, schreibt die Urteilsformel auf ein Blatt, nachdem er sich die Höhe der Geldstrafe noch einen Augenblick überlegt hat, geht in den Sitzungssaal zurück und verkündet feierlich das Urteil. Er verschafft damit dem Markus Stutz die Überzeugung, daß es noch eine Gerechtigkeit gibt auf der Welt.
Der Fall ist erledigt. Die nächste Sache wird aufgerufen. Der Schenkkellner Karl Bürkel schlägt dem Markus Stutz mit der Hand auf die Schulter und verläßt mit ihm den Gerichtssaal, dicht gefolgt von Mali Winter, deren gutes Gesicht vor Befriedigung leuchtet.
Um den gewissen Max Bichler kümmert sich niemand, wenigstens nicht im Augenblick.

WILHELM DIESS

Denn der Mensch sucht die Wärme

Bei aller Einfalt, die er in reichem Maß sein eigen nannte, fand Simon Schmeller bald heraus, daß man als Gast die angenehme Wärme des Ministeriums auch dann genießen durfte, überdies unbezahlt, aber auch ohne Nebenrechte, wenn man nur ins Haus kam, um die Beamten mit Eingaben, Plänen, Bittschriften, Akten und Aktennachträgen zu behelligen.
Sein Weg in eine andere Zukunft begann damit, daß er, mit Arbeit nicht übers Maß belastet, für ein Architekturbüro Eingabepläne und Tekturen ins Ministerium trug. Mit der Begründung, es werde in den Ministerien so unvorstellbar langsam gearbeitet, daß es eines stundenlangen Wartens bedürfe, bis man überhaupt vorgelassen werde, zog Simon Schmeller derlei Botengänge weit über Gebühr in die Länge, lediglich von dem Wunsch bestimmt, bei solchen Gelegenheiten jeweils den größten Teil eines kalten Wintertages in den wohlgeheizten Fluren und Vorräumen zu verbringen.

Im Lauf von Monaten eignete sich Simon Schmeller eine nicht nur ungefähre, sondern allmählich immer gründlicher werdende Kenntnis der Raumeinteilung, der Gliederung des Ministeriums und auch des darin wirkenden Personenkreises an, so daß er, ohne je anders als zu Botengängen verwendet worden zu sein, den durch die Gänge irrenden Besuchern und Petenten ohne Nachdenken die in Frage kommende Zimmernummer und den Namen des dort sitzenden Herrn benennen konnte, auf Rückfrage auch mit reichen Details über menschliche Eigenarten, Arten, Unarten und Absonderlichkeiten jenes dort sitzenden Herrn. Da es sich um immerhin acht Stockwerke und, bei dem hohen Alter gewisser Bauteile des Amtes sehr wohl verständlich, um zahlreiche architektonisch verworrene Flügelbauten handelte, hätte ein unvoreingenommener Beurteiler Simons Kenntnis der komplizierten Örtlichkeiten als überraschend gut bezeichnen müssen.

Doch was dieser Simon Schmeller wußte, das hatte er dergestalt erfahren, daß er bereits vor dem Gang zu dem ihm aufgegebenen Referat um der sympathischen Wärme willen stets längeren Aufenthalt in den Fluren und weitläufigen Korridoren genommen und nach erledigtem Auftrag diese Räume lässig und aufmerksam durchschritten hatte – lässig, um so lang wie möglich in der warmen Geborgenheit bleiben zu können, aufmerksam, um keinen der in den Fluren installierten Heizkörper zu übersehen. Seine Orientierung, die allmählich Zimmernummern, Namensschilder, Hauptabteilungen, Verwaltungen von Sondergebieten und die Ränge der hinter den Türen amtierenden Leute miteinschloß, hatte ihre Angelpunkte in den Heizkörpern. Da Simon aus dem Ertrag seiner Botengänge nur über geringe Einkünfte verfügte, mußte er eine Strecke von jeweils mindestens zwanzig Heizkörpern hinter sich bringen, ehe sein Etat ihm wieder eine seiner selbstgedrehten Zigaretten erlaubte.

Zuweilen freilich, wenn der Müßiggang allzu deutlich in seinem Gesicht und seiner gar nicht auf Bewegtheit eingespielten Haltung angeschrieben stand, mochte es geschehen, daß ihn ein Inspektor oder Amtmann – Frauen und Mädchen ignorierten sein Vorhandensein – nach seinem Begehren fragte, nicht ohne durchblicken zu lassen, daß man hier doch zur Arbeit und nicht zu ständigen Zigarettenpausen kaserniert sei. Simon Schmeller, vom vielen Ausruhen her im Vollbesitz seiner nervlichen Konzentration, pflegte bei solchen Gelegenheiten zu lächeln und lässig auf eine Tür zu deuten, um in dieser Zeichensprache auszudrücken, daß er den hinter genau jener Tür wirkenden Herrn zu besuchen wünsche. Besser, so stellte er nach reichlichem Nachdenken fest, war es wohl, wenn er zum Zweck dieses Deutens auf eine Bürotür einen Aktendeckel in Händen hielt, und von da an vollzog sich,

als alles gründlich durchdacht und ein überzähliger Aktendeckel in die Wärmestunden miteinbezogen war, der tiefgreifende Wandel in seiner Existenz.
Nicht alle Tage nämlich hatte er Anlaß und Auftrag zu einem Gang ins Ministerium, und es war keine unzumutbare Mühe für ihn, auch die auftragsleeren Tage dadurch auszufüllen, daß er die Tageszeitung von vorgestern, den Haus- und Familienkalender für Bürger und Landmann und ein Dutzend abgelegter Frachtbriefe in einen Aktendeckel nahm und, mit diesen für ein Scheingefecht außerordentlich geeigneten Waffen ausgerüstet, in den Korridoren des Ministeriums die Rolle eines Mannes spielte, der entweder infolge regelmäßiger Besuche von Dienststellen oder gar in einer festen Anstellung zum Haus gehörte.
Von dieser Zeit an wurde Simon Schmeller nicht mehr im geringsten belästigt, und weil er die Blumen der kalten Tage recht zu pflücken verstand, war ihm künftig der Wärmeplatz ebenso sicher wie eine herablassende Notiznahme durch Damen und Fräuleins, die aktentragend vorüberhuschten, eine manchmal mürrische Begrüßung durch Herren, die nicht so recht darüber schlüssig wurden, ob sie ihn als Gast oder Mitarbeiter gelten lassen sollten, und häufig ein sehr freundlicher Dank des Ministers, dem er mit schönem Diensteifer die Vorzimmertür öffnete, wenn auch für den Minister der Tag der Arbeit begann.
Nicht jedoch in diesem Programm der Wärmesuche stand es, daß eines Nachmittags ein Herr mit Kneifer – Simon wußte längst, daß es Amtmann Ferdinand Kögl war – über die halbe Korridorlänge hin auf ihn zusteuerte, ihn als Herrn Kollegen ansprach, als einen erheblich tiefer stehenden Kollegen selbstverständlich, was sich im Ton des Umgangs sehr deutlich ausdrückte, ihm eine in einen Aktendeckel gelegte Liste in die Hand drückte und die halb befehlende Bitte aufs berufliche Gewissen legte, er möge doch, nachdem Kollege Solmann gestorben sei, unter Vorlage dieser Liste sämtliche Büros der Abteilung besuchen. Man werde überall sogleich Bescheid wissen, was da zu tun sei. Es handle sich um die Finanzierung eines Trauerkranzes, sagte Amtmann Kögl.
So betrat Simon Schmeller zum erstenmal der Reihe nach alle Zimmer, deren Insassen ihm nach Rang, Namen, Dienststellung und Angesicht längst bekannt waren. Er legte den Damen an den Schreibtischen wie den Herren an etwas üppigeren Tischen die Liste vor, wies auf den oben angeschriebenen Zweck der Sammlung hin und kassierte, was jeder gab, der strengen Bräuche eingedenk nur gegen Unterschrift des Spenders. Die Beträge, zwischen dreißig Pfennigen und einer Mark schwankend, ergaben die Summe von achtunddreißig Mark, worüber

Amtmann Kögl sich wunderte, bis ihm aus der Liste ersichtlich wurde, daß der Kollege über den Bereich der Abteilung hinaus gesammelt hatte und mit dem von Herrn Kögl mürrisch festgestellten Erfolg, daß außerhalb der Abteilung höhere Einzelspenden gegeben worden waren als unter denen, die den Verewigten näher gekannt hatten. Dies begab sich im Frühjahr, als es warm wurde.

Einen vollen Sommer lang bezog Simon sein Quantum Wärme dort, wo es auch ohne Amtsgänge und Aktendeckel Wärme gab: auf den sonnenbeschienenen Straßen, auf Anlagebänken und an Flußufern, mit dem wenigen zufrieden, was er für Botengänge und sonstige kleine Dienste bekam. Damit jedoch sommersüber keine neuen Zeitmaße aufkamen, die sich im Winter dann nicht mehr einhalten ließen, hängte Simon Schmeller die Ruhezeiten unter Gottes Sonne an die Botengänge durch dumpfe Behördenbauten, so daß sich das Verfahren für eine eingereichte Tektur auch in der warmen Jahreszeit um nichts verkürzte.

Einen vollen Sommer lang hatte Simon Zeit, über jenes letzte Erlebnis des vorigen Winters nachzudenken, und als das Jahr nach viel anstrengendem Sinnen wieder in den Oktober ging, als mit schicksalhafter Konsequenz die Zeit von neuem kam, da es vorteilhaft wurde, die behördliche Wärme in ihren über die Flure verschütteten Abfällen wieder sinnvoll zu nutzen, trug Simon eines Tages in seinem Aktendeckel nicht mehr die Tageszeitung von vorgestern oder den Haus- und Familienkalender für Landmann und Bürger, sondern liniiertes Schreibpapier, dies als Folge emsiger Denkarbeit, die sich den ganzen Sommer lang keine Ruhe gegönnt hatte seit dem Auftrag des Amtmanns Kögl, für einen Kranz zu sammeln.

Als man sich – die in Regimentsstärke arbeitende Besatzung des Ministeriums einerseits und der müßige Flursteher Simon Schmeller andererseits – in immer kälter werdenden Wochen und immer wärmer werdenden Korridoren wieder ausreichend aneinander gewöhnt hatte, beschriftete Simon eines Tages das zuoberst liegende Blatt in seinem Aktendeckel mit einer Notiz: die Kollegen und Kolleginnen möchten aus Anlaß des Ablebens und der Beerdigung des allseits beliebten Kollegen Emmeram Noll eine kleine kameradschaftliche Spende zu einem Kranz geben. Den Kollegen Emmeram Noll, Inspektor, zweiundfünfzig Jahre alt, hatte Simon persönlich erfunden. Verschiedene Leute nun fragten, als Simon mit der Liste kam, was für ein Noll dieser Inspektor Noll sei, doch wenn Simon erläuterte, daß es sich um Inspektor Noll von der Abteilung nebenan handle, um den netten, bescheidenen, etwas gehbehinderten Noll, dann kannten sie ihn alle und fanden es höchst bedauerlich, daß er so zeitig in den Jahren gestorben war. Außer den von Simon Schmeller aufgeführten Eigenschaften des Toten wußten sie noch weitere, und dies lauter gute, die den Verewigten zu einem angenehmen Kollegen gemacht hatten.

Mit sechsundfünfzig Einträgen und beinahe vierzig Mark an barem Geld schloß der Sammler diese seine erste Liste ab und betextete, damit der wohltätige Eifer nicht erlahmte, denn es konnte sich leicht jemand darauf ausreden, daß nach so zahlreichen Spenden seine eigene nicht mehr nötig sei, auch nicht für einen sehr üppigen Kranz, eine neue. Nach dieser zweiten Liste wurde der tote Emmeram Noll auf eine dritte Liste gesetzt, und dies so fort, bis Simon nach neun Werktagen das ganze Ministerium durchgearbeitet und sein Leben für reichlich einen Monat gesichert hatte, denn es war ihm in seiner immer bescheidenen Freundlichkeit gelungen, den Minister selbst und seinen Staatssekretär genauso zu einer Spende zu bewegen wie die letzte Stenotypistin. Jeder nämlich kannte Simon Schmeller, jeder war ihm schon mehrfach auf den Fluren begegnet, und etwa so wie diesen Schmeller glaubte jeder um eine Spende Angesprochene auch den verstorbenen Inspektor Emmeram Noll gekannt zu haben. Der Minister, dem die Beispielhaftigkeit vor allem zustand, hatte ein rundes Fünfmarkstück gegeben.

Ehe das Geld vollends zur Neige ging, begann Simon eine neue Sammlung, diesmal aus Anlaß der Hochzeit des achtundzwanzigjährigen Inspizienten Hans Kriebel mit der Kontoristin Irene Beierlein, und da beide, Braut und Bräutigam, in Diensten des Ministeriums standen, ließ sich der zugegebenermaßen etwas auf persönlichen Vorteil eingestellte Wunsch des Brautpaares, ein Paar dieser neuartigen, angenehmen, weichen, aber etwas kostspieligen Schaumgummimatratzen von der Kollegenschaft als Hochzeitsgeschenk zu bekommen, ohne Schwierigkeiten erfüllen. Simon übernahm es, auch die ihm aufgetragenen Glückwünsche zu übermitteln, und was da so an Glück gewünscht wurde, das bezog er auf sich selbst, da ein nicht existierendes Brautpaar all das ja nicht nötig hatte. Er selbst jedenfalls kam auf diesen Schaumgummimatratzen ausgezeichnet über den nächsten Monat. Den folgenden Monat überbrückte er mit einer Liste für den Vertragsangestellten Tobias Link, der sich den unzeitgemäßen Luxus eines zehnten Kindes leistete und – nach Simons Behauptung – als Vertragsangestellter keinen Anspruch auf Kinderzulagen hatte. Dem Sammler aber wurde entgegengehalten, daß dieser Vertragsangestellte Tobias Link ja Kindergeld bekomme, und die widerwärtigsten Kollegen im Haus konnten es nicht unterlassen, den Ertrag aus der Familienausgleichskasse hämisch vorzurechnen und dies vor Herrn Schmeller so hämisch zu tun, daß dieser zu bedenken geben mußte, es gehe ja nicht um ihn selbst und um seine Kinder und seine persönlichsten Angelegenheiten, in deren Dienst da

die Mildtätigkeit in Anspruch genommen werde. Der Erfolg dieses zehnten Kindes des Vertragsangestellten Tobias Link war überraschend, sehr zum Vergnügen des Herrn Simon Schmeller, der sich, was den Erfolg betraf, als der Kindesvater fühlte.
Den durchschlagendsten Erfolg aber erbrachte eine Hilfsaktion, die Simon Schmeller inszenierte für die von ihm ebenso erfundene Sekretärin Elfriede Roßmann, nachdem diese Elfriede Roßmann, ein ungewöhnlich hübsches junges Ding, unter die Straßenbahn geraten war und beide Beine verloren hatte. Nach dieser Sammlung freilich kam in dem biederen Sammler etwas säuerlich ein Ahnen von Beschämung hoch, denn diese Methode, ans Mitleid zu gehen, war denn doch zu unschön, um den Sammler sich des Ertrages wirklich freuen zu lassen.
Es kam da noch etwas in Simon Schmeller hoch, als es nun allmählich zur festen Gewohnheit wurde, zwölf und noch mehr Werktage des Monats auf die Tätigkeit der Listensammlungen zu verwenden. Enttäuschung stieg da auf, ein ungeordnetes Gefühl wie von Selbstvorwürfen, ein leichter Gram über die Sammelei, die längst in Arbeit ausartete und ihren Mann beinahe so stark beanspruchte wie einen anderen ein festes Arbeitsverhältnis. Derlei Überlegungen kamen aber nur bis ungefähr zur Höhe des Hemdknopfes empor und wurden dann wieder verschluckt, weil Simon nicht Lust verspürte, sich über das alles hinaus auch noch mit der Mühe des Nachdenkens zu belasten.
Simon Schmeller, weder Beamter noch Vertragsangestellter, mittelgroß und schmal, in seinen geistigen Gaben irgendwie einem Huhn vergleichbar, wurde in den Abteilungen und Referaten allmählich zu einem Begriff, dies jedoch nicht so sehr in seiner milden Aufdringlichkeit, die mancher als lästig empfand, als vielmehr darin, daß er in die kühlen oder dumpfen Räume Menschenschicksale schmuggelte, denen er Anlitz und Gestalt gab, erfundene Schicksale zwar, aber menschlich überaus echte mit Sterben und Heiraten, Kindern und Alltagstragödien, an denen sich das tätige Mitleid gern übte, nachdem es der Hilfsbereitschaft eine mürrische Einleitung gegeben hatte.
Obgleich Simon Schmeller weder Beamter noch Vertragsangestellter war, nur ein müßiger Flursteher, der mit zunehmendem Alter immer mehr Wärme benötigte, überlebte er drei Minister, die ihn alle persönlich kannten und beim Begegnen in den Korridoren immer ein Lächeln, beinahe so etwas wie ein Lachen für den unbedeutenden Mann übrig hatten. »Ah, guten Morgen auch!«
Unter der Regierung des vierten Ministers, an einem milden Nachwintertag, während das müde Gehirn eben ein neues Schicksal entwarf, erlitt Simon Schmeller, an einen Heizkörper gelehnt, einen Schlaganfall und sank wortlos, den Aktendeckel in der Hand, zu Bo-

den. Bei all den Leuten, die sich vor der Zeit bis zu völligem Verbrauchtsein abgehetzt hatten, nannte man diese Art des Abgehens aus dem Arbeitsbereich im Volksmund einen Herzinfarkt.
Mangels einer anderen Liegegelegenheit bettete man den Sterbenden auf die Couch im Zimmer des Staatssekretärs, der eben abwesend war, und später, da seinetwegen die Regierungsgeschäfte nicht ruhen durften, auf ein Feldbett im Landesbauamt, um ihn dann – denn auch am dritten Tag wußte noch niemand, wie dieser Mann hieß und wo er wohnte – weiter von Abteilung zu Abteilung herumzureichen, bis er nach vier Tagen dem Schlaganfall erlag, ohne noch etwas über seine Person und über seine Funktionen im Ministerium ausgesagt zu haben.
Er war nie viel gewesen und hatte keinem etwas bedeutet. Man wußte so wenig seinen Namen wie seinen Rang. Er war nur ein Mensch gewesen, der mit seinen Sammellisten daran gemahnt hatte, daß Menschen mit allen Möglichkeiten des Schicksals hier zusammenlebten. Als man für die Kosten seines Begräbnisses eine Liste in Umlauf setzte, kam ein Vielfaches von dem ein, was die Sekretärin Elfriede Roßmann eingebracht hatte. Man begrub ihn stattlich, und in den Kränzen vor allem machte es sich an ihm bezahlt, daß er mitgebunden hatte an anderer Leute Sterbekränzen. Und es blieb nach dem Begräbnis eine Menge übrig – an Geld, für das sich im Sinn des Toten keine rechte Verwertung mehr gab, an Mitgefühl und an ungelösten menschlichen Problemen.

JOSEF MARTIN BAUER

Aufregung in der Vorstadt

Oben auf dem Schuppen des Schlossermeisters Dirrschädl saß Dankerls entflogener Kanarienvogel. Als der junge Xaver Dankerl mit dem leeren Käfig atemlos im Hof erschien, umstanden den Schuppen schon die ersten Kinder. Und als Xaver auf die Hofmauer kletterte, um sich zum Dach des Schuppens vorzupirschen, öffneten sich die ersten Fenster. Hansi hörte plötzlich eine bekannte Stimme hinter einem bekannten Käfig: »Hansi, ja wo isale denn mei' Hansi!? Ja, da wird ja da Hansi dreckig. Mag er denn net ins Häusi geh'?«
Xaver pfiff und streckte den Zeigefinger vor, in den der Vogel immer so gerne biß. Auch jetzt riß dieser das Schnäblein auf. Aber so nahe, daß er beißen konnte, wagte er sich nicht herbei. Xaver rutschte weiter, den Käfig vor sich herschiebend.

»Pfeif eahm nomoi, Xaverl, der geht na scho näher her. Der kennt sei' Häusl, dees siehgt ma ja«, hörte er die dicke Frau Wimbauer. Von oben herab, von irgendeiner Altane, erreichte ihn der Rat: »Es is g'scheiter, wenn man 's Häusl allein stehen laßt. Da gehn s' lieber hinein.«

Der Vogel sperrte noch etliche Male sein Schnäblein auf. Als sich Xaver zurückzog, hüpfte er tatsächlich näher.

Plötzlich besann er sich anders. »Auweh – Sakra – Jessas na!« klang es von allen Seiten. Hansi flog auf das Ahornbäumchen drüben im andern Hof.

Der junge Dankerl knirschte, ohne sich seinen Ärger anmerken zu lassen. Die Hände klebten schwarz und schmierig, desgleichen Hosenknie und Weste, und beim Hinunterspringen auf die andere Seite trat er auch noch mit dem einen Kamelhaarhausschuh in eine Pfütze, daß das Wasser durch die Sohle drang und der Dreck oben hineinspritzte. Die Kinder, die sich rasch vermehrt hatten, kletterten ihm munter nach. Frau Wimbauer zog den Umweg durchs andere Haustor vor. Verlassen thronte der leere Käfig auf dem Schuppen.

Drüben war alsbald klein und groß versammelt.

»Schad, daß 's jetzt net regnet, sonst könnt' er nimmer flieg'n«, bedauerte Herr Dirrschädl. »Und heut nacht hat's grad runterg'schütt'.« Er verfolgte die Sache von seinem Abortfenster aus. Nein, es regnete nicht. Die Wolken hingen nur grau und schwer über den Häusern.

Als die Schar der Verfolger wuchs, wechselte Hansi abermals sein Ruheplätzchen. Er verließ das so schnell ungemütlich gewordene Bäumchen, schwang sich hoch empor, zwei Stock hoch, um sich an einer Wasserröhre des gegenüberliegenden Hauses niederzulassen.

Eine helle, scharfe, weithin schallende Stimme zerriß das debattierende Gemurmel der Umstehenden. Frau Dankerl war herbeigeeilt, nachdem sie die Kunde im Gemüseladen der Frau Kaisinger überrascht hatte: »Jessas, Jessas, laßt ma der den Vogel aus! Ja, wia ko ma denn den Vogel auslass'n. Weil der nie obacht gibt, weil der oiwai seine Gedanken ganz wo anders hat. Ja, den Vogel wenn i nimmer kriag. Ja, der is scho hin. Ach God, da drob'n sitzt a. Hansale! Da friert's 'n ja. Dees is no mei' Oanzigs gwen. Sunst hab i a so nix g'habt. Laßt ma der den Vogel aus. Hat se oiwai so nett auf d'Fensterstangerl hing'sitzt. 's Fenster muaß er aufmacha!«

»Der is ja durchs Schlafzimmerfenster 'naus«, verteidigte sich Xaver und ging sogleich zum Angriff über: »Ich hab 's Fenster net aufg'macht. Red doch net! Ich konn do net riacha, daß du 's Schlafzimmerfenster auf hast. Bei dem Weda!«

»Ja, was muaßt denn du d' Tür zum Schlafzimmer aufmacha? Was

tuast denn du überhaupt im Schlafzimmer drinn? Wirst ma scho wieder alles durcheinander g'ramt ham.«
»Du hätt'st ja grad 's Fenster vom Schlafzimmer net aufmacha braucha. Na hätt' er net 'nausflieg'n könna.«
»Hundertmal hab i schon g'sagt, laß ma den Vogel net oiwai 'raus. Dees derf ma eahna net o'gwöhna. D' Frau Kloiber hat vier Vögel, wenn die oiwai in da Küch' rumfliegert'n.«
»Schuld bist ja du. Was mußt du bei dem Weda 's Schlafzimmerfenster aufmach'n.«
»Regts Euch net auf«, vermittelte Frau Wimbauer. »D' Frau Weinzierl läut' bei der Frau Scheuchenpflug an. Bei ihrern Fenster sitzt er ja.«
»Wenn i den Vogel nimmer kriag. Is no mei' Oanzigs gwen!«
Bald darauf öffnete eine ältere Frau vorsichtig ein Fenster im zweiten Stock, einen Schmetterlingsfänger in der Hand.
»Müaß ma Ihna aa no plag'n, Frau Scheuchenpflug, i rewaschier mi scho wieder. Da Maxl kriagt a Tafel Schokolad«, rief Frau Dankerl. Aller Augen richteten sich zum zweiten Stock hinauf, wanderten unablässig von dem gelben Pünktchen an der Röhre zum Schmetterlingsfänger und zurück. Alles war gefesselt: die unten im Hof Stehenden und die an den Fenstern und auf den Altanen. Einige waren ganz dem dramatischen Augenblick hingegeben. Andere wieder schmunzelten und freuten sich insgeheim über jeden Mißerfolg.
Nur Frau Dankerl vermochte sich nicht zu konzentrieren: »Laßt ma der mein Vogel aus. I bin ja ganz auseinander. Der is scho hin!«
Ihr Jammerruf hallte weithin im ganzen Stadtviertel.
Frau Scheuchenpflugs Hilfsaktion mißlang. Als Hansi diese merkwürdige käfigartige Haube an der langen Stange erspähte, suchte er vorsichtshalber das Weite: Er flog unter entsetzten, verblüfften und schadenfrohen Begleitrufen zwischen zwei Häusern aus dem Hof hinaus und entschwand den Blicken der Verfolger.
»Jetzt is a furt!« – »Jetzt hab'n ma'n g'sehn.«
»Jetzt is a zum Teifi.« – »I glaub nimmer, daß 'n no kriag'n.«
»Jetzt is der Hansi furt. Gibt's denn dees aa? Drei Jahr ham ma den Vogel g'habt und is eahm nix passiert. Und jetzt muaß 'n der 'rauslass'n.«
»Ich hab'n doch nicht 'rauslass'n! Wer hat denn 's Fenster aufg'macht?«
»Kaum geh i fünf Minuten weg, is scho da Teifi los. Konnst net aus'n Haus geh. Ja, reut mi der Vogel.«
»Man hängt an einem solchen Tierl. I weiß, wie's bei mir war. Der Unsrige is uns vorigs Jahr eingangen. In meine Arm is er g'storben. Mir hab'n alle die Augen voll Wasser g'habt.« »Mei' letzter aa. Wia

der kaputt ganga is, hat a mi so sinnlich o'gschaut. Quasi, konnst ma du aa net helfa. Na hab i'n rausto aus'm Häusl. Und grad herdruckt hat er se zu mir. Und der is wieder genau so hoamlich gwen. Jetzt is a furt. Kimmt ma koaner mehr rein in d' Wohnung. Dees waar oiwai a Aufregung.« »So ein Viecherl is einem oft lieber wie ein Mensch. Mir ham amal Meerschweindl g'habt . . .«
»Frau Dankerl, Frau Dankerl! Eahna Kanari is bei die Alleebäum vorn!« unterbrach der kleine Scheuchenpflug Maxl die Nekrologe und leitete damit eine neue Jagd ein.
Frau Wimbauer entsann sich nochmals einer Kriegslist:
»Schick zu da Frau Kloiber nauf, Danklin. Die hat zwei Manndl. Wenn die den Käfig mit die zwoa Manndl untern Baum hinstellert und an Weibi lock'n dat'n, na gang a vielleicht zuawa.«
Frau Kloiber erschien alsbald hilfsbereit mit ihren Harzern. Es ging hinüber zu den Alleebäumen.
»I gib Ihna schon a paar Eier, Frau Kloiber. I rewaschier mi scho. Sie ham aa no a Plag. Kimmt ma koa Vogel nimmer rein. Ooiwai die gleiche Gaudi . . .«
Xaver hörte noch lange seine Mutter. Er beteiligte sich an der weiteren Jagd nicht mehr. Er hatte die Hoffnung aufgegeben. Außerdem genierte er sich vor den Leuten:
»Wir führen ja das reinste Kasperltheater auf. Was denka sich denn d' Leut? Was muß die bei dem Weda 's Schlafzimmerfenster aufmach'n.«
»Vielleicht geht er doch auf dees Locka von die zwoa Manndl«, meinte Frau Wimbauer, die sich Xaver anschloß. Von der Straße herauf ertönte ferner und ferner Frau Dankerls aufgeregtes Organ.
Nach einer Stunde etwa läutete sie unten an der Hausglocke Sturm und schrie im Stiegenhaus nach dem Käfig. Ja, der Vogel sei jetzt gefangen. Der sei schon so matt gewesen, daß er nicht mehr habe fliegen können, und da habe der Obermeier Pepi seine Joppe drauf geworfen. Der Xaverl soll gleich eine Mark mitnehmen, denn das habe sie dem Obermeier Pepi für den Fall versprochen, daß er den Vogel erwische. Erschöpft kam Frau Dankerl von der Expedition zurück: »War da dees a Aufregung. Da ganze Vogel is dees net wert. Konn a so net singa. Der kost' mi jetzt grad zwoa Mark. Jetzt muaß i da Kloiberin a paar Eier geb'n und ham nix g'nützt, ihrerne Vögel. Der is gar net hinganga dazu. Der hat s' net o'gschaut! Und dem Scheuchenpflugbuam muaß i aa a Tafel Schokolad kauf'n. I sag's a so. Um dees Geld hätt ma zwoa neue Vögel kriagt. Singt koan Stutz'n net. Kimmt ma koaner mehr eina. Gell, Hansi. Friern tuat's 'n. Muaß eahm gleich a frisch's Fuader geb'n. Der hat Hunger kriagt, der arm' Kerl.«

WILHELM LUKAS KRISTL

Ereignisse

Neujahrsglückwünsche
Gspannt bin i ja, was da alls drinsteht!

Muttertagsausflug
Gfallt's da – Mamma?

Schuleinschreibung
Geh rei' – jetzt brauchst ja no ned brav sei'!

Tag der offenen Tür
Wann S' zehn Minuten warten, kenna S' mi aa bei da Arbat sehng . . .

Der Hundshandel

Der Herr Huber hat sich ein Häus'l gekauft und will nun einen Hund dazu. Deshalb geht er zum Hundshandler Maier.
»Habe die Ehre, Herr Huber!« sagt der Maier, »das ist schön, daß der Herr Huber auch einmal meine Firma beehrt.«
»Jetzt da legst di nieder, dös bißl Hundshandel hoaßt der eine ›Firma‹.«
»Was denn sunst«, begehrt der Maier auf, »auch der Hundshandel ist ein wirtschaftswichtiger Betrieb.«
»Solchene Sprüch mag i!«
»Ich als Kaufmann muaß Sprüch macha. ›Sprüch‹ hoaßt in der Sprache des Kaufmanns Reklame.«
»Also meinetwegen hoaßt's wia's mag«, sagt der Huber, »die Sache ist nämlich die und der Umstand der, daß i mir a kloans Häus'l kafft hab und da brauchat i jetzt einen passenden Hund dazua. Zu einem Häus'l g'hört do ein Hund, net wahr?«
»Richtig, des sag i aa, das g'hört sich so, des is wegen der Repräsentation.«
»Also nacha, was ham S' denn für Luader?« fragt der Huber.
»Luader, hab i gar koa – lauter prima Ware, durch die Bank Prachttiere; mein Lager befriedigt sozusagen jeden Geschmack.«
»Jetzt red'n S' net so viel und lassen S' mir liaber amal eahnern Flohzirkus sehng.«
Der Maier stellt sich in Positur: »Die Frage is halt jetzt vor allem die: was möchten Sie denn für einen Hund, Herr Huber?«
»Ja mei«, besinnt sich der Huber, »halt einen Hund, wo man halt so sagen ko – was ma halt so moant, wenn ma ›Hund‹ sagt, net wahr.«
Sagt der Maier: »Dann nehmen Sie diesen Wolfshund da – den kann ich Ihnen sehr empfehlen. – Da geh her, Bello! Schön setzen! Braver Hund! – Schaung S' 'n oo! Koan bessern könna S' gar net kriag'n – so treu und wachsam wia der is, könna S' Eahna gar nix denka, dieses treue Auge müassen S' ooschaung – und g'scheit, sag ich Ihnen, und 's Pratzl geben kann er. Gib dem Herrn Huber dei Pratzl, Bello – net des, des schöne Pratzl muaßt dem Herrn Huber geb'n – so is brav, Bello! – und scharf is der, da wenn Eahna oaner orührt, der frißt'n auf'n Kraut –«
»Was kost er nacha?« sagt der Huber.
Der Maier spielt so leichthin mit den Ohren des Bello: »Des is ein Gelegenheitskauf; diesen Hund gib i net an'n jeden. Weil er halt des oa Ohrwaschl net ganz tadellos tragt, is er billig. Für *zwanzig Mark* können S' 'n ha'm, weil's Sie san.«

»Für zwanzig Mark, no ja – aber jetzt siehg i's selber, des oa Ohrwaschl tragt er net tadellos, des laßt er ja hänga wiara Dackl.«

»Wenn i Eahna als reeller Geschäftsmann net drauf aufmerksam g'macht hätt, nacha hätten Sie's gar net g'spannt. Und überhaupts«, beginnt der Maier seine Überredungskunst, »da braucha Sie ja gar net hischaung, da schaugt man halt nacha des rechte Ohrwaschl oo, des tragt er sehr schön.«

»I konn do net den Hund bloß allaweil von der rechten Seit'n oo'schaung, der draht si do aa amal um!«

»Jetzt will ich Ihnen im Vertrauen was sagen«, sagt der Maier und geht leise an den Huber heran, »Herr Huber, i möcht gar koan Hund, der wo alle zwoa Ohrwaschl so kerzengrad nauf tragt – des is ja langweilig, des kann a jeder. Aber beispielsweise, so ein Hund, wia der, der bietet eine größere Abwechslung, das ist sogar ein Stimmungshund.«

»Ein Stimmungshund«, besinnt sich der Huber, »des is mir neu, des hab i no nia g'hört.«

»Sie als Laie«, erklärt der Maier, »ha'm des freili no nia g'hört, weil der Laie die seelische Seite des Hundshandels nicht in Betracht zieht. Aber deswegen ist dieser Hund doch ein Stimmungshund. Die Sache ist nämlich so: is ma grad amal guat aufg'legt und schneidi beinand und bluati unternehmungslusti, nacha paßt dem Bello sein rechtes Ohrwaschl zu dieser Stimmung: stramm, schneidi, grad guat g'stellt! – Aber, Herr Huber, es kommen doch auch andere Tage im menschlichen Leben, an die muaß ma aa denka, net wahr? Auch solche Tage faßt der aufrechte Mann ins Auge – Tage, sag ich Ihnen, wo oan alles schiaf geht, wo ma miserabel beinand is, wo ma gewissermaßen selber d' Ohrwaschl hänga laßt wiara alter Dackl – da paßt nacha do koa Hund zu oan, der sozusagen grad mit Fleiß seine Ohrwaschl kerzengrad nauf stellt! Da is nacha grad dem Bello sein linkes Ohrwaschl recht, des paßt sich in diesem Fall Ihrem eigenen werten miserablen Befinden an. Verstehen Sie mich jetzt, Herr Huber.«

»Jaja«, sagt der Huber zustimmend, »des waar scho recht, des is freili praktisch, wenn man die Sache von dem Standpunkt aus betrachtet. Es hat alles zwei Seiten im Leben, net wahr. Ich versteh Ihnen durchaus, Herr Maier. Aber« – und der Huber kratzt sich ein bißchen hinter dem Ohr, indes er nachdenklich den Wolfshund betrachtet – »aber, a bißl z' groß is er mir halt für mei kloans Häus'l. Der wenn bellt, fallt ja mei Häus'l ei, nacha nutzt mi der Hund aa nix mehr.«

»Wenn ich Sie recht versteh«, sagt der Maier, »nacha möchten Sie also einen sogenannten ›Halbhund‹, wie der Fachmann sagt«, und er holt, indes er den Bello zurückbringt, einen andern Hund aus dem Zwinger.

»Da geh her, Rußl, braver Hund! – Da nehmen Sie diesen Schnauz, Herr Huber. So was Treues und Wachsames wia der is, kinna S' Eahna gar net denka, und g'scheit, sag i Eahna und 's Pratzl geb'n kann er und scharf is der, könna S' Eahna gar nix denka, da wenn Eahna oaner oorührt, der frißt'n auf'm Kraut. Für *dreißig Mark* könna S' 'n ha'm, weil er doch net ganz rass'rein is.«
»Er is mir eigentlich aa no z' groß«, meint Huber betrachtend, »mei Häus'l, wissen S', Herr Maier.«
»Nacha nehmen Sie diesen Dackl – da geh her, Waldl! So g'scheit wia der is, könna S' Eahna gar nix denka, und wachsam is der und scharf, der frißt oan auf'n Kraut.«
»Der laßt aber alle zwoa Ohrwaschl hänga«, wirft Huber ein, »wenn i jetzt da grad amal ausnahmsweise guat aufg'legt waar, nacha paßt ja der gar net zu meiner Stimmung.«
Der Maier macht mit seinen zwei Händen eine groß abwehrende Bewegung: »Die Ohrwaschl ha'm bei einem Dackl gar nix zu sag'n – a Dackl is so a lustiger Hund, daß sei Herr allaweil guat aufg'legt is, der laßt eine schlechte Stimmung scho glei gar net aufkemma. A Dackl, der is sei Geld allaweil wert – unter *vierzig Mark* kann ich ihn aber net hergeben, der kommt scho sehr genau an einen rass'reinen hi.«
»Is des der kleanst, den wo S' ham?« fragt Huber nochmal.
»Gar kein Schein – da geh her, Maxl, komm schön. Sehng S', des is ein Affenpinsch – so treu und g'scheit wia der is, könna S' Eahna gar nix denka, und wachsam is der –«
»Aber auf'n Kraut frißt der koan mehr«, wagt Huber einzuwenden.
»Alles was recht is«, begehrt nun der Maier auf, »des könna S' bei dieser Größe net verlanga, a jeder Hund tuat halt, was er ko. Dafür ist aber dieser Affenpinsch a ganz großartiger Ratzenfänger.«
Der Huber ist noch nicht zufrieden: »So, Ratzen fangt er – pinscht er nacha Affen aa?«
»Bringa S' halt amal oan hoam«, sagt der Maier grantig, »vielleicht pinscht er'n nacha – Ratzenfanga san aber teuere Hund, der kost genau *fünfzig Mark.*«
»No kleaner ha'm S' koan?«
Der Maier wird ungeduldig. – »Da müassen S' halt dann a Rehpinscherl nehma – des is der kloanst, den i hab. – Komm schön, Fiffi, da geh her. Sehng S', den kann man auf'n Arm nehma, den könna S' in d' Taschen neistecka beim Stammtisch. So a nett's dantschigs Hunderl und so treu, wia Eahna der o'schaugt, und wachsam is er aa, wenn er aa kloa is; für *sechzig Mark* gib i 'n Eahna.«
»Waaas!« braust Huber auf, »jetzt werd's mir aber z'dumm, Herr Maier, Sie wer'n ja allaweil teuerer, je kloaner als d' Hund san!«

»Auf die Größe kommts beim Hund net an«, verteidigt sich der Maier, »dieses Rehpinscherl hat einen prima Stammbaum.«
»Sechzig Mark«, sagt der Maier tiefsinnig, »und is so kloa, daß d' 'n kaam siehgst! Sie, Herr Maier, da hätt ich jetzt noch eine Frage, wenn Sie gestatten. Wo bei Ihnen d' Hund allaweil teurer wer'n, je kloaner als san, und dieser kloane Dreck da sechzig Mark kost, da taat mi jetzt bloß no interessieren: Was kost denn bei Eahna nacha gar koa Hund?«

JOSEPH MARIA LUTZ

Alles wegen der Katz

Es fing damit an, daß der kleine Peppi bei seiner Klavierlehrerin einem jungen Kätzchen begegnete. Von da an gab er zu Hause keine Ruhe mehr. »Mama, d' Freiln Theres möcht mir des Katzerl schenka – derf i's net holn?«
»Mein Ruah laß ma!«
Aber alle Hinweise und Ermahnungen und auch die seltenen Lobsprüche endeten mit der gleichbleibenden Antwort des Peppi: »Mama, kriag i dann die Katz?«
Bis eben in einer weichen Stunde das Mutterherz nachgab und sagte: »Na hol s' halt amal. Wenn s' uns net g'fallt, könn ma s' ja wieder z'rückgebn!«
Der Peppi brauste los. Mit verklärtem Gesicht trug er das leise maunzende Tierchen durch das Großstadtgewühl, natürlich in einem Körbchen, in einem liebevoll ausgepolsterten Körbchen. Immer wieder blieb er stehen und horchte und kämpfte mit der Versuchung, den Deckel aufzuheben und seinen neuen Besitz zu betrachten.
Daheim aber – da flog der Deckel auf, das schwarz-weiß gemusterte Kätzchen sprang heraus und – verschwand unterm Sofa. Die Mutter holte gleich eine Untertasse mit Milch, und dann versuchten beide mit unwahrscheinlich süßen und liebevollen Zisch- und Schnalzlauten das verängstigte Katzerl hervorzulocken. Aber gerade, als ein rosa Schnäuzchen unter dem Sofa vorlugte und ein paar kleine Pfoten sich herauswagten, polterte es draußen auf dem Gang. Der Vater! »Mein Gott, Bua, was werd der Vater sagn!«
»Was is denn los?« war vorläufig das erste, was er sagte.
Die zwei standen verlegen.
»Der Peppi . . .«, sagte die Mutter.
»D'Muatta . . .«, sagte der Peppi.

Und unter dem Sofa lugte eine schwarze Schwanzspitze hervor.
»Da hockt ja a Katz drunten!«
»Ja, der Peppi ...«
»Weil d' Mama gmoant hat ...«
»Seid's den ihr alle zwoa narrisch worn? A Katz kommt mir net ins Haus! Des kanntst du wissen!« Nun, man kann zu Katzen eingestellt sein, wie man will. Die einen gehen für ihre Katze durchs Feuer, die andern machen einen riesigen Bogen, wenn eine Katze auch nur in der Nähe ist. Es gibt Bücher darüber, Knigges Umgang mit Katzen sozusagen.
Der Vater war jedenfalls negativ eingestellt.
»Die Katz kommt sofort aus dem Haus! Sofort! Verstanden?«
In den Augen des Peppi glänzte es naß.
»Mach koa solche Beppn«, sagte die Mutter, »heut kannst as nimma fort tun, da is scho z'spät.«
»Aber morgen in aller Fruah kommt mir des Viech aus dem Haus. A Katz a no!«
Der Vater verließ die Küche und begab sich ins Wohnzimmer. Der Peppi aber hockte wieder vor dem Sofa, angelte das Kätzchen hervor und streichelte es liebevoll. Dabei kullerten ihm die Tränen über die Backen. Es war halt so schön.
Die Mutter sagte: »Jetzt woan net, heut bleibt's amal da. Und morgn wern ma na scho sehn.« Und sie freute sich über die kleine rauhe Zunge, die ihr die Milchtropfen vom Finger schleckte.

In der Früh vergaß der Vater die Katze nicht.
»Daß mir die Katz weg kummt. Mit solche Viecha is ma bloß ang'hängt, die stinka oan die ganz Wohnung voll und macha alles voll Haar.«
Der Pepperl schluckte tapfer und nickte stumm. Weil aber der Vater mittags nicht zum Essen kam, durfte die Katze bis Nachmittag bleiben, und als der Vater am Abend heimkam, war sie halt immer noch da.
»Die Klavierlehrerin war net dahoam, da hab i's wieder mitbracht.«
Der Pepperl wurde rot, das Kätzchen aber saß auf dem Sofa und blinzelte unschuldig.
»Wenn's wenigstens a schöne Katz wär«, sagte der Vater nach dem Abendessen, »eine Angora oder so was. Aber so a Feld-, Wald- und Wiesenkatz.«
Das klang schon versöhnlicher. Die Blicke von Mutter und Sohn trafen sich.
»Hat's euch scho alles vollg'macht da herin, was?«
»Nana, die geht scho schön ins Kistl, ganz brav.«

»So doch! Aber a Kistl habt's ihr scho hergricht, was? I sag euch bloß, des greisliche Viech kommt mir wieder weg!«
»Die is doch ganz nett, Papa, schau, die schwarzen Pfoterln und des lustige Schwanzel. Und wie's nett spielt.«
Der Vater ließ sich herab, eine Papierkugel zu werfen und das Kätzchen rannte hinter ihr her wie ein Mittelstürmer.
»Spuin tean alle jungen Viecha. Aber i mag Katzn net.«
Trotzdem warf er den Papierballen noch ein paarmal und gab der kleinen Katze sogar noch die übriggebliebene Wursthaut von der Regensburger. Eigens aufgestanden ist er sogar deswegen.

Am nächsten Abend versteckten die zwei Verschworenen das Tierchen in der Speisekammer, als der Gestrenge nach Hause kam. Er hatte zwar am Morgen nichts mehr gesagt, aber immerhin.
Ganz mäuschenstill war es am Tisch. Der Vater häutete die Hirnwurst ab. Suchend blickte er sich um. Sein Blick traf nur ernste Gesichter.
»Was habt's denn? Wo is denn die Katz?«
»Die hat der Peppi heut wieder z'rucktragn.«
Einen Augenblick war es so still, daß man den Peppi aufgeregt schnaufen hören konnte.
»No ja«, sagte der Vater schließlich, »so hätt's ja grad net pressiert. War doch a ganz a drollig's Viech. Wenn's a greislich war.«
»Soll i's vielleicht morgen wieder holen?«
»Mir macha doch koa Kaschperltheater net. Is scho guat, wenn's fort is. Zweng meiner hätt's ja schließlich – na ja, jetzt is scho fort.«
Da lief der Peppi hinaus und schleifte das Kätzchen auf dem Arm herein.
»I kenn di doch, Vata«, sagte die Mutter gemütlich, »du tuast ja bloß a so.«
»Herrschaftseiten, halt die Katz net so blöd, du tust ihr ja weh!«
Er nahm dem Peppi das Katzerl ab und streichelte es.
»Derf i's b'halten, Papa?« fragte der Peppi schüchtern.
»Des sigst doch, du dummer Bua!« flüsterte die Mutter.
»Bei eich zwoa is ja doch alles für d' Katz«, sagte der Vater und machte aus der Tageszeitung wieder einen Papierball.

KURT PREIS

Im Straßenverkehr

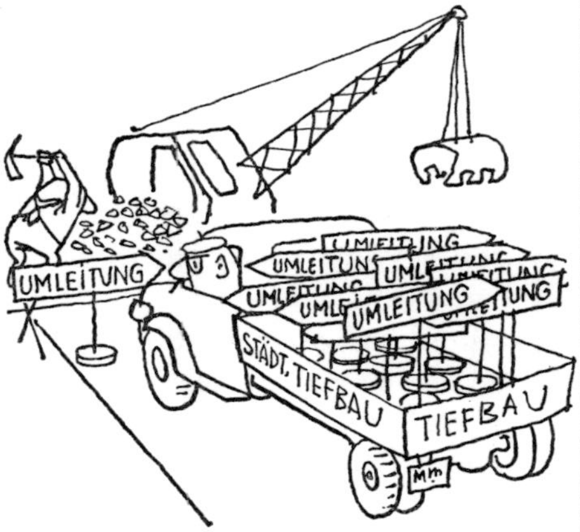

Umleitung
So a Viecherei!

Münchner Begegnung
Ja, wo kommts denn ihr her?

Fremdenverkehr
Jetzt sollt ma halt wissn, was »schleich di« auf Französisch hoaßt.

Verkehrs-Chaos
Des is da Direktor Weidlinger – der laßt si jetzt jeden Tag z'Fuaß von sein Schafför abholn – weil a aso schneller ins Gschäft kimmt, sagt a.

Garten zu verkaufen

Kimmt iatz der no net bald! Um drei ham ma ausg'macht, und iatz geht's scho auf viere! I schlag' scho bald Wurz'ln vor lauter Wart'n! Aus dene Beeta da drüb'n hätt'st aber aa dee Stoana no a bisse ausklaub'n derfa, Wally. Der braucht doch net beim 'reigeh' scho glei sehng, daß ma eahm a Kiesgruab'n statt an Heimgart'n aufhänga! I gras derwei da vorn no a wenig aus! Geh no zua – dee Arwat müaß ma uns iatz scho no macha, wenn ma den Stoabruch losham woll'n!

Wos hoaßt: is ja doch umasonst?! Wenn der net obeißt, na nimmt 'n dee Frau, wo gestern nachg'fragt hot – dee hot nämli an Blumafimmel, so vui i g'spannt hob! Daß d' ma fei ja net dee wuidn Hundsveigerl da hint'n z'ammtrittst – dee brauch' ma als Lockmitt'l!

Herrschaftseit'n, a paar Krokus hätt' ma no schnell eisetz'n soll'n, daß ma wenigst'ns a kloans bisserl wos von a'm Frühlingsahnen sehng taat! Übrig'ns – 's Gart'nhäusl sperrst zua – da machst bloß 's Fenster auf! Dees Gebäude werd vo auß'n besichtigt! Net daß dee vielleicht 'neigeh' woll'n, und es fallt eahna nacha dee ganze Hütt'n überm Kopf z'amm! Derfst di ja bloß mehr a weni hiloahna, na wack'lt der ganze Bau scho in seine Grundmauern! Sollt ma net a Taferl ans Fensterbrett'l hihänga – »Frisch gestrichen« –, daß sie si net draufleg'n –?

Jessas, iatz kimmt s' scho daher! Wos? Naa – *sie!* Der Blumanarr! Host dee Beeta richti entrümpelt? I bin ferti mit'm Ausgras'n! Wos? No ja, da – siehgstas net? Wos – wos war dees? Der Spinat? O pfüat di Gott! Ja is denn der scho aufganga g'we'n? Kruzitürk'n, iatz is dees oanzige Grün, dees wo den Sandhaufa da no a bisse belebt hätt', aa no beim Teufe! No ja, iatz is 's scho wurscht...

Ah – hawe die Ehre, Frau –? Zitzlsberger – ganz richtig! So, Frau Zitzlsberger, iatz kemma S' grod recht – ham S' doch glei herg'fund'n? No ja, is ja wunderbar g'leg'n, der Gart'n! A Katz'nsprung aus der Stadt 'raus – und scho bist mit'n auf'm Land! Oiso, na mach' ma glei amoi an kloana Rundgang durch Eahnan künftig'n Besitz!

Wos woll'n iatz Sie da eig'ntle hauptsächlich obaun? Bluma? Bloß Bluma? Mei, Frau Zitzlsberger, da hätt'n S' es ja gor net scheener derrat'n könna! Speziell für Bluma hot ja dees Grundstück an Humus, daß ma glei' neibeiß'n kannt', so fett is der! Sie derfa ma's glaub'n, Frau Zitzlsberger: a Handvoll Sama wenn S' da draufschmeiß'n, na ham S' in a poor Wocha den reinst'n Botanisch'n Gart'n da heraus – Astern, Rosen, Tulpen, Nelken, Zimt, wos S' Eahna bloß denka könna! Dünger? Frau Zitzlsberger – bei *dem* Gart'n könna S' ruhig *dahoam* auf'n Abort geh' – der is auf Jahre hinaus gesättigt! Wia g'sagt – 'neibeiß'n kannt' ma in den Bod'n, so fett is der! I glaub', wenn ma da bohr'n taat, na stoßat

ma auf pure Odlquell'n! Speziell im hintern Teil, wo mir unsere Radi oiwei g'habt ham, sehng S', da – da hot nämli mei Vorgänger oiwei seine überschüssig'n junga Katz'n vergrab'n – oiso, i sog' Eahna: eine ausgesproch'ne subtropische Vegetation herrscht da, g'wiß wahr! Radi ham mir da 'raus – wia Kindsköpf' – gel, Wally! Wenn Sie da beispuisweise Sonnabluma opflanz'n – ja wos moana S' denn – dee kriag'n ja Köpf', daß S' Eahna unterstell'n könna, wenn's reg'nt! Bitte? Aber selbstverständli – für Regenzwecke is nadirli aa no a Blockhaus da – bloß kömma iatz net nei, weil mei Frau d' Schlüss'l vergess'n hot! Aber Sie könna ja zum Fenster 'neischaug'n – na sehng S' dees Innere vo auß'n aa glei! Wos sog'n S'? Koa Zeit mehr? Bitte? Mit'm Herrn Gemahl no red'n – ja, wia Sie moana, Frau Zitzlsberger! I taat Eahna bloß rat'n, daß S' Eahna möglichst bald entschliaßn – es wart'n nämli scho über a Dutz'nd Inderessent'n auf dees Grundstück! Freili gibt's no mehr Heimgärt'n in dera Geg'nd – aber so oan, wia den da, wer'n S' nimmer leicht find'n! Gel, dees ham S' aa scho g'merkt! Oiso dann auf Wiederschaugn, Frau Zitzlsberger – Sie wiss'n ja, wo i wohn'!
Ek'lhafte Zefern, ek'lhafte! Wenn da so a Gartl net guat gnua is, na pflanzst da deine Orchideen im Kohl'nkübe o! Dee moant, um dees Geld schmeißt ma ihr an Naturschutzpark nach!
So, 's schnei'n fangt's iatz aa no o – dees hot ma grod no g'fehlt zu meiner Seligkeit! Wenn dees so zuatuat, na konn i dem Mo den Misthauffa dahint' als Sprungschanz'n opreis'n! Auf Frühlingsgefühle konn i jed'nfalls nimmer spekulier'n! So, kimmt er scho? Der hätt' aber aa no wart'n könna, bis 's wieder Frühling wor'n waar – auf dee poor Minut'n waar's a nimmer z'ammganga! Zerscht laßt er mi a Stund' lang wart'n – und na kimmt er mitt'n im Winter daher! Mach eahm 's Türl auf, Wally, sonst bleibt's eahm in der Hand, und schmeiß ma'n rei – i wärm' eahm sei Scholl'nsehnsucht scho auf!
So, Herr – iatz kemma S' aber grod no recht! Ganz massig war'n s' heut scho da, direkt g'rauft ham sie si um dees Grundstück – aber i hob s' wieder wegschicka müass'n, weil i ja Eahna scho vorg'merkt hob! Sie, oane war da, dee wollt' Bluma opflanz'n! Bluma! Auf dem Prachtgrund! Naa, liabe Frau, sog i zu ihr, für so a Gokalori is dee Scholle zu schad'! So a Grundstück, wia dees, hot heutzutogs a höhere Mission! Herr schaugn S' Eahna amoi den Gart'n o, und na sogn S' selber, ob der net ausschließlich für'n Vierjahresplan reserviert wer'n muaß?! Sie woll'n doch hauptsächlich G'müas obau'n, ham S' g'sagt? Oiso! Und nur für so wos gib i den Grund her! Dees muaß a fruchtbarer Nutzgart'n wer'n – und koa Vergnügungspark! Da – langa S' amoi dee Erd'n o! Wiar a Mürbtoag so locker is dee! Da könna S' all's obau'n, wos zu Eahnam Leb'nsunterhalt braucha! Vom Supp'ngrea og'fanga

bis 'nauf zu dee Ananas als Nachspeis! Herr – mit dem Gart'n san S' autark! Da konn Eahna d' Großmarkthalle am Huat 'naufsteig'n! Sehng S', sogar an Tabak hob i da heraus scho obaut! Und keinen schlecht'n, Sie! Wenn i den a bisse g'mischt hob mit a'm echt'n mazedonisch'n und i hob na an mazedonisch'n g'raucht und oan vo dem mein'n drunter'to – Sie, da ham S' koan Unterschied kennt! Is ja ganz klar: mit wos ander'm als wia mit Sonna könna s' in Mazedonien dahint' aa net kocha! Und Sonna hot der Gart'n, daß S' oft gor net wiss'n, wohi damit! A poor Breit'ngrad' hin und her spuin da koa Roll'n! Dee Pflanz'n hätt'n wos z' toa, wenn sie si um d' Geographie aa no kümmern müaßt'n! Wichtig is, daß a Gart'n überhaupts a Lag' hot! Und dee hot der!

Wos sog'n S'? Entleg'n? Ja, dees is ja des Wunderbare, Herr! Erscht'ns amoi wer'n Sie net leicht am Marienplatz an Heimgart'n kriag'n – und zwoat'ns *muaß* ja so a Grundstück möglichst weit vom Getriewe der Großstadt entfernt sei – sonst is's ja net echt!! Wiss'n denn Sie, wos dees hoaßt: sein Radi mitt'n in der Natur und auf eigenem Grund und Bod'n ess'n? Ham Sie scho amoi auf eigna Scholle an Rausch hoamtrag'n? Nein! Sie san eb'n entwurz'lt, Herr! Da is's höchste Zeit, daß S' wieder zruckkehr'n zur Natur! Sie ham ja keine Ahnung, wia leicht und unbeschwert daß ma sie unter freiem Himme sauft! Ham Sie scho amoi a venezianische Nacht in a'm Heimgart'n miterlebt? Mit Lampiona – und mit Zithern – und mit a'm Faßl Bier? Herr, i sog Eahna – a Nacht in Haweih is direkt kitschig dageg'n! Mei – wenn i drodenk', wia ma d' Lappalohma g'sunga ham, daß d' Leut vo der ganz'n Nachbarschaft oiwei ganz ergriff'n z'ammg'lauffa san – wenn i drodenk', wia ma letzt's Jahr d' Sonnwendfeier g'halt'n ham und über 'n brennat'n Misthauffa g'sprunga san – wenn i drodenk', wia ma amoi an Spinat mit Bier goss'n ham, weil ma's nimmer trinka ham könna und wiar i mein Rausch zwisch'n dee Kohlrabi ausg'schlafa hob – Herr – nehma S' ma's net übe – aber wenn i ma's so überleg' – naa, i gib den Gart'n doch net her! Naa, i b'halt' nan! Der Gart'n is a Paradies!

WILLY VIERLINGER

Ich bin versichert

»Gnä Herr, der Herr da ist ein alter Freund vom gnä Herrn und laßt fragen –« Auf der Karte stand der Name Roderich Plötz.

»Aber natürlich! Herein mit ihm!«

Und schon saß er mit meiner besten Zigarre auf dem Sofa meines Schreibzimmers. Plötz mit seiner prächtigen Glatze, auf der ein isolierter Petrusschopf zu einem Scheitel verarbeitet war, mit seinem wehenden Feldherrnschnurrbart und der blühenden Röte seines Antlitzes, die nicht allein vom vielen Aufenthalt in freier Luft kam –

»Na und nun sage, alter Freund, in welcher polackischen Grenzgarnison liegst du jetzt eigentlich?«

Ein Schatten auf seinem Heldengesicht.

»In keiner. Abschied genommen. Intrigantes Scheusal von Kommandeuse hat mich weggebissen. Schwamm drüber!«

»Armer Kerl – und was treibst du jetzt?«

Ein grimmiges Hohnlachen. »Ha ha ha! Was ich treibe? – Da?« Er warf mir eine Visitenkarte hin, die anders lautete, als die erste: Roderich Plötz, Rittmeister a. D., Inspektor der Versicherungsgesellschaft Polyhymnia in Schnackenburg.«

Ich wurde kühl! Kalt! Eisig!

»Lieber Alter!« sagte ich, »damit wir uns gleich von vornherein verstehen: ich bin absolut kein Versicherungsobjekt; im vorigen Jahr war einer hier, von einer Lebensversicherungsgesellschaft in Hamburg, beehrte mich mit Besuchen, bombardierte mich mit Briefen, Prospekten, und schließlich, als ich mich hatte breitschlagen lassen, wies die Gesellschaft meinen Versicherungsantrag ab, wegen meiner gesundheitlichen Vergangenheit. Sie hatten erfahren, daß ich im Jahre 1878 ein Zahngeschwür gehabt hatte!«

»Bande!« sagte Roderich.

»Jawohl, Bande! Und da schwor ich mir: Nie wieder!«

»Begreife! Übrigens, wie hieß die Hamburger Gesellschaft damals?«

»Sekuritas, glaube ich.«

»Die Hamburger Sekuritas! Na, ich danke! Die Blase hat mich auch haben wollen, habe aber abgewunken. Bei unserm Fach muß man große Verhältnisse, loyalen Betrieb haben, wie wir. Übrigens das mit dem Zahngeschwür mußt du verstehen. Was Zahngeschwüre angeht, sind die Lebensversicherungen grundsätzlich ablehnend. Man weiß da nicht, was werden kann. Karies, Zahnausfall, beeinträchtigtes Kauen und Verdauen, Magenleiden, Blinddarmgeschichten, Leberleiden, Gallenstein, Karzinome, verschluckte Gebisse – kurz, Risiko sehr groß! Bei uns übrigens hätte das nicht geschadet. Aber du bist ja gesund, Alter! Trag dein Geld auf die Bank! Selbstversicherung – der Effekt ist der Gleiche! Und gegen Unfall bist du ja außerdem doch versichert.«

»Nein!«

»Nicht gegen Unfall? Ei! Ei! Ei! Mit so großer Familie.«

Roderich wurde ernst. Er fing an mit den Fußspitzen zu wippen und

so vielsagend zwischen den Zähnen durchzuzischen, daß ich mich ordentlich zu schämen begann.
Und nun plauderte er von den Gefahren des modernen Verkehrs, von den Neubauten, von welchen Steine und Balken herabfallen, von Theaterbränden, eingestürzten Eisenbahnbrücken, losgehenden Revolvern, rasenden Automobilen, durchgehenden Pferden, entgleisten Schnellzügen, Gasexplosionen – von einem Menschen, dem ein Meteorstein auf den Kopf gefallen war, und von der wachsenden Möglichkeit, daß einem ein Aviatiker auf den Kopf fallen könne.
Roderich wurde weich. Er sprach von trauernden Witwen und Waisen. Von einem blutüberströmten Totenbett und den verklärten Mienen eines Sterbenden, der die Police in der Schreibtischschublade weiß, von gesicherter Zukunft der Kinder, von liebevollem, dankbarem Andenken.
Roderich wurde warm. Er sprach von der alten Universitätszeit, vom Rausch der Jugend und anderen Räuschen, den Sorgen des Alters und der Freundschaft. Er sprach von dem unverdienten Glück, das ich erfahren durch sein rechtzeitiges Eintreten in mein Leben. Er hatte plötzlich die Drucksachen seiner Gesellschaft aus der Tasche gezogen, entfaltete Tabellen und ein etwas schmutziges Notizbuch, addierte, subtrahierte, multiplizierte und dividierte mit schwindelerregender Behendigkeit, zog Wurzeln aus und erhob in schwindelnd hohe Potenzen – und plötzlich hatte er mir ausgerechnet, daß ich für die verächtlich geringe Zahlung von jährlich hundertdreißig Mark mit zwanzig Mark im Tag und xtausend Mark für den Sterbefall mich gegen Unfälle aller Art versichern lassen könne.
Als er ging, hatte er meinen Antrag in der Tasche.
Unter der Türe wandte er sich noch einmal um und fragte: »Wann war die Geschichte mit dem Zahngeschwür?«
»1878!«
»Bande!« sagte er noch einmal voll Verachtung gegen die »Sekuritas«.
Mir war ein Stein vom Herzen. Ich sah ein, wie leichtsinnig ich gewesen, daß ich nicht früher dazu getan. Freigebig aus Schuldbewußtsein, kaufte ich noch am gleichen Tage meiner Frau einen hübschen Theaterkragen und bemühte mich auch sonst, recht nett zu sein.
Nach acht Tagen war Roderich wieder da. Ein wenig verlegen. Ganz so glatt ging es leider nicht. Er hatte sich's gleich gedacht – wegen des vermaledeiten Zahngeschwürs. Die Gesellschaften stehen untereinander in einer Art Kartell und teilen sich solche wichtigen Warnungen gegenseitig mit. Unfallversicherungsgesellschaften sind besonders in bezug auf Zahngeschwüre rigoros. Ein Mensch, der Zahnschmerzen hat, ist Unfällen so leicht ausgesetzt; er denkt nur an seinen Zahn, ach-

tet nicht auf den Weg, gerät unter stürzende Balken, purzelt in Abgründe, bleibt schmerzversunken vor heranbrausenden Schnellzügen auf den Schienen stehen –

Kurz: ehe Weiteres erfolgen könne, müsse ich mich einer gründlichen Untersuchung fügen!

»Meinetwegen!« Ich war schon ordentlich gierig auf die Versicherung und ließ mich untersuchen.

Ein Herr, der nach Jodoform roch, was längst aus der Mode ist, maß meinen Brustumfang, untersuchte meine Mundhöhle, notierte mein Längenmaß und Gewicht und drückte so lange auf jeden einzelnen meiner Rückenwirbel, bis ich quiekste. Ehe ich mich recht besann, war ich am ganzen Leib massiert. Dann entließ mich der Herr mit einer unergründlichen Miene.

Nach weiteren acht Tagen war Freund Roderich wieder da.

Noch verlegener.

Mit meinem Fall sei das recht unangenehm. Der Arzt hätte ja nichts gefunden. Aber ein Zahngeschwür in so jungen Jahren – die Gesellschaft müsse sich vor Verlusten schützen, und ich müsse einen Fragebogen ausfüllen.

Schwupp – war er draußen!

Es war sein Glück, denn ich hätte ihn samt seinem Fragebogen aus der Türe geworfen. So hatte ich Zeit, mich zu sammeln und dann füllte ich den Fragebogen geduldig aus. Sie wünschte u. a. zu wissen, ob ich mit Muttermilch, Amme oder Soxhlet aufgezogen worden sei? Wenn mit Amme, war ein ärztliches Attest über die Qualität ihrer Milch und eine Bescheinigung der betreffenden Gemeinde über ihr Vorleben beizubringen. Es war anzugeben, wie alt, wie groß, wie schwer meine sämtlichen Vorfahren bis ins viertletzte Glied geworden, ob und an was sie jemals erkrankt gewesen seien, was für schlechte Gewohnheiten sie gehabt, ob sie getrunken hätten, wann, wie, was, wie oft, wieviel und warum, ob ich selber trinke, ob meine Geschwister trinken, ob mein Tauf- oder Firmpate Alkoholiker gewesen sei? Ob Geisteskrankheiten in meiner Familie und Bekanntschaft vorgekommen seien? Oder die englische Krankheit? Die Cholera? Die Pest? Das Kindbettfieber? Die Lepra? Beri-Beri? Elephantiasis? Farbenblindheit? Sie wünschten den Durchmesser meiner Impfblattern und meine durchschnittliche Morgentemperatur seit dem Säuglingsalter zu wissen. Ob ich Hühneraugen hätte? Wie viele? Wie dick sie seien? Ob ich meine Haare noch vollzählig besäße? Wenn nein, warum nicht? Und wie viele fehlten? Ob ich verheiratet sei, Kinder hätte, wie viele? Wie viele ich noch zu bekommen hoffte? Welchen Charakter meine Schwiegermutter habe? Was ich frühstücke, Tee, Kaffee, Kakao oder Brennsuppe? Ob ich rauche, und bei wem ich meine Zigarren kaufe? Ob ich autle, radle, jage, fische, schwimme, segle, bergsteige, reise, im Luftballon oder im Aeroplan fahre, auf Stelzen gehe, rodle, turne, schieße, kegelschiebe? Wie lange schon, wie lange noch, mäßig, leidenschaftlich, gut, schlecht? Ob ich Wagnerianer sei? Oder Skatspieler? Oder sonst irgend etwas, was die Nerven aufregt? Ob ich im Reichstage sei oder hineinkommen werde? Oder in den bayrischen Landtag? Ob ich Ansichtskarten sammle? Wie ich bade? Kalt? Warm? Zu Hause? Römisch-irisch? – So ging es weiter noch viele Seiten lang.

Ich konnte nicht ganz einsehen, warum eine Unfallversicherung das alles wissen wollte. Wenn mir ein Dachziegel auf den Kopf fällt, so ist's doch nicht weiter von Belang, ob mein Urgroßonkel mütterlicherseits mal ein Glas über den Durst getrunken hatte? Und wenn mich ein Lastwagen überfuhr, was lag daran, wenn ich als Kind die Schafblattern gehabt hatte? Aber ich schrieb und schrieb. Freund Roderich hatte mir die Vorteile der Unfallversicherung zu rosig geschildert!

Wieder nach acht Tagen war er wieder da.

Heiter, verheißungsvoll von Ausdruck: Die Sache war en marche! Bloß ein paar Kleinigkeiten waren da noch zu erledigen. Ein Vorschuß war zu zahlen behufs Recherche bei sämtlichen Ärzten, die mich jemals behandelt hätten. Namentlich bei dem Zahnarzt von damals, von 1878! Der war tot. Dann bei seinen Erben! Und noch einmal sollte ich untersucht werden. Und die Tauf-, Trau-, Impfscheine und Steuerquittungen meiner sämtlichen Verwandten und näheren Freunde waren einzusenden. Und womöglich Proben von den Zähnen meiner verstorbenen Eltern und Großeltern. Und ein selbstgeschriebener Lebenslauf! Und noch einiges!

Wieder über vierzehn Tage erschien Freund Plötz: Noch eine Bagatelle sei in Ordnung zu bringen: Bei dem außerordentlichen Risiko, das die Gesellschaft angesichts meines verzweifelten Gesundheitszustandes mit mir einginge, müsse ich mich auf eine außerordentliche Erhöhung der Gebühr gefaßt machen. Und dann müsse ich mich auch sonst noch bei der Polyhymnia versichern gegen alles, was sie dort auf Lager halten, gegen Feuer, Haftpflicht, Hagel, Klauenseuche, Schweinerotlauf, Transportschäden, Schiffbruch und Diebstahl!

Auch gut! Ich hatte A gesagt und sagte auch B.

So vergingen Wochen, und jeder Tag brachte Neues. Um meine Unfallversicherungsantragskorrespondenz prompt erledigen zu können, reservierte ich mir die Stunden von acht bis zehn Uhr vormittags ausschließlich für diesen Zweck. Roderich kam noch oft und rauchte von den großen Manuel Garcias. Auch über meine Likörkassette kam er regelmäßig. Die Gesellschaft war in bezug auf meine Vergangenheit

von einer unergründlichen Wißbegierde. Sollte ich einmal so berühmt werden wie Johann Wolfgang von Goethe – das Archiv der Polyhymnia spart den Literarhistorikern jede Arbeit!
Endlich erschien Roderich mit strahlendem Gesicht: »Es ist gemacht! Du brauchst nur noch diesen Revers zu unterzeichnen!«
Ich unterzeichnete eine Erklärung, daß ich mich nie mutwillig in eine Gefahr begeben, mich nie selbstmorden, duellieren, nie mit dem Automobil, einem Luftschiff, einer Rutschbahn oder Looping the loop fahren werde. Ich unterschrieb, daß ich von vornherein auf jede Entschädigung verzichte für den Fall, daß körperliches Übelbefinden, z. B. Zahnschmerzen, mich für die Erleidung eines Unfalles prädisponiert haben sollte.
Ich verpflichtete mich, nie bei Regenwetter oder Glatteis aus dem Hause zu gehen, mein Gleichgewichtsgefühl nie durch Alkohol zu beeinträchtigen, auf keinen Berg zu steigen, mich in kein Gedränge zu begeben und mich von Dynamitattentaten grundsätzlich fernzuhalten.
Ich willigte in eine Karenzzeit von fünfundzwanzig Jahren, während derer ich bloß zu bezahlen und nichts zu bekommen hätte.
Nun war's erledigt.
Gestern erhielt ich die Police und bezahlte die erste Rate. Nicht ohne Seufzen: es zeigte sich, daß mir mit meiner Familie, wenn wir unseren Verpflichtungen gegen die Polyhymnia pünktlich nachkommen, fünfundsiebzig Mark monatlich zum Leben bleiben.
Es ist nicht viel – aber dafür sind wir auch versichert und können der Zukunft beruhigt in die dunklen Augen sehen!
Ich werde Roderich Plötz das nie vergessen!

FRITZ VON OSTINI

Aus dem Gerichtssaal

Xaver Bremsl und sein Löwenparfüm

»Naa, Herr Rat, dera Beschäftigung geh i bloß am Abend nach, am Tag hätt i koa Zeit dazua!« – »So, was treiben Sie denn am Tag«, fragt der Richter. »Da hab i an Karrn für Obst und Südfrüchte, aba wissn S' scho, Herr Richter, 's Geschäft geht net a so wia's sei soll!«
Aus diesen und anderen Gründen also vollzieht sich allabendlich im Leben des Xaver Bremsl eine geheimnisvolle Wandlung. Sobald Venus am nächtlichen Sternhimmel aufgestiegen ist und Jupiter seine glück-

bringenden Aspekte auf die angstgepeinigte Erde herniederschickt, wird Xaver zum Astrologen, der in seinem engen Junggesellenzimmer, über Tabellen, Horoskope und wohlriechende Mixturen gebeugt, vorwiegend der Weiblichkeit seines Viertels zwischen siebzehn und achtzig Jahren den ehernen Spruch der Gestirne verkündet.

»Verstehen Sie denn überhaupt etwas von Astrologie?« fragt der Amtsgerichtsrat. – »Nachat vielleicht net!« ereifert sich Bremsl. »Da kenna ma glei' an Versuch macha!« Und ehe der verdutzte Richter noch abwehren kann, hat sich Bremsl vor ihm aufgebaut, schließt die wasserblauen Augen bis auf einen schmalen Spalt, als befände er sich in Trance. Und den Zuschauern laufen mehrere Schauer über den Rücken. Xaver atmet tief, dann verkündet er mit der Überzeugungskraft eines arabischen Wanderpredigers: »Herr Vorsitzender, Sie san a Stier!« Der Staatsanwalt blickt mißbilligend und überlegt, ob dies nicht einer Beleidigung des Gerichtes gleichkommt, aber der Amtsgerichtsrat steht offensichtlich gerade unter dem Einfluß des jovialen und großzügigen Jupiter: »Da haben Sie sich aber gründlich getäuscht, Herr Bremsl, ich bin Skorpion!« Ein weiterer Versuch Xavers, seine Diagnosen an der reizenden Protokollführerin zu erproben, wird jedoch energisch unterbunden.

»Zur Sache! Sie sollen auch glückbringende Steine und Essenzen an Ihre Kundschaft verkauft haben.« Der Angeklagte blickt verständnislos. Dann geht ein Aufleuchten über sein Gesicht. »Ah so, Sie moana de Barfimer! Ja freile, a jeds Sternzeichen hat doch sei eigns Glücksbarfim!« Und schon zieht er aus seiner Jackentasche einen Glasbehälter, entfernt den Schraubverschluß, und dem Gefäß entströmt ein Geruch, der eine Garde von zehn Freistilringern schwach machen würde.

»Sehng S', Herr Richter«, sagt er, »des is jetzt beischpielsweise für die Löwn!« »Wieso –« beginnt der Staatsanwalt, aber dann fällt ihm gerade noch ein, daß hier sicherlich nicht die Hellabrunner Raubkatzen gemeint sind, sondern jene Glücklichen, die vom 21. Juli bis 21. August das Licht der Welt erblickten.

»Wieviel kostet denn so a Flascherl?« erkundigt sich der Richter. »Billig, sag i Eahna, für a oanzigs Markl gib i's her!« erklärt Bremsl und schaut stolz ob seiner konkurrenzlosen Preise in die Runde. Der Richter jedoch kann nach weiterer Prüfung der wissenschaftlichen Kenntnisse des Xaver Bremsl nicht umhin, diesen wegen Verstoßes gegen den Gaukelei-Paragraphen zu einer Geldstrafe zu verurteilen. »Ich mein immer, Sie standen heute unter dem unheilvollen Einfluß des Saturn«, sagt er, als das Urteil gesprochen ist. Xaver nickt verständnisinnig und schmerzlich.

 Draußen auf dem Gang aber erläutert er bereits einigen ihn umdrängenden bejahrten Frauen die tiefen Zusammenhänge zwischen den Sternenmächten und dem Menschen.

Eifersucht im Mondenschein

»Der werd' i's zoag'n, mir mein Schorschl ausspanna!« So schwur die Kathi ihrer rothaarigen Nebenbuhlerin blutige Rache. Niemand anders als die Nelly war schuld, daß Schorschl, der braungelockte Mechaniker, jetzt jeden Abend einen anderen Vorwand hatte, sich der Gesellschaft der feurigen und liebeshungrigen Kathi zu entziehen. Und was das schlimmste war, auf dem Soziussitz seines Motorrades wehten jetzt Nellys rote Haare im Sommerwind.

Wer Kathis muskulöse Kellnerinnenarme sah, die spielend zehn Maßkrüge auf einmal stemmten, dem mußte um Nellys Schicksal bange sein. Es war eine stimmungsvolle Mondnacht, als Kathi sich der Behausung ihrer Nebenbuhlerin näherte. Ein kleiner Vorgarten grenzte das Anwesen gegen die Straße hin ab, eine stachelige Hecke säumte das Gärtchen. Hinter weitgeöffneten Fenstern hörte man Nellys tiefe Atemzüge. Sicherlich schlief sie den Schlaf der zwar weniger Gerechten, aber im Kampf der Liebe als Siegerin Hervorgegangenen. Rachelüstern schlich Kathi, nachdem sie die Hecke überwunden hatte, durch den Vorgarten zu Nellys Fenster, erklomm die Brüstung und schwang sich in das Zimmer der Feindin. Jäh aus den Träumen gerissen, fuhr Nelly auf und sah sich schreckerstarrt Kathis imposanter Figur gegenüber. Es kam zum Handgemenge. Nach kurzem erbittertem Ringen sah sich Kathi im Besitz eines beträchtlichen Teiles von Nellys roter Lockenpracht und als Siegerin auf der Walstatt. Angsterfüllt war Nelly aus dem Fenster gesprungen und suchte das Weite. Sie fand es nicht. Hart bedrängt von ihrer Verfolgerin, angetan mit einem seidenen Nachthemd, verfing sie sich auf der Flucht in den Zweigen der Dornenhecke und sah sich nun rettungslos den Angriffen Kathis ausgesetzt. Der Mond verbarg sein Gesicht hinter den Wolken und lange verhallten Nellys Hilferufe ungehört im Dunkeln. Kein Schorschl zeigte sich.

Die Mannsbilder, die nach geraumer Zeit zur Hilfe herbeigeeilt waren, weideten sich erst eine Zeitlang an dem ungewohnten Anblick, denn die stachelige Hecke hatte das ihrige getan, um Nellys Reize nur allzu freigebig den Blicken darzubieten. Dann trennten sie die beiden Kampfhennen.

Vor dem Gericht sahen sie sich wieder und maßen sich mit Blicken, die weiland Kriemhild und Gudrun alle Ehre gemacht hätten. Aber Schorschl war kein Siegfried und schien die Lust an den beiden Streiterinnen gründlich verloren zu haben. »Aber das müssen Sie doch einsehen, daß Sie zu weit gegangen sind!« mahnt der Richter die verstockte Kathi, aber die schüttelt nur verbissen die schwarze Haarpracht. »De hätt ma ja bloß mein Schorschl lass'n müss'n, nacha waar ihr nix passiert; des hat's amoi braucht, damit daß s' in Zukunft andere Leit ihre Männa in Ruah laßt.« Da kann man halt nichts machen. Das Gericht findet, daß die Kathi es brauchte, daß ihr ein Denkzettel verabreicht wird. Die dramatische Schlacht in der Dornenhecke sieht sich, übersetzt in die Paragraphen des Strafgesetzbuches, bedeutend weniger romantisch an: Hausfriedensbruch, Körperverletzung, Beleidigung. Es gibt eine milde Gefängnisstrafe mit Bewährungsfrist, aber als der Schorschl nach Schluß der Verhandlung mit der Nelly am Arm das Gerichtsgebäude verläßt, da war es gut, daß zwei Schutzleute in Kathis Nähe standen und wohlwollend zu ihr meinten: »Haltens Eahna z'ruck, Freilein!«, sonst wäre es wohl mit Kathis Beherrschung, aber auch ihrer Bewährungsfrist, schon nach fünf Minuten zu Ende gewesen.

Obstkarren siegt gegen Caracciola

»I brauch mir ja schließlich net von an jeden Deppen an mein Wagn fahrn lassn, net wahr, Herr Richter?« Kreszentia, ihres Zeichens Besitzerin eines Obstkarrens, stemmt die Arme in die Hüften und sieht sich beifallheischend im Saale um. »Das brauchen Sie freilich nicht, aber Sie dürfen auch einen Zeugen nicht als Deppen bezeichnen«, sagt der Richter. »Weil's ja wahr is«, raunzt die Kreszenz und fährt dann in der Schilderung der Ereignisse fort, die sich an einem Herbsttag des vorigen Jahres an einer belebten Ecke der Innenstadt zugetragen hatte.

Damals stand die Kreszenz hinter ihrem Obstkarren und rief mit frischer Stimme ihre Ware aus: »Zuckersüaße Oranschn!« Die Sonne lachte, es blühte das Geschäft. »Des is nacha a so schnell ganga, daß i mi gar nimma richtig erinnern ko«, fährt sie in ihrer Schilderung vor Gericht fort und wischt sich den Schweiß von der Stirne. »I hab grad an Herrn auf an Zehnmarkschein rausgebn ghabt, da hat's scho kracht aa.« Sie spürte einen heftigen Stoß in ihrem Rücken und saß Sekunden später zwischen den Zuckersüßen, auf ihren Knien lag die Tafel mit der Aufschrift »3 Pfund nur 1,20«. Unter sich fühlte sie den Saft zerquetschter Früchte, über sich erkannte sie das verbogene Vorderrad eines Motorrades. Ihr schräg gegenüber saß ein junger Mann, der, gerade aus einer kurzen Ohnmacht erwachend, mit erstaunten Kinderaugen in die Welt sah. Sie aber sprach zu ihm: »Du dramhapperter Caracciola, kannst net woanders parkn mit deiner Blechgoaß?! Stehst net glei auf und stellst ma mein Wagn wieder auf!« Ein Münchner hätte aus diesen derben Worten noch einen leisen Unterton von Versöhnlich-

keit herausgehört. Aber Freddy stammte aus nördlichen Gauen. Er war mit seinem Motorrad gemeinsam mit Braut Gitta auf Urlaubsfahrt in den sonnigen Süden. Vorläufig jedoch saß er im Orangenbrei fest. Freddy warf einen Blick auf die leicht zerknitterte Motorradbraut und raffte sich zu einer Entgegnung auf: »Wollen Sie mich etwa beleidigen? So sind die Bayern, immer gleich mit der Grobheit.«
Befand sich Freddy ohnehin schon in einer schlechten Ausgangsstellung, jetzt war seine Lage unhaltbar geworden. Kreszentia raffte sich auf, die Reste ihrer Zuckersüßen troffen von ihrem Gewand. »Sie Zigarettnbürscherl, Sie windigs, moana S', Sie müassn Eahna recht aufblasn vor Eahnam Flitscherl?! Eahm schaug o, hab i zu eahm gsagt, Herr Richter, kaum is a ausn Kinderwagl aussagschloffa, mecht a scho an Rennfahrer schpuin! Des hab i eahm ganz ruhig vorghaltn, Herr Richter, aber er hat si durchaus gar net rührn lassn.«
»Und dann haben Sie sich zu Tätlichkeiten hinreißen lassen?« fragt der Richter. – »Was hoaßt Tätlichkeitn? I habn halt a bisserl mit meine Oranschn massiert«, räumt Kreszentia ein. »I hätt mi ja vor de Leit schama müassn, wenn i ma des hätt gfalln lassn.«
Nach den Aussagen eines Zeugen sah die Massage folgendermaßen aus: Kreszentia packte Freddy an den Haaren und drückte seinen Kopf so lange in die Orangenmarmelade, bis er das Aussehen einer kandierten Frucht hatte. Gitta eilte dem Geliebten zu Hilfe und bewarf aus sicherer Entfernung die brave Obstlerin mit ihren eigenen Früchten. Bis endlich ein Schutzmann erschien und der Schlacht ein Ende machte.
Freddy ist seiner mangelhaften Fahrkenntnisse wegen bereits bestraft, der Schaden ist bezahlt. Aus Rache hat er Kreszentia verklagt. Wegen Beleidigung. Gegen Ende der Verhandlung zieht der gegnerische Anwalt seine Klage zurück. Als Münchner versteht er Kreszentias damalige Seelenpein. »Na also«, sagt die Kreszenz, tiefbefriedigt, als sie den Gerichtssaal verläßt. »Wo kaam ma denn da hi?«

WOLFGANG WEHNER

Die Amme

»Es wird notwendig sein, daß Sie eine Amme nehmen«, sagte der Arzt. Ein alter erfahrener Arzt, der das Notwendige stets erst ganz am Schlusse empfahl. Denn wo käme die imponierende Macht der Wissenschaft hin, wenn das Notwendige immer sofort getan würde! Darin liegt ja die hohe ärztliche Kunst, daß sie Hindernisrennen gewinnt, über alle Verhaue, Gräben und Stacheldrähte eines Flusses spielend hinwegsetzt, um das Ziel auf dem schwierigsten Wege zu erreichen; und daß sie den nächsten Weg also erst dann beschreitet, wenn das Rennen schlechte Aussichten zu zeigen beginnt.

Das »Notwendige« demnach war die Amme.

Wir vertrauten dem guten Doktor mit jener blinden Zuversicht, welche guten Menschen eigen ist, die Besorgung dieser Amme an. Anfangs allerdings wollte meine Frau selbst an die Frauenklinik schreiben. Aber der Doktor riet ab.

»Sie bekommen nichts Ordentliches dort«, sprach er. »Wie sollten Sie auch! Es ist die Stätte, wo die Menschen gratis zur Welt gebracht werden, und Sie können sich denken, was für Menschen das sind. Und erst die Mütter! Nein! Sie müssen etwas Extrafeines bekommen! Ein Mädchen aus gutem Hause, das natürlich einen Fehltritt begangen hat. Denn ohne Fehltritt könnte sie ja nicht Amme werden, nicht wahr? Aber doch nur einen vorübergehenden, kleinen, ganz unbedeutenden, und das im übrigen sich nichts zuschulden kommen ließ, gesund ist, gebildet, anständig – höchstens unglücklich. Nun, das Unglück schadet nichts, wenn es ihr nicht den Appetit verdirbt. Ich kenne ein Säuglingsheim in der Stadt, worin prächtige Mädchen ihre Kinder deponieren. Ich werde mich dorthin wenden.«

Wir dankten ihm tränenden Auges, und er wendete sich dorthin.

Am nächsten Tage erhielten wir vom Säuglingsheim die telephonische Nachricht, daß die Amme auf dem Wege sei.

Wir waren glücklich.

Zur bestimmten Stunde waren wir alle drei am Bahnhofe, meine Frau, ich und der Säugling. Festlich gekleidet! Meine Frau hatte einen hübschen kleinen Rosenstrauß mitgebracht.

»Man muß dem Mädchen eine zarte Aufmerksamkeit erweisen«, sagte sie, »die Unglückliche ist doch aus einem besseren Hause!«

Ich trug eine Flasche Wein in der inneren Rocktasche, in der äußeren ein Schoppenglas: »Damit sie sich gleich stärken kann, wenn sie von der Fahrt erschöpft ist; denn die Unglückliche ist doch aus einem besseren Hause!«

Nur unser Säugling hatte nichts mitgebracht als sein hungriges und mageres Gesicht eines alten, blasierten und rasierten Diplomaten, der sich nichts verspricht und nichts ablehnt. So lag er in seinem Steckkissen und schaute gelangweilt zum Frühlingshimmel empor. Ich habe ihn später bewundern gelernt.

Damals aber hatten wir beide nur Aug' und Ohr für den ankommenden Zug mit der Amme.

 Plötzlich störte unsere Erwartungsfreude der peinliche Gedanke, daß

wir kein Erkennungszeichen verabredet hatten. Wir wußten ja gar nicht, wie sie aussah; wie sollten wir sie empfangen?
Meine Frau meinte: »Ich stelle mir vor, sie ist ein schlankes, blondes Mädchen von etwa zwanzig Jahren, das etwas blaß aussieht ...«
»Blaß?!« unterbrach ich sie. »Das wäre noch schöner! Wir können doch keine blutarme Person als Amme brauchen!«
»Aber bedenke doch, so kurz nach der Entbindung ...«
»Papperlapapp, kurz oder nicht kurz, ich bin überzeugt, daß uns die Ärzte kein Mädchen schicken werden, das blaß aussieht. Das wäre ja gegen alle Zweckdienlichkeit: sie kommt doch, um gutes Blut in den Kleinen zu bringen. Und dann: schlank? Ich begreife nicht, wie du erwarten kannst, daß sie schlank sein wird. Im Gegenteil! Sie wird Büste haben. Es gehört doch zu ihrem Metier, Büste zu haben ...«
»Ja, das allerdings. Daran habe ich nicht gedacht«, sprach meine Frau. »Sie wird also ein blühendes, volles, rotwangiges Mädchen sein –«
»Nicht gerade rotwangig, aber von jenem feinen, ein wenig durchsichtigen, doch immerhin rosigen Ton, den Mädchen aus besseren Häusern zeigen, wenn ihnen ein derartiges Unglück zugestoßen ist!«
»Du hast wohl Erfahrung in diesen Dingen?« bemerkte meine Gattin spitzig. »Vielleicht hast du selbst schon solche Mädchen –«
»– zu Ammen gemacht?« erwiderte ich ebenso schnell und spitzig. »Nein! Wie käme ich dazu! Du bist wahrhaftig die erste, bei der ich es versuchte – und es ist mir nicht gelungen, wie du weißt ...«
Siehe da, nun hätten wir uns beinahe gestritten, meine Frau und ich. Schon zogen Zeichen des Gewitters an den Schläfen herauf; ich beeilte mich daher, ihm zuvor zu kommen.
»Unsinn!« sagte ich. »Wie können wir uns überhaupt über diese Person streiten, die wir gar nicht kennen. Weißt du was? Das beste ist, wir gehen nach Hause und erwarten sie dort. Sie weiß ja unsere Adresse. Weshalb sollen wir uns hier der lächerlichen Mühe aussetzen, unter all den Aussteigenden diejenige zu erraten, die *unsere* Amme ist!«
»Bitte, *Bubis* Amme!« warf meine Frau energisch ein; und plötzlich lachte sie, »nein, wie konnten wir nur so dumm sein! Bubi ist doch das beste Erkennungszeichen, nicht wahr? Es ist doch nicht nötig, daß wir die Amme suchen – sie muß doch uns suchen. Und sie wird jedenfalls gleich erkennen, daß dieses Kindchen hier im Steckkissen ihr Schutzbefohlenes ist!«
Damit war nun allerdings die Frage gelöst Und wäre sie's nicht gewesen, so würde das Rasseln des hereinfahrenden Zuges alle weitere Erörterung abgeschnitten haben. Wir verfolgten jeden Aussteigenden – oder besser jede Aussteigende – mit den Blicken gespanntester Erwartung. Da waren verschiedene Personen: Bauernmädchen mit steifen

Miedern und seidenen Kopftüchern; Landbötinnen mit Hühnerkörben; ein paar Sommerfrischlerinnen in eleganten Toiletten; eine alte Dame in Schwarz; eine reisende Tierbändigergesellschaft in knallroten Blusen oder zweifelhaften Lawn-Tennis-Kostümen; Italiener von einer Eisenbahnkolonie; aber keine Amme. Keine einzige blonde, volle und rosige Dame mit dem Zug des Unglücks im Gesichtchen. Niemand sprang auf uns zu, nahm meiner Frau das Steckkissen ab, küßte den armen kleinen Kerl, der darin lag. Niemand nahm die Rosen in Empfang oder bediente sich meiner Weinflasche. Ich hatte gute Lust, das selber zu tun. Denn nach der hochgespannten Erwartung und ihrer Enttäuschung waren wir selbst in eine Art Schwäche verfallen.
Meine Frau mußte sich sogar setzen.
»Die Amme wird mit dem späteren Zug ankommen«, tröstete ich sie. »Ich halte es sogar für wahrscheinlich. Sie wird den Postzug benutzen, da ihr der Schnellzug zu teuer ist. Bedenke nur: ein Mädchen, das solche Dienste annehmen muß, um sich durchzuschlagen, sieht sicher jeden Pfennig an.«
Rosa nickte.
»Wollen wir auf den Postzug warten? Er kommt in einer halben Stunde. Wir könnten einstweilen einen kleinen Spaziergang in den Park machen. Die warme Luft kann dem Kleinen nichts schaden, und auch dir wird der Aufenthalt nur gut tun.«
Rosa war einverstanden, und so verließen wir den Bahnsteig und gingen in den Park. Wir saßen eine halbe Stunde auf den Bänken umher, dann kamen wir wieder, erwarteten den Postzug und fanden wieder keine Amme. Dann entschlossen wir uns endlich, nach Hause zurückzukehren.
»Die Amme ist da«, sprach das Dienstmädchen, sobald es uns die Türe geöffnet hatte.
»Die Amme ist da?« riefen wir beide wie aus einem Munde, »wo ist sie?«
»Im Salon, gnädiger Herr.«
Wir besitzen einen allerliebsten Salon. Meine Frau hat ihn sich gewünscht, um hier und da Freundinnen bei sich zu sehen, und ihre Eltern haben ihn der Mitgift beigefügt. Er ist mehr ein Boudoir als ein Salon. Die Möbel sind aus Palisanderholz im Stil Louis' XVI. geschnitzt und alle Stühle mit weißem geblümtem Damast bezogen. Der Tisch ist eine besondere Seltenheit. Er stammt aus einem Schlosse Ludwigs II. und war als Spieltisch vom Könige selbst benutzt. Die fein polierte Platte zeigt Embleme der Musik, der Malerei, der Schauspielkunst und der Poesie, mit verschiedenfarbigem kostbarem Holz eingelegt, und meine Frau ist stolz auf dieses Prunkstück. Sie versäumt nicht, es ihren

Gästen zu zeigen. Aber wenn kein Besuch da ist, bleibt die Tischplatte von einer dicken Hülle bedeckt.
Wir stürzten in den Salon. Die Amme war richtig da, nur konnten wir sie zuerst nicht sehen. Sie saß auf dem Diwan hinter dem Tisch Ludwigs II. und war ganz verdeckt von einem großen Maßkruge, der auf der wertvollen blanken Platte stand. Denn die Tischdecke hatte sie zur Seite geschoben, damit sie nicht beschmutzt würde. Ein Teller mit Schinken, einer mit Butter und Käse und ein halber Laib Brot vervollständigten das Stilleben, das jeden Maler sicher erfreut hätte, meine Frau aber fast in Ohnmacht versetzte. Sie schrie: »Mein Tisch!!« und sank in den nächsten Stuhl, unfähig, ein weiteres Wort hervorzubringen.
Allein ihr Schrei war von belebender Wirkung auf das Stilleben. Zwischen dem Maßkrug und dem Laib Brot hervor löste sich ein brennroter Fleck, den ich anfangs für eine Sehtäuschung gehalten hatte, für ein Flammenbild, wie es die Augen auf dunklem Hintergrunde erblikken, wenn man plötzlich aus dem Sonnenlicht in ein Zimmer tritt. Jetzt erkannte ich, daß es eine Bluse war, und dann stand die Person vor mir, die zu der Bluse gehörte. Sie ging ganz einfach und selbstbewußt auf mich zu, maß mich von oben bis unten mit einem einzigen und sicher äußerst sachkundigen Blicke und sagte ruhig, das heißt, ihre Stimme klang wie die eines lang gedienten Wachtmeisters der schweren Reiter:
»Also Sie sind der Herr?«
»Und Sie – und – Sie –« stammelte ich, »Sie sind also – die Amme?«
»Die Amme«, gab sie geschäftsmäßig zurück. »Vom Säuglingsheim ›Innocentia‹ herausgeschickt auf Grund Ihres Telegramms von vorgestern. Hier ist meine Beglaubigung.«
Dabei griff sie in ihre Bluse und überreichte mir ein Papier. Es enthielt die Austrittsbestätigung aus dem Heim und ein kurzes Signalement. Sie war sechsundzwanzig Jahre alt, einhundertfünfundzwanzig Zentimeter hoch, Künstlerin, ledig, katholisch und vor acht Tagen von einem Knaben entbunden. Im Detail aber glich sie einem bekleideten Affenweibchen, das von einem Kamel heruntergesprungen ist. Zwar ihr Gesicht war, von seinem Mulattentypus abgesehen, nicht einmal ganz häßlich. Die Augen und Zähne konnte man sogar hübsch finden. Ein kleiner Schnurrbart auf der Oberlippe hätte den Neid jedes Fähnrichs erregt. Ihr schwarzes Haar à la mode überragte die Stirn wie eine Bärenmütze. Das alles ist schon zuweilen dagewesen. Entschieden eine Sehenswürdigkeit jedoch war ihre Figur. Sie hatte die Größe eines zehnjährigen Mädchens, nur daß Schultern und Hüften von sehr weiblicher Breite waren. Aber so kurze Füße, daß sie wie eine Ente watschelte, wenn sie im Zimmer ging. Ich erinnerte mich jetzt, sie auf dem

Bahnhof gesehen zu haben, doch nie hätte ich mir eingebildet, es würde meinem Sohne bestimmt sein, am Busen dieses Scheusals zu liegen. Wenngleich er bei näherem Zusehn nicht ungeeignet erschien. Der rote Stoff der Bluse wogte nämlich bei jeder Bewegung wie die Meerleinwand eines Vorstadttheaters bei der Parole »Sturm«, wenn sie von fünf kräftigen Männern auf und nieder gehoben wird.

Das alles überblickte ich natürlich in wenigen Sekunden. Dann sah ich mich um, ob meine Frau schon zu sich gekommen wäre. Sie war es. Sie erhob sich, das Baby auf dem Arme, aus dem Stuhl und frug nun ihrerseits: »Also Sie sind die Amme? Wie sind Sie denn hierhergekommen?«

»Mit dem Schnellzug (bitte!).«

»Aber haben Sie uns denn gar nicht bemerkt? Ich bin mit meinem Mann und dem Kleinen auf dem Bahnhofe gewesen, um Sie zu erwarten –«

»Ich habe Sie für ein Kindermädchen gehalten, (bitte!).« Damit hatte die Amme meine Frau wieder für einige Minuten sprachlos gemacht, ich nahm daher die unterbrochene Unterhaltung weiter auf: »Sie sind Künstlerin, wie hier steht. Darf ich fragen, welche Kunst Sie ausüben?«

»Ich bin die ›Dame ohne Unterleib‹ (bitte!). Sie haben gewiß schon von mir gehört und meine berühmte Pièce gesehen. Ich präsentiere mich als Büste auf einer schwebenden Glasplatte, die von allen Seiten beleuchtet wird, damit man sieht, daß kein Schwindel nicht dahinter ist.«

Das hatte ich allerdings schon irgendwann gesehen. Aber das Bewußtsein, einer Dame ohne Unterleib persönlich gegenüberzustehen, machte mich doch einigermaßen verwirrt. Sie bemerkte es und lächelte gütig: »Amme bin ich nur vorübergehend. Ich kehre jedesmal gerne zu meinem Beruf zurück.«

Ich stammelte: »Jedesmal? Es ist also – es ist demnach nicht – – nicht das – – das erste Mal, daß Sie . . .«

»Nicht im geringsten«, sprach sie. »Im Gegenteil! Es ist heuer das – warten Sie mal –« sie zählte an den Fingern ab – »das sechste Mal, ganz richtig! Aber das ist ja gerade das günstige für Ihren Fall, nicht wahr? (bitte?)«

Ich war überzeugt, daß es das günstigste sei. Meine Frau schien allerdings noch an das schlanke, blonde und blasse Mädchen zu denken, dem es zum ersten Male passiert ist. Ich sah, daß eine gelinde Wut in ihr aufstieg.

Sie rief: »Wie? Und eine solche Person schickt man mir als Amme heraus? Eine Dame ohne Unterleib, eine . . .«

»Beruhige dich doch, Rosa!« unterbrach ich, »es ist ja nicht so schlimm. Die Dame hat es doch sechsmal bewiesen, nicht?«

 Und die Dame ohne Unterleib sprach brüsk und kühl: »Wenn es Ihnen

nicht recht ist, so reise ich einfach wieder ab. Die Rechnung wird Ihnen vom Säuglingsheim gestellt werden (bitte!).«
Das wirkte wie ein kalter Wasserstrahl auf meine Frau. Sie zog gelindere Saiten auf.
»Wie heißen Sie denn?« frug sie einlenkend.
»Mit meinem bürgerlichen Namen: Käthi Wurzelgraber, (bitte); in meiner Künstlertätigkeit: Fee Aventrosa, die schwebende Sylphide der Nacht.«
»Dann wollen wir Sie doch lieber Käthi nennen«, warf ich ein. »Es ist kürzer, und nachdem Sie bei uns doch nur in Ihrem bürgerlichen Beruf als Amme tätig sind, wohl auch passender –«
»Nennen Sie mich einfach Fräulein!« entschied die schwebende Sylphide der Nacht, »und erlauben Sie nun, daß ich mein Frühstück fertig verzehre! Es war mir auffallend, daß nichts für mich vorbereitet war, Gott sei Dank bin ich solchen Situationen gewachsen und habe mir daher gleich eine Kleinigkeit servieren lassen.«
Sie kehrte ruhig hinter den Tisch zurück, goß sich einen tüchtigen Schluck hinter die Binde und begann sich in Butter und Käse gütlich zu tun. Eine Zeitlang hörte man nur ihr wohlgefälliges Schmatzen, dann erklärte sie uns gütigst unter fröhlichem Kauen das Folgende:
»Ich möchte Ihnen gleich mitteilen, wie meine Ernährung zu regeln ist, (bitte), denn es ist wichtig für die Ernährung des Kindes, das Sie mit mir füttern wollen. Also: morgens acht Uhr bekomme ich eine Schüssel Milch mit Sahne, Butter, Honig und gutem Weizenweißbrot; um zehn Uhr ein zweites Frühstück aus Eiern, Fleisch, Kompott und einer Flasche Rotwein; um zwölf Uhr Suppe, Fleisch, Braten, Gemüse, Dessert und Obst oder Käse. Dazu trinke ich am liebsten Bier, einen Liter. Um zwei Uhr Kaffee mit Backwerk, Honig und einigen Semmeln. Um vier Uhr kaltes Fleisch mit süßen Beilagen, genügend Wein, manchmal auch Bier, ich werde es Ihnen schon sagen. Um sechs Uhr erstes Abendessen, warm, mit Geflügel, kalten und warmen Beilagen, weichen Eiern und einer Flasche Rotwein. Um acht Uhr zweites Abendessen, warme Mehlspeise mit Tee, belegten Brötchen und zum Schluß einen guten Likör.«
Sie schwieg und schien nachzudenken, ob sie nichts vergessen habe.
»Um zehn Uhr wünschen Sie dann nichts mehr?«
»O doch! Für die Nacht soll etwas kaltes Fleisch, Pastetchen und dergleichen bereit gestellt sein und ein Gläschen guter alter Sherry, da ich sonst Schwächen bekomme. Nachts ist mein Magen besonders empfindlich. Außerdem muß beständig bei Tag und Nacht ein Glas frischer Milch auf meinem Nachttischchen stehen, denn Milch ist, wie Sie wissen werden, das beste Mittel, Milch zu erzeugen. So!« erhob sie sich, »und

nun weisen Sie mir (bitte), mein Zimmer an« – sie trank den Maßkrug aus –, »die Reise hat mich erschöpft, und ich möchte etwas ruhen.«
»Wollen Sie nicht das Baby vorher ansehen?« wagte meine Frau noch schüchtern einzuwenden.
Aber die schwebende Sylphide der Nacht watschelte bereits ebenso stolz als energisch zur Türe und sprach, ohne sich umzusehen: »Jetzt noch nicht. Es hat ja Zeit, (bitte)!«
Wir ließen sie durch das Dienstmädchen aufs Zimmer führen, denn wir waren beide mindestens ebenso erschöpft wie die Amme. Besonders meine Frau konnte sich nicht trösten, sowohl wegen des mißhandelten Tisches als der Zwergfigur. Ich erklärte ihr zwar wiederholt, daß diese letztere keinen Einfluß auf das Wachstum unseres Jungen ausüben würde, denn schließlich hätte er den Körper ja doch von uns empfangen und nicht von der Amme. Was aber die Ernährung anlange, so schienen die Verhältnisse günstig zu liegen. Die Ausbildung der betreffenden Organe erwecke volles Vertrauen. Es müßten wahre Hochalmen sein: immer Milch zu bekommen.
»Jedenfalls«, sagte ich, »haben uns die Ärzte auch aus diesem Grunde das Mädchen überwiesen. Denn tatsächlich kommt's ja nicht auf die Hülle an, sondern auf die Fülle. Daß sie es bereits fünfmal geübt hat, kann uns nur angenehm sein. Eine Jungfrau wollten wir uns ja nicht engagieren.«
»Allein der Doktor versprach uns doch ein Mädchen aus besserem Hause.« Frauen verzichten ungern auf erträumte Ideale.
Ich tröstete sie mit dem Hinweis, daß bessere Mädchen als Feen und Sylphiden überhaupt nicht existieren. Schließlich hatten wir uns so weit beruhigt, daß es uns nützlich und notwendig deuchte, die Sache zu nehmen, wie sie war, und uns mit der Amme auszusöhnen.
Das wurde uns allerdings etwas schwer gemacht. Gerade als meine Frau ihren Tisch von Bierflecken gereinigt hatte, als ich meine Weinflasche verstaut und Bubi trocken gelegt hatte – ich bin für diese Dienste ehrenamtlich angestellt –, als Bubi zu jammern und hungrig das Mündchen aufzureißen begann, klingelte es heftig aus dem Zimmer der Amme, und wir stürzten beängstigt in den Korridor hinaus. Was war passiert? Gottlob nichts. Die Amme lag im Bette, bekleidet mit einem durchbrochenen Spitzenhemde, und hatte nach dem Kindermädchen geklingelt. »Wir haben kein Kindermädchen«, entschuldigte sich meine Frau, »wir dachten, Sie würden selbst . . .«
»Ich? Bitte! Ich bin die Amme! Wer soll mir denn das Kind bringen, wenn ich zu Bette liege; denn ich lege stets die Kinder im Bette an die Brust! Wer soll das Kind trocken legen, baden, anziehen und spazieren tragen, bitte?!«

»Das haben wir nicht gewußt – das haben wir – nicht gewußt –« stießen wir zerknirscht hervor, und ich wagte beizusetzen:
»Wenigstens spazieren getragen werden doch Kinder gewöhnlich von ihren Ammen . . .«
»Das verstehen Sie nicht, mein Herr – glauben Sie, daß es mir gut tun würde, wenn ich ein Kind herumtrüge? Glauben Sie, daß ich dann noch stillen könnte? Also, bitte, schaffen Sie sich auf der Stelle ein Kindermädchen an, und dann lassen Sie mir den Säugling bringen.«
Wir waren entlassen. Es gelang uns, nach drei Stunden angestrengtester Umfrage im ganzen Städtchen, endlich ein fünfzehnjähriges Mädchen aufzutreiben, das Liebe zu Kindern haben wollte, und um fünf Uhr nachmittags führten wir es bei der Fee Aventrosa ein.
Sie hatte gut Mittag und zweimal Vesper gegessen und lag wieder zu Bett, um den Säugling zu empfangen. Da dieser der Nächstbeteiligte an der Sache war, so erwarteten wir mit großer Spannung, wie er sich benehmen würde. Die Bescheidenheit verböte mir eigentlich, es zu sagen, aber ich muß es aussprechen: ein verständigerer Junge seines Alters ist mir überhaupt noch nie vorgekommen. Er betrachtete sich einen Augenblick das ungeheure Areal, das ihm zur Verfügung gestellt wurde, dann wandte er den Kopf zur Seite, verzog das Gesicht und begann ein fürchterliches Geschrei. Ich glaube, er hätte am liebsten ausgespuckt, aber kleine Kinder sind dazu bekanntlich nicht imstande. Jedenfalls lehnte er das Anerbieten so glatt und unzweideutig ab, als es mit so wenig Ausdrucksmitteln möglich ist. Leider ohne Erfolg. Denn er war ja nun einmal verdammt, Säugling zu sein, wie andere zum Galeerensträfling, und seine Amme war nicht die Person, sich durch irgendeine Kritik aus der Fassung bringen zu lassen.
Sie sprach: »Er geniert sich vor Ihnen, mein Herr (bitte!)«, und gab mir einen energischen Wink, das Zimmer zu verlassen.
Ich hätte nie geglaubt, daß kleine Kinder ein derart entwickeltes Schicklichkeitsgefühl haben, wenn ich es nicht hie und da lesen würde, und so entfernte ich mich gehorsam.
Bald darauf erschienen auch meine Frau und das Kindermädchen. Der Junge hatte sich vor ihnen ebenfalls geniert.
Allein in der Tat hörte bald hernach sein jämmerliches Schreien auf, und als die Klingel aus dem Zimmer der Amme erscholl, zum Zeichen, daß man das Kind wieder wegnehmen könne, lag es wirklich befriedigt und satt in seinem Kissen, und ein paar Tropfen Milch liefen ihm noch weiß und glänzend aus dem Mündchen heraus. Dieser Anblick söhnte uns mit allem aus, was wir bisher an der Amme getadelt hatten, und wir beglückwünschten uns im stillen zu der Akquisition, trotz ihrer Schwierigkeiten.

Deren gab es in den nächsten Tagen noch manche. Vor allem mußte ein zweites Bett im Zimmer aufgeschlagen werden, denn während der Nacht mußte ebenfalls das Kindermädchen da sein, um den Säugling seiner Nährmutter zu überreichen und wieder abzunehmen. Niemand konnte verlangen, daß die schwebende Sylphide der Nacht in der Nacht aufstehen sollte, um zum Kinde zu schweben.
Dann mußte meine Frau in ihren Wäscheschrank greifen, um die Blößen der Fee einigermaßen zu bedecken. Sie behauptete zwar, in ihrem Koffer – einem umfangreichen, aber wenig eleganten Möbel, das im Zimmer stand – befänden sich ein Dutzend der feinsten Hemden, Jupons und Bühnentoiletten, allein sie sei nicht verpflichtet, diese Garderobe für ihren bürgerlichen Beruf zu verwenden, und sie hätte das alle vorhergehenden fünf Male so gehalten, daß ihre Bekleidung Sache der Herrschaft sei. Wir fügten uns also diesem Brauch und statteten sie mit allem aus, was eine Dame ohne Unterleib braucht, um sich zwischenhinein anständig als Dame mit Oberleib zu produzieren.
Am vierten Tage erschreckte sie uns durch ein heftiges Klingeln während des zweiten Frühstücks. Man hatte ihr zum Schinken und Butterbrot nur *drei* weiche Eier gebracht! Sie war darüber außer sich. »Sie können doch kaum erwarten«, rief sie, »daß Ihr Kind genug Nahrung bekommt, wenn Sie die Amme hungern lassen! Die Leute im Hause haben ohnedies schon zu mir bemerkt, daß ich schlechter aussehe. Wenn ich infolge der unzureichenden Ernährung erkranke, müssen Sie mich sechsundzwanzig Wochen im Spital verpflegen lassen (bitte!).«
Das wäre noch schöner gewesen! Wir versprachen ihr natürlich auf der Stelle fünf weiche Eier, und meine Frau eilte selbst in die Küche, um sie nachliefern zu lassen. Es war merkwürdig, wo sie all das Zeug hinbrachte.
Trotzdem begann der Junge nach einer Woche wieder unruhiger zu werden und viel zu schreien. In den nächsten Tagen trat sogar häufig Erbrechen ein, und wir zogen einen Kinderarzt zu Rate. Er untersuchte das Erbrochene und erklärte, daß es von lauter guter, dicker Kuhmilch herrühre. Wir wiesen entrüstet auf unsere vorzügliche Amme und das schwere Geld hin, das sie uns koste, und die Fee Aventrosa war nicht minder empört über die Zumutung, sie gebe Kuhmilch von sich. Allein der Jünger Äskulaps ließ nicht locker, sondern wünschte zu untersuchen. Trotz ihres Sträubens und einer Fülle von Verbalinjurien, mit denen sie den »Quacksalber und Pflasterschmierer« überschüttete, und trotzdem sie mir wegen Schändung ihrer Frauenehre, Mißhandlung, Nötigung und Verleumdung mit Klage drohte, fand die Untersuchung statt und ergab ein überraschendes Resultat: was wir für das Land Kanaan gehalten, war die Libysche Wüste gewesen.

Nun wurde uns auch klar, weshalb sie beständig Kuhmilch auf dem Nachttischchen haben wollte. Sie goß dieselbe dem Säugling aus einer Saugflasche ein, die sie unter den Armen vorwärmte. Diese geheime Saugflasche war der ganze und einzige Apparat, dessen sie sich zu den Produktionen ihres bürgerlichen Berufes bediente. Es war eine einfache Sache, so einfach wie ihre Künstlerpièce, nur daß die Beleuchtung von allen Seiten dabei ausgeschlossen blieb.
Die Folge der Entdeckung war natürlich, daß wir die doppelseitige Künstlerin ersuchten, sofort ihren Koffer zu schnüren und sich nach ihrem Heim zurückzubegeben. Ich besorgte ihr selbst das Billett, denn es ist Bestimmung, daß man für die Amme so lange weiter bezahlen muß, bis sie wieder angekommen ist. Dann meldete ich sie bei dem Direktorium telephonisch ab. Als ich schüchtern dabei einfließen ließ, daß ich eigentlich erwartet hätte, eine ordentliche Person als Amme zu erhalten, wurde mir die Aufklärung, daß eine solche überhaupt keine Amme mache. Trotzdem habe ich später folgendes Inserat in die Zeitung gegeben: »Ordentliche Person als Amme zu sechs Wochen altem Kinde gesucht.«
Feen oder Sylphiden nahmen wir aber prinzipiell nicht wieder.

A. DE NORA

Drei Kaminkehrer aus Blei

Man wußte nicht so recht, wer nun eigentlich der Verlobte von Fräulein Josefine, genannt Silberblick-Jenny, war: der schöne Eduard, den sie wegen seiner Vorliebe für scharfe Schnäpse auch Steinhäger-Edi hießen, oder der Alois, wegen eines leichten Sprachfehlers in Untergiesing als Stotterer-Alisi bekannt. Jedenfalls traf es sich meist so günstig, daß nur einer von beiden ihr Liebe erweisen konnte, weil der andere gerade einsaß. Trat er endlich wieder ans Licht der Freiheit, dann war jedesmal der andere kurz vorher nach Stadelheim abgewandert.
So hätte das bis in alle Ewigkeit fortgehen können, aber wie es der Teufel haben wollte, wurde diesmal der Stotterer-Alisi just zu Silvester aus der Strafanstalt entlassen, ohne daß man vorher den Steinhäger-Edi mit dem Zeiserl-Wagen forttransportiert hatte. So kehrte also der Alois frohen Muts und nichtsahnend in das Appartemang von Silberblick-Jenny heim und fand dortselbst den Edi lässig auf der Couch ausgestreckt, die er (übrigens genauso wie der andere) mit einem blanken Hunderter bezuschußt hatte.

Oh, da hatte freilich Silberblick-Jenny eine bange Minute zu überstehen! Als aber der Edi erfahren, daß jener genauso wie er ein Sohn Untergiesings und noch dazu ein frisch Gedemütigter der Justiz sei, krempelte er seine Hemdsärmel hoch und rief freudig bewegt: »Da muaß i glei no a Flaschn Steinhäger holn, hast ghört vastehst!« Und der Alisi war es hoch zufrieden.

Es wurde ein sehr heiterer, ausgelassener Abend! Nach Mitternacht gossen sie frohvereint Blei, denn für kleine Gelegenheits-Ganoven ist der Blick in die Zukunft womöglich noch interessanter als für die bürgerlichen Kreise. Dreimal griff Silberblick-Jenny in die Schüssel und dreimal holte sie ein Ding heraus, das einem Kaminkehrer mit Leiter täuschend ähnlich sah. Über diesen Zufall fiel Steinhäger-Edi zuerst in tiefes Sinnieren und sagte dann mit schnapsschwerer Zunge: »Hast ghört vastehst, de drei Kaminkehrer müassn a Glück bedeutn, des is a überirdischer Deiterer vom Schicksal!« Nun fing der Stotterer-Alisi zu schluchzen an und gestand, daß ihm die Automatenknackerei zum Hals raushänge, und er möchte endlich, wie es ihm der Anstaltspfarrer anempfohlen, ein nü- ein nü- ein nützliches Mitglied der mensch- der mensch- der menschlichen Gesellschaft werden.

Da wollte Steinhäger-Edi auch nicht zurückstehen und lallte: »Und i mechat a Gschäftsmo wern, a Unternehmer!« – »Aber mir ham koa Betriebs- koa Betriebs- koa Betriebskapital«, stotterte der Stotterer-Alisi. Da ging es auf einmal wie eine Erleuchtung über das Gesicht von Silberblick-Jenny: »Im Kopf muaß mas habn, es zwoa Nußknacker«, sagte sie. »Denkts doch an de Kaminkehrer, de bringa eich des große Glück!« Und obwohl sie, berauscht von ihren Visionen, sturheil auf die Zimmerdecke schaute, glaubte jeder durch die Macht ihres Silberblicks, daß sie ihn ganz persönlich anhimmle.

Zwei Tage später verließen in aller Früh zwei Kaminkehrer das Haus von Silberblick-Jenny. Sie wanderten eine ziemliche Strecke Weges gen Haidhausen und traten endlich in ein Wohngebäude ein, das ihnen kapitalkräftig dünkte. Stiegen auch gleich in den vierten Stock hinauf und läuteten an einer Tür: »Grüaßgood Frau, d' Kaminkehrer waarn da und wünschn a recht a glücklichs neus Jahr!« – »Kemmts ihr zum Kehrn?« – »Naa, bloß zum Glückwünschn!« Die Frau meinte darauf, daß die zwei eigentlich kein Trinkgeld verdienten, weil sie beim letztenmal »wia Saubärn« in der Wohnung gewütet hätten. Aber schließlich gab sie doch jedem zwei Mark, weil der Edi und der Alois reumütig Besserung gelobten. So kassierten sie sich von Stockwerk zu Stockwerk hinunter. Nur einer wachen Rentnerin fielen die neuen Gesichter auf. »Ihr zwoa warts aber no nia da«, sagte sie mißtrauisch. Aber der Edi entgegnete schlagfertig, der Meister habe ihre zwei Vor-

gänger hinausgeworfen, weil sie in den Wohnungen so viel Dreck hinterlassen hätten. »Da hat er recht ghabt«, meinte nun die Alte zufrieden und rückte mit dem Silber heraus.
So ging das Geschäft flott voran. Manche Leute baten, die Leiter anfassen oder dreimal auf den Kehrbesen spucken zu dürfen, weil das Glück bringe. Es wurde ihnen gerne erlaubt. Dann kamen sie in ein Haus, das sie schnell wieder verließen. Dort schimpfte sie eine Hausfrau gehörig aus, weil am Silvestertag bereits ein anderer Kaminkehrer Glück gewünscht hatte. Darauf der Edi: »Sehngs Frau, des is ganz unser Moasta – gunnt de Gselln net amoi des bisserl Trinkgeld und kassiert vorher selber ab.« Und der Alisi meuterte: »Pfui Dei- pfui Dei- pfui Deifi!«
Auch vor Betrieben schreckten sie bald nicht mehr zurück. »Was gibt man denn da im allgemeinen«, hörten sie in einem Büro den Chef seine Sekretärin fragen, und vorsichtshalber gab der Edi gleich selber die Antwort: »Für gewöhnlich kriagt a jeda von uns an Fünferstutzn, host ghört vastehst!«
Ein komisches Erlebnis hatten die zwei schwarzen Kassierer in der Nähe des Ostbahnhofs. Eben wollten sie ein Haus verlassen, in dem sie 25 Mark vereinnahmt hatten, als zwei andere Kaminkehrer den Hof betraten. Der Edi und der Alisi erbleichten unterm aufgeschmierten Ruß und blieben wie angewurzelt stehen. Noch seltsamer benahmen sich die Kollegen: sie lupften zuerst zaghaft ihre Zylinder, machten dann kehrt und fingen plötzlich zu rennen an. »Mir scheint«, sagt da der Stotterer-Alisi zum Steinhäger-Edi, »de zwoa ham aa, ham aa, ham aa Kamin- Kamin- Kaminkehrer gossn!«
Schon hatten sie dreimal in Milchgeschäften und Kramereien das hosentaschenblähende Silber in Papiergeld umgetauscht, schon glaubten sie so viel Kapital angehäuft zu haben, daß es beim Edi zu einem Obstkarrn und beim Alisi für einen Bratwurststand reichte, als die ganze Sache beinahe noch schiefgegangen wäre.
In einem dritten Stock bat sie ein freundlicher Herr in seine Wohnung. Zu welchem Kehrbezirk sie gehörten, wollte er wissen. Zum elften, sagte der Edi aufs geradewohl. Wie heißt jetzt euer Meister gleich wieder, wurden sie weiter gefragt. »Wia werd er denn hoaßn«, meinte der Edi (der dem Alois nun mit einem Fußtritt andeutete, kein Wort zu reden, auf daß er später nicht als Stotterer-Alisi ausgemacht werden könnte), »Schratzenstaller hoaßt er halt, hast ghört vastehst, und jetzt nochmal a recht a guats neus Jahr!«
Der freundliche Herr bedankte sich und schenkte jedem ein Stamperl Schnaps ein. Dann ging er hinaus, um seinen Geldbeutel zu holen. Natürlich erkannte der Edi sofort, daß die Sache oberfaul war. »Der werd jetzt wahrscheinlich die grüne Schmach oruafa« (die Funkstreife), ver-

traute er dem Alisi an. Als der Mann zurückkam, überreichte er jedem eine Mark und wollte ihnen erneut einschenken. Doch unsere zwei lehnten dankend ab und drückten sich unter Verbeugungen schnell zur Wohnung hinaus.

Im zweiten Stock begegnete ihnen eine Dame. »Habts eurem Innungsobermeister Glück gwünscht?« fragte sie. Jetzt wußten sie Bescheid.

Vor dem Haus wartete bereits der grüne Achtzylinder, und der Herr Innungsobermeister schaute erwartungsvoll aus dem Fenster. Aber die zwei Kaminkehrer kamen nicht zum Vorschein. Warum sollten ihnen ihre Leitern nicht ebenso Glück bringen wie anderen Leuten? Der Edi und der Alois traten durch die Hintertür auf einen Hof hinaus, legten die Leitern an eine Hofmauer und stiegen darüber. Und so leiterten sie sich fort, bis sie in einer ganz anderen Straße wieder herauskamen. Als die Lederjacken gerade den letzten Speicherwinkel jenes Hauses abgesucht hatten, läuteten der Edi und der Alois am Appartemang der Silberblick-Jenny. Gerettet!

Nun fragt vielleicht einer, wo in dieser Geschichte die Gerechtigkeit und die Moral blieben, wenn letzten Endes zwei solche Gauner straflos davonkämen? Dem wäre zu antworten: wenn Steinhäger-Edi nunmehr in die Lage versetzt ist, durch den Verkauf von Äpfeln, Bananen, Karfiol und Sellerie der Volksgesundheit zu dienen, und der Stotterer-Alisi die Stadtbevölkerung künftig mit Bratwürsten versorgen kann, anstatt wie bisher zum Einbrechen zu gehen, dann ist eben eine wohlwollende Betrachtung am Platz.

Bleibt noch die Sache mit der Silberblick-Jenny offen. Wen von den beiden künftigen Unternehmern wird sie freien, den Edi oder den Alisi? Keinen von beiden! Hat man denn den dritten Kaminkehrer, den sie in der Silvesternacht gegossen hat, vergessen? Es hat ganz den Anschein, als ob nun ein gewisser Zeislmeier Lucki das Rennen machte, ein Kaminkehrergeselle vom Nachbarhaus, der ihr kürzlich mit zwei Garnituren seiner Arbeitskluft und entsprechenden Zunftgeräten ausgeholfen hatte, hast ghört vastehst!

HERBERT SCHNEIDER

Münchner Leben

Begegnung im Morgengrauen
Mir gangst!

Fasching
Lustige Masken gibt's heuer wieder . . .

Wies'nstammtisch
Da muaß si oana einagschlicha ham!

Festschmuck
I bring einfach koa Weihnachtsstimmung an meine Krautköpf hi!

Der lustige Faschingsball

»Wo is' denn mei' lange Nas'n . . .?«
»Den roten Unterrock mit die Halbmond such' i' . . .!«
»Wer hat mei' Schweinsblas'n g'seh'n . . .?«
»Dö Kuhglock'n . . .? Wo is' die Kuhglock'n . . .?«
Die Freude auf den Maskenball hatte die Familie Trinkel blind gemacht. Das Schlafzimmer glich einer Faschingsgarderobe, und in den Tiefen ihres Gemütes musizierten schon seit morgens zwei Tanzkapellen gegeneinander.

Vater Trinkel trommelte seit Stunden mit dem Ehering die »Lustigen Holzhackerbuam« an die Fensterscheibe, die Frau Gemahlin übte auf dem Kokosläufer zum zwanzigsten Male die Figuren der Française, und die Tochter Franzi fühlte die Arme von tausend Tänzern um ihre Hüfte gelegt und erlebte im voraus den Duft männlicher Haarpomaden in allen Preislagen.

Zwei geschlagene Stunden saßen Mutter und Tochter beim Friseur, lachten und kicherten, ließen sich kreuzweise parfümieren, bis sie wie ein offener Blumenladen rochen. Lehrmädchen rieben ihnen die Fingernägel zu solchem Glanze her, daß sie als Taschenspiegel benutzt werden konnten.

Trinkel lief noch am hellichten Nachmittag nach Zigarren mit der umgeknöpften Schnurrbartbinde über die Straße, damit der eingefangene Schwung über seinen Lippen keinen Rückschlag erleiden mußte.

Drei Stunden vor Beginn des Balles standen die drei fix und fertig vor dem Spiegelschrank.

Die Frauen liefen das Treppenhaus ab, läuteten bei allen Parteien und ließen sich sehen, damit die »Hetz und Gaudi« immer wieder von neuem emporlodern konnte.

Das alles war ihr Vorgefühl auf die Allerweltsviecherei, die ihrer auf dem Balle wartete.

»Einmal im Jahr muaß der Mensch narrisch wer'n . . .«, meinte der Vater und stellte sich als »Goaßbua« in Positur. »Mit jedem Deppen tanz' i' überhaupts net. Da such' i' mir schon die bessern Bröckerl außi . . .!« schlug Franzi auf ihren Busen, um den herum eine Carmen drapiert war. Frau Trinkel ging als Sennerin mit solcher Schollentiefe maskiert, daß jeder einzelne Heftfaden zu jodeln schien . . . »Wirf dich nur weg, Madel – und wenn einer frech werd'n sollt', haust eahm z'erst oane runter, und wenn dös aa nix hilft, dann stell' ihn uns vor – – vielleicht hat er dann ehrliche Absichten . . .«, schloß Frau Trinkel ihr Rezept für Maskenbälle, und der Vater schlug die Haustüre ins Schloß.

Am Weg zum Ballsaal vibrierten sie vor Erwartung wie die Bohrma-

schine eines Dentisten. Unter dem Eingang hing von Tannengrün umrahmt ein Plakat mit der Inschrift:
»Zünfti ist 's!«
»Jetzt geht's Lustigsein erst an . . . Kinder, lacht's und schreit's, daß sich der Tisch biagt . . .!« faßte Herr Trinkel den ersten Punkt des Programms ins Auge.
»Dös Bier is' aber sauwarm . . . wie a verreckter Hund liegt's drinn . . .!« konstatierte die Sennerin und sah in den Maßkrug wie in die Tiefen eines Alpensees.
»Und der Tisch paßt mir aa net . . . Am Eck' mag i' net sitz'n«, knauzte die Carmen.
»Nachher setz' di' auf die andere Seiten ummi . . .!«
»Da ziagt's wia durch an Bahnhof . . .«
»Hollarieh hooo . . . Hollariariarih . . .!«
»Vater, schrei doch net so . . . Alle Leit' schaug'n her . . .!«
»Jetzt san ma' auf der Alm . . . Juchuhuhuhheee . . .!«
»Koa Mensch is' jetzt scho' lusti' . . . Da muaß ma' sich ja schama, wenn – – «
»I bin ja no' net lusti' . . . i' tua nur grad so, aber die Gaudi kommt auf oamal . . .!«
»Extra fein geht's auf dem Ball auch net her . . . Da schaug hin, Franzi, da laaft so a Flitscherl fast nacket daher . . .!«
»Direkt ordinär . . . Aussi g'schmiss'n g'hört der Schlampen!«
»Und dö Mannsbilder . . . Net g'schenkt möcht' i' da oan . . .«
Inzwischen brodelte der Saal wie der Suppenkessel eines Auskochgeschäftes. Rassen aller Länder schoben sich zwischen den Gängen hin, der Siouxindianer trank mit dem Eskimo aus einem Maßkrug, in einer Ecke wurde eine Wadelkonkurrenz ausgefochten, wozu ein spanischer Edelmann mit dem Meterband unter den Tisch kroch und den Dirndln das Maß nahm. Vom Podium plätscherten Walzer und Tango herab, und vom Zelt des Fotografen her fauchten blaue Blitze auf.
Die Mannsbilder zogen die Tänzerinnen von den Bänken weg, gravierten ihre »Genagelten« in den Glanz ihrer Lackschuhe ein und erkundigten sich nach ihren Hausnummern.
»Warum tanzt du denn net, Franzi . . .?«
»Wenn koaner herkimmt von dene faden Hanswurschten . . .«
»Schlag a bisserl mit dein'm Tamburin, dann werd' glei' a Rudel Lebemänner anschwanzeln . . .!«
»I hab' ja scho' a Loch eini klopft –«
»Und i' tanz derweil mit der Muatter . . .!«
»Laß mir mei' Ruah . . .! Da is' mir's z'g'schert, da heb' i' koan Fuaß auf . . .!« zischte Frau Trinkel.

»Mutter, da hat a Herr zu mir herg'schaut . . . Und g'lacht hat er aa – der will g'wiß mit mir tanzen . . .?«
»Der hat an Humor . . . lauf eahm nach . . .!«
»Siehgst, Alte, jetzt ziagt's scho' an, die Gaudi . . .!«
Der lächelnde Herr nahm die Franzi unterm Arm.
»So, du wilde Carmen, jetzt machen wir was Fein's, das dir eine ewige Erinnerung sein soll . . .«
»Das wär lieb von dir, Schatzel . . .! Es gibt doch noch Kavaliere . . .!«
»Ja, jetzt paß auf . . . I bin der Fotograf . . . Jetzt machen wir a wuchtige Aufnahm': das halbe Dutzend sechs Mark . . .«
»Na, alloa mag' i' auf koa Buidl . . . Vielleicht, wenn's den ganzen Tisch mit meine Herrn Eltern grad in a guten Stimmung derwischen.«
»Schon gut, i werd' mich mit'm Apparat ganz unbemerkt aufstellen . . . und das Dutzend also zehn Mark . . .«
Carmen schleifte auf Umwegen wieder zu ihrem Platz zurück. Herr Trinkel hatte inzwischen den Billettabzwicker und den Postkartenmann durch Überredung zu einem Tarock gewonnen.
Die Frau Gemahlin war über diesem Idyll eingenickt und schnarchte zum Takt der Donauwellen. Franzi zog aus des Vaters Rückseite das feststehende Messer und putzte sich die Fingernägel aus. Als sie beim Daumen angelangt war, der Vater soeben vier Mark achtzig verloren hatte, und der Mutter verschüttetes Bier in den Busenausschnitt floß – zischte unbemerkt das Blitzlicht des Fotografen auf . . .
Und da die Familie Trinkel zusammenzuckte, war es schon zu spät. Nach einer kleinen Weile brachte der Mann zwölf Hochglanzbilder, die im Rähmchen steckten. Darüber stand geschrieben: »Grad zünfti' und lusti' war's . . .!«
»Bluatsfasching verreckta, ganz damischer . . .!«
»Und wer is' schuld daran . . .?«
»Du . . .!«
»Du! . . .«
»Aber dö Buidl san eigentli' ganz lusti' word'n . . .!«
»I hab's ja allaweil g'sagt: der Humor kimmt scho' noch . . .!«

ERNST HOFERICHTER

Geb. in Baiern oder
Mir san mir

Die Erfindung der Lederhose

Man schreibt das Jahr 554 n. Christi. Der Stamm der Bajuwarier ist im Rahmen der Völkerwanderung, von Böhmen kommend, in das Gebiet nördlich der Alpen, in das Land zwischen Zugspitze und Wendelstein, einmarschiert. Julius Puntus, der Star-Reporter einer der bekanntesten Tageszeitungen Roms, hat sich auf einem Eilesel in das betroffene Gebiet begeben. Dort hat er sich, nach einem Exclusiv-Interview mit Herzog Garibald I., dem Stammesführer der Bajuwarier, in herzlicher Freundschaft mit dem bajuwarischen Landwirt Aloysius verbunden. Julius Puntus, der von nun an als Gastarbeiter bei Aloysius auf seiner Alm bleiben will, wird von diesem gerne in die Familiengemeinschaft aufgenommen. Hier erlebt der Römer unter vielem andern nun auch die Erfindung eines Kulturgutes, das mit zum Wertvollsten gehört, was die Oberbayern heute noch – nach fünfzehnhundert Jahren – besitzen. Julius Puntus hat diesem Ereignis in seinem damals geführten Tagebuch ein besonderes Kapitel gewidmet:

Auf der Gindelschneid, zwischen
Tegernsee und der Neuen Reuth Donnerstag, 22. Juni 554

Seit gestern weiß ich, daß es auf der ganzen Welt keinen dickschädeligeren Menschen geben kann, als so einen Bajuwaren. Aloysius hatte plötzlich das Gefühl, daß sein Bärenfell, das er sich bisher als Bekleidung um den Leib geschnürt hatte, den Ansprüchen eines bajuwarischen Bergbauern nicht mehr genügen würde. »Mit so einem Trumm Fell um a'n Bauch«, sagte er, »ko' doch koa Mensch richtig arbeit'n. Erscht'ns is vui z'schwaar und zwoat'ns zwickt's unter die Arm. Und um die Knia 'rum immer des G'schlamps, da kimmst dir ja vor, wia ein Galeerensträfling mit die Kett'n um die Füaß.«

Die ganze Familie versuchte, ihm diese völlig unbegründeten Gedanken auszureden. Jetzt gab es doch Wichtigeres zu tun, als an eine neue Bekleidung zu denken. Hatte man jahrhundertelang in den alten Fellen seine Arbeit getan, so würde es jetzt doch auch noch so weitergehen.

Doch Aloysius schüttelte hartnäckig den Kopf. Er dachte an ein Bekleidungsstück, das leicht, geschmeidig und zugleich von ansehnlichem Schnitte sei. »An eine Lederhos'n denk i«, sagte er, »an eine möglichst kurze, die wo die Knia freilaßt, und mit a paar Hos'ntasch'n drinn, daß ma' aa was mit nausnehma ko' auf's Feld, a Glasl Schnupftabak und a kloans Messerl und a'n Trumm Feuerstoa.«

Sein Weib, seine beiden Knaben und die ganze Nachbarschaft, die davon hörten, schlugen die Hände über dem Kopf zusammen. Eine Hose

aus Leder – von solch einem Bekleidungsstück hatten sie in ihrem ganzen Leben noch nie etwas gehört.
Aloysius zeichnete ihnen das gedachte Modell mit einem Bronzenagel, den er aus seinem Mistwagen gezogen hatte, auf eine Felsplatte, die unweit seiner Hütte im Berggras lag. Zwei Beinröhren aus Hirsch- oder Gamsleder, schöne geräumige Hosentaschen und eine Hosentür, deren Ausmaße es gestatteten, die zu gegebener Zeit notwendigen oder erstrebenswerten Geschäfte schnell und ohne Anstrengung zu erledigen.
»Oh du liawa Himmi«, rief sein Weib erschüttert, »an was der all's denkt, bal er doch bloß a Hos'n braucht, in der er guat arbeit'n ko'!«
»Ma' ko' im Leb'n net bloß immer an die Arbeit denka«, sagte Aloysius. Dabei kam ihm auch noch die Idee, daß man den Latz der Hosentür mit anmutigen Stickereien versehen könne, damit das ganze Kleidungsstück eine gewisse Belebung erfahre. »Und bal des net eine Hos'n werd«, triumphierte er, »an der der Mensch no' in tausend Jahr sei' Freid hat, nacha frieß i a'n Bes'n. Und morg'n früah fang i damit o'.«

Freitag, 23. Juni

Die Lederhose ist fertig. Aloysius hat heute den ganzen Tag mit zusammengebissenen Zähnen daran gearbeitet. Kein Mensch durfte ihm in die Nähe kommen. Erst vor einer Stunde, die Sonne versank schon hinter den Bergen, rief er seine Familie und seine nächstgelegenen Nachbarn zusammen. »Da schaugts her«, strahlte er triumphierend, »des is mei' neue Lederhos'n! Is des was oder is des nix?«
Staunend waren die Blicke aller Anwesenden auf die Lederhose geheftet. Aloysius hatte sie aus dem Leder eines Gemsbockes gemacht, den er schon vor längerer Zeit mit seiner Steinschleuder oben in den Felsen des Gebirges erlegt hatte.
Jetzt will jeder der bajuwarischen Bauern eine solche Lederhose haben.
Als einer von ihnen fragt, was man dazu aber auf dem Oberkörper tragen solle, sagt ein anderer, er habe während der Völkerwanderung einmal einen Menschen gesehen, der habe ein sogenanntes Hemd getragen. Das sei, soviel sich der Bajuware erinnern konnte, ein sehr attraktives Bekleidungsstück gewesen.
»Ja freili«, rief da eine der Bajuwarierinnen begeistert, »ein Hemmad! Bal's scho Nähmaschina geb'n taat, nacha taat i eich oans macha. Awa vielleicht konn i's aa mit der Hand.«

Dienstag, 26. Juni

Die Bajuwarierin hat es wirklich fertiggebracht. Es ist ein Stück grobes, zu einem Sack zusammengenähtes Leinen, das die Großmutter der

Hemdenschneiderin selber gewebt hat. »hand made« hat sie mit ihrer zitternden Hand hineingestickt. Zu beiden Seiten des Sackes sind röhrenartige Ärmel angenäht. Das Hemd ist leicht und luftig, viel luftiger als die dicken Bärenfelle, mit denen sich die Bajuwarier bis jetzt behängt haben.

Jetzt will jeder auch ein solches Hemd haben. Auch ich frage mich, ob es, zusammen mit einer Lederhose, nicht zweckmäßiger und bequemer wäre als meine Toga, mit der ich dauernd an den widerborstigen Tannenzweigen und den spitzen Felskanten hängenbleibe. Ich werde Aloysius fragen, ob er mir nicht möglichst bald einen Gemsbock schießen will, damit ich mir aus dessen Haut ebenfalls eine Lederhose mache. Woher ich das Hemd dazu bekomme, ist mir allerdings noch ein Rätsel, denn sämtliche Frauen und Töchter der Bajuwarier sind schon bis über den Hals mit Aufträgen für das Anfertigen von Hemden eingedeckt. So wage ich, als Fremdling oder »Zugereister«, wie mich die Bajuwaren seit einiger Zeit nennen, nicht auch noch etwas zu sagen.

Freitag, 29. Juni

Der Trend nach Lederhose und Hemd als neue bajuwarische Bekleidung hat ungeahnte Formen angenommen. Keiner der Männer will mehr im Bärenfell herumlaufen, sogar die kleinsten Knaben sitzen in größeren und kleineren Gruppen weinend auf den Schwellen ihrer Türen und schreien laut nach einer Lederhose.

Es war klar, daß ein derartiger Überdruck durch das Öffnen eines Ventils entspannt werden mußte. Das Ventil präsentierte sich in der Form eines unserer Nachbarn, der immer noch den germanischen Namen Baldur Drusus Huosis führt. Er war Steuereintreiber des germanischen Finanzamtes in Böhmen und entschloß sich kurz nach seiner Pensionierung, zusammen mit seinem Schwiegersohn und dessen Familie ebenfalls nach dem Süden auszuwandern. Trotz der Schönheit und Vielfalt der Landschaft, die ihn hier umgibt, konnte er als alter Beamter nicht die richtige Befriedigung für seinen Lebensabend finden. »Bal dieser so weitermacht«, sagte seine Frau, eine immer noch stattliche und gebildete Beamtensgattin, »nachher kriegt er mir vielleicht noch gar einen Pensionsschock. Bal ich nur wüßte, was ich mit ihm anfange.« Da wußte er plötzlich selber, was er zu tun hatte. Er gründete – unter dem Jubel sämtlicher Bajuwarier, die rings um ihn leben – einen Trachtenverein. »Jeder ein echter Bajuwarier«, war sein Slogan, »jedem seine echte Lederhose!« Dazu erfand er selber noch einen Hosenträger aus Leder, der die Hose trug und gleichzeitig schmückte. Als ein Nachbar die Idee hatte, seinem Pfau, den ein römischer Rückwanderer zurückgelassen hatte, die Schwanzfedern auszureißen und aus den schmiegsamen Federkielen liebliche Stickereien auf die Hosenträger zu sticken, fehlten nur noch die kurzen Wadenstrümpfe, die sogenannten Stutzen, die nur die Waden der Männer bedecken. Aber auch diese wurden erfunden, und so hinderte den pensionierten Steuereintreiber Baldur Drusus Huosis nichts mehr, sich zum Vorstand des Trachtenvereins »Die Huosigauer« wählen zu lassen. Mein Freund Aloysius arbeitet als erster Schriftführer, und mich haben sie im Hinblick auf meine doch etwas erweiterten Weltkenntnisse zum Kulturwart ernannt. Dazu will Aloysius mir kostenlos ein Gemsenfell zur Verfügung stellen und auch die Lederhose daraus anfertigen. Nur um das Hemd dazu muß ich mich selber kümmern. Das bereitet immer noch Schwierigkeiten, da, wie gesagt, alle Mädchen und Frauen vor lauter Hemdenmachen für andere Männer keine Zeit für mich haben und ich, was den Verkehr mit Frauen betrifft, sowieso ziemlich kontaktarm bin.

»Muaßt halt schaugn«, hat Aloysius zu mir gsagt, »daß d' irgendwo oane aufreißt. Nett sei' muaß ma' halt mit eahna – nacha genga s' scho' her.«

CARL BORRO SCHWERLA

Was ein Altbayer für eine Stärke hat

Der Präsident der anthropologischen Gesellschaft in Paris, Dr. Pruner-Bey, welcher sich am meisten mit Schädelmessungen abgab, behauptet: die Schädel der Altbayern seien in Europa die größten und gewiß auch die dicksten. Was Größe und Stärke betrifft, so stellt das Tölzergebiet verhältnismäßig in Bayern weitaus die meisten Leute mit sechs Fuß und darüber zum Kriegsheer, Titmoning 1/5, Tegernsee, Traunstein und Berchtesgaden mit der Ramsau 1/4, weniger dagegen das Landgericht Friedberg und Schrobenhausen auf 100 nur drei bis vier Mann zu 6 Fuß.

Mancher Bauernschädel mit seinen Narben predigt noch hie und da in einem Totenkerker von den Schlachten, die der Mann im Frieden und im Kriege geschlagen, oder von den Heldentaten, die an ihm ausgeübt wurden. Wenn auf einem Fotz- oder Schlagring das Bildnis des heiligen Antonius ausgeprägt ist, so schadet der Schlag nicht.

Der Griesmann von Wezel beim »abbrennten Kreuz« hatte 1850 einen Sohn Seppel bei den Kürassieren in München, dem kein Panzer groß genug war, so gewaltig war sein Brustkasten. Der Mann hatte seinesgleichen an den Helden von Morgarten, deren Waffenrüstungen keiner von dem lebenden Geschlechte ausfüllt oder zu tragen vermag. Es gibt in der Längrißer Pfarr Bauern, deren Ahnen nachweisbar seit achthundert Jahren auf dem Hofe sitzen, so der Klaffenbacher, und in ihren Adern fließt das bajuwarische Blut am reinsten, sie sind der echte Geburtsadel seit der Einwanderung und sie behalten auch die alte Kraft.

Im Schlierseewinkel, wie der Vater oft erzählte, hat damals ein Mann gelebt von einer gewaltigen Stärke. Einen Rücken hat er gehabt, du meinst wie ein Elefant, und Hände von einer Breite, daß es zum Verstummen gewesen ist, wie der Wirt von Marbach, den ich selber noch gekannt habe. In seinen Soldatenjahren hat der einmal draußen bei Memmingen Wache stehen müssen, wie die Leute gerade alle in die Kirche gegangen sind. Da kamen die Franzosen herangeschlichen in der Meinung, es brauche nichts, als den Posten aufheben.

Es waren ihrer sieben Mann, und wie sie ihm näher rücken, geben sie Feuer, gleich drei nacheinander.

Der Bayer aber ist auf den ersten Schuß hinter eine Eiche gesprungen, da hat er herfürgezielt, und aber seinen Mann nicht gefehlt. Nachher ladet er erst noch einmal und schießt. Die Franzosen im Gedanken wahrscheinlich, es möchten die Leute in der Kirche von dem Schießen aufmährig worden sein, wollen sich aus dem Staube machen; unser Landsmann aber kehrt seinen Stutzen um, und springt mit gewaltigen Sätzen ihnen nach und erschlägt sie auch richtig einen nach dem andern, weil sie gerade durch ein Moos über einen Steg retirierten, wo nur einer vorankommen konnte. Und von den sieben ist, bis die Leute aus der Kirche kamen, keiner mehr am Leben gewesen.

Wie der König Max davon gehört hat, hat er ihm erlaubt, sich eine Gnade auszubitten.

Der bittet, daß er vom Militär frei werden möchte. Da hat aber der König gesagt: »Ich bin selber Soldat. Solche Leute, wie du, könnt' ich mehr brauchen. Ich darf dich nicht freigeben, dies wäre gefehlt.«

Später einmal hat derselbe in Miesbach beim Kutscherwirt eine ganze Stube voll Raufer ausgetrieben, indem er einfach ein Tischel von der Wand riß, einen Strohriegel und die Platte auf den Kopf, dann das Tischbein in der Linken von einem andern Tisch um sich geschlagen hat, während die Schläge, die es auf ihn hagelte, ihn nicht trafen. Freilich ist ein Mann bei dieser Gelegenheit tot geblieben.

In der Kaiserklause ist es von jeher üblich gewesen, daß die Bayern und Tiroler einander zulieb gereist sind, sich in der Kraft zu messen, wer der Stärkste sei. »Zuerst gehen die Burschen in die Messe, und nachher geht's Raufen an«, das war so herkömmlich. Der Brigadier, der es hindern wollte, mußte selber zuvörderst zum Opfer gehen; einem

andern, der zu hitzig über die Buben her war, brachen sie den Säbel entzwei, und er mußte ihnen kniefällig Abbitte leisten.
Beim Häckeln, wer hinzieht, hat sich mancher schon den Finger verstaucht; bei jenem Raufen ging es aber zu, als wollten die Ringer einander die Rippen brechen. Geordneter sind vielleicht die schweizerischen Schwingfeste. Bei uns ist die Auswahl unter den Söhnen zum Ringkampf mit dem Riesenstarken geschichtlich, in der Urschweiz taucht sie bereits als Sage auf. Berserkerwut oder der den Römern sprichwörtliche furor teutonicus (bar sark, d. i. Raufer, »Wüten ohne Rock«), scheint wenigstens noch den Oberländern einzuwohnen, soweit der Heldenspruch geht, wie besonders in der bayerischen Zell: »Heut' ist's lustig, heut' muß noch einer hin wer'n.«
So weit kommt es doch nicht, aber das ganze Kraftgefühl sprudelt der Bursche in dem Schnaderhüpfel aus:

Wennst amal raffa magst,
därfst es nur sagn:
Ziahg ih mein Janker aus,
nimm dih beim Kragn.
A frischer Bua bin ih,
hon d' Federn aufgsteckt,
jetz mach mih nit wini,
sunst bist scho derschreckt.

Im Raufen hat sich besonders der Kammerlocher von Kammerloh von der Kaiserklausen her einen Namen gemacht. Als nach dem ersten Tirolerkrieg König Max sich gerne in Tegernsee aufgehalten, ist ihm auch in den Sinn gekommen, ein Wettringen zu geben, und er hat eine Einladung ins Tirol erlassen, sie sollten ihren stärksten Mann herausschikken. Aber in Gegenwart der hohen Herrschaften ist der langbeinige Tiroler auf den Boden hingelegen, als wenn er gar nie gerad gestanden wäre. Nicht umsonst ist in der Gegend der Schlagring daheim, womit man fast einen Ochsen niederschlagen könnte. Bei meinem Heranwachsen hat man's gar nicht anders gewußt, als daß alle Sonn- und Feiertage gerauft wurde, und die steinernen Maßkrüge hätten an den Hirnschädeln entzwei gehen mögen.
Namentlich haben sich die drei Kammerlocher Buben hervorgetan und sind wie die Alten ordentlich aufs Raufen gereist.
Der Alte hat einmal gehört, daß in München drinnen ein überaus starker Wirt sei, der sich wenigstens mit seiner Stärke »progle«; reiste er also hinein und stellt ihm vor: ich hab' drei Söhn', der eine ist so viel, der andere so, der dritte so alt, da kannst du dir itzt einen herauswählen. Wie sich aber der Wirt lang bedenkt, sagt der sechzigjährige Kam-

merlocher: wenn du dich lang besinnst, so mein' ich, probier es gleich lieber ich noch, und hat ihn auch richtig geworfen.

Der Landrichter von Miesbach hat mit den Raufern einen harten Stand, aber auch seine stille Freude gehabt. Sein Aktuar verliest einmal vom Fenster aus das Urteil auf Schläge. Da ruft der alte Vater: Buben, wollt's kammerlocherisch sey, schlagen lassen wir uns nit. Na! schlagen lassen wir uns nit, schreien die Drei aus Leibeskräften. Will aber doch sehen, ob's im Protokoll so drinnen steht, spricht der Jüngere und springt die Stiegen hinauf, daß der Aktuar sich kaum noch einschließen konnte.

Der Gerichtsvorstand hielt selber auf Land und Leute und mußte, um mit dem Volk sich nicht zu überwerfen, zu den Kraftproben oft ein Auge zudrücken. Als aber Anfang der Dreißigerjahre die Verfolgung gegen die Haberfeldtreiber losging, ist auch der letzte Kammerloher zugekommen. In München hat man jeden starken Burschen auf der Straße angehalten in der Meinung, er wäre es, und viele Leute trauten sich gar nicht mehr aus dem Hause. Wie man so auf ihn fahndete, kehrte er abseits der Straße am Reutberg zu, aber der Wirt von Piesenkam, der unter den Gästen saß, sticht es dem Gendarmen, welcher ihm sogleich den Weg abgeht und durch einen heimtückischen Hieb über's Knie ihn zum Krüppel machte. Für den Todesfall gab der alte Kammerlocher seinen Söhnen die gute Lehre: Wenn ihr halt in's Fegfeuer kommt, so leidet auch gutwillig, was andere leiden, damit es nachher nit heißt: Die Kammerlocher sind so wehleidig und können nichts aushalten. Im Allgäu beschränkt sich das Raufen auf Ringen und Hosenlupfen. Geh in's Bayern zum Stechen! heißt es, wenn ein Fremder das Messer ziehen will.

Im Isarwinkel ist noch vom starken Lambrechtbua von Hohenwies die Rede, wie er Eisenstangen brach und ihm nichts widerstand. Ein Probestück seiner Riesenkraft lieferte er, als einmal ein Mittenwalder Floß auffuhr und die sechs Löder ihn nicht von der Stelle brachten. Sie schickten also zum Lambrecht um Rosse, der Alte aber meinte: ich laß gleich mein Buben gehen. Und richtig hob und schob er allein den ganzen Floß mit seiner Ladung ins Wasser.

Ich kannte den Müller Vogl von St. Georgen bei Dießen, der drei Schäffel Waizen zu tragen stark genug ist, eines auf der Schulter, eines je unter dem rechten und linken Arm. Sein Bruder ist noch stärker und hat einmal mit einem Stier gerungen, und da keiner nachgab, mußte man den Stier erschießen.

Die Tochter vom Loderer in der Ramsau, dabei ein sauberes Mädel, war so stark, daß sie einen drei Zentner schweren Schäffelsack Getreide im festen Schritt vom Wagen auf die Tenne getragen hat. Im Hexenlandel sind als Hauptrobler berühmt die Raggen von Scharnitz (der Fuchs und der Franzl), die Kathler von Gerold, von Krin und Walgau der Beckle und Scheckenwastel. Riesenstämmig zum Ringkampf und dabei bildschön. Vor Zeiten ließ man förmliche Ladschreiben zum Roblertag beim Dachsen in Mittenwald ausgehen nach Tirol hinein. Als 1866 der unglückliche deutsche Krieg ausbrach, protestierten die wakkeren Rekruten des Gerichtes Rosenheim gegen die körperliche Untersuchung und erklärten, sie alle seien kriegstüchtig und wollten sich ins Feld stellen. Lustiger ist es schon, daß die Altbayern in Zukunft an den Franzosen ihre Kraft probieren können. So hat in der Schlacht bei Weißenburg (August 1870) ein Altbayer aus den französischen Reihen mit germanischer Kraft einen afrikanischen Wildling herausgeholt und seinem Hauptmann gebracht mit dem Rufe: Herr Hauptmann, hab'n S' schon an Turko g'sehn? Nicht minder spricht sich dies Kraftbewußtsein in Worten aus, wenn ein bayerischer Soldat nach der Schlacht bei Wörth zum Kronprinzen von Preußen sagte: Aber Sie wenn unser Anführer gewesen wären Anno 1866, nachher hätten wir Bayern denen Preußen weiter nit heimg'leucht.

Als der französische Minister Thiers 1840 die Deutschen mit Krieg überziehen wollte, kam ihr stärkster Ringer gleichsam zur Probe ihrer Überlegenheit über den Rhein, ein Mann von herkulischer Gestalt, um sich in Kassel, Berlin, Dresden und andern Hauptstädten mit den stärksten Deutschen zu messen, und er überwand allenthalben: der Schrecken wandelte vor ihm her. So gelangte er schließlich nach München, schrieb sich Jean Dupuis aus und setzte einen Preis von nahe tausend Gulden aus, wenn ein Stärkerer auftrete als er. Der Schimpf brachte alle stämmigen Burschen auf, der Fechtmeister Gruber gab einigen Unterricht, und so sollte auf der ersten Schaubühne des Landes das Ringen vor sich gehen. Kopf stand an Kopf, es galt eine Ehrensache für das ganze Volk.

Der Vorhang rollt auf, der Sieger in so vielen Kämpfen steht da: für einen antiken Heros gebaut, den Oberkörper weit vorgestreckt, einen Gürtel um die Hüfte, und nur an den Armen zu fassen. Der erste, der Angesichts all der Tausende zum ungewohnten Wettkampf ihm entgegentritt, ist ein junger Metzgerbursche, Johann Ebner, nicht groß von Statur, aber untersetzt. Solch eine Pause muß im römischen Amphitheater bei Gladiatorenkämpfen oder Thierhetzen eingetreten sein, wo die Gegner sich erst mit den Augen maßen, Löwen und Tiger umeinander herumgingen, um eine schwache Seite ausfindlich zu machen und dann zu Sprung oder Angriff überzugehen. Alles blickte stumm in die Szene, den Zuschauern pochte das Herz: da begannen sich beide, der Bayer und der Franzos, an den Händen zu fassen, hin und her zu schieben, ein Stoß, ein Ansturm, ungeheure Muskelkraft wurde von beiden Seiten aufgeboten. Der verwöhnte Sieger hatte sich den Kampf wohl leichter vorgestellt. Das Volk atmete hoffnungsvoll auf, Zornwut schien den jungen Menschen zu erfassen, dem sein Widersacher am kolossalen Körper überlegen war – auf einmal stürzte der Franzose aufs Knie. Ein Beifallsklatschen begann, aber ohne Übung, übersah der sehnige Junge den Vorteil, den Franzmann zu drehen, und wurde nun, seinerseits überrascht, zu Boden gelegt. In diesem Augenblick fühlte jeder sich an seiner nationalen Ehre gepackt. Wie! eine Niederlage? unmöglich.

Schon stand der Rächer dem triumphierenden Welschen gegenüber: Simon Maisinger, Bierfahrer des Faberbräu, und das will etwas sagen, die englischen und amerikanischen Boxer pflegen auch ihr Quantum zu trinken, und der Pschorrbräu erwartete, daß jeder Mann, den er zum Geschäfte brauchte, seine fünfzehn, wo nicht dreißig Maß täglich schlucke. So einer ist imstande, die Eimerfässer ohne Leiter durch alleinige Kraft der Arme vom Wagen zu heben. Der Mann, der sich alsbald mit Riesenkraft auf den Franzosen warf, war um einen halben Fuß größer als sein Vorgänger, knochenstark, eine robuste Statur. Er hatte während des Ringens der beiden die Stärke, aber auch die Schwäche dem welschen Feinde abgelauscht, welche im Unterkörper und Fußgestell bestand. Ihm galt es, diesen Antäus zu entwurzeln, und kaum gehoben, mußte er fallen. Man muß es gesehen haben, mit welcher Berserkerwut dieser Altbayer sich an den übermütigen Welschen machte, treu seinem im letzten Augenblicke gegebenen Worte: Fallen muß er um jeden Preis! Wie ein Bär schlug er seine Pranken ihm an die Ellenbogen, die Aufregung der Zuschauer war furchtbar, alle hoben sich von ihren Sitzen, als ob es Ehre und Leben jedes einzelnen gelte. Auf dem Schlachtfelde könnte die Spannung nicht höher steigen. Sollten beide sich erwürgen? Mann an Mann waren sie festgeklammert, nur stahlfeste Knochen ertrugen solchen Druck. Unversehens faßte der Bayer seinen Gegner, und nun war es um diesen geschehen: augenblicklich war er zu Boden geschmettert, und der Sieger stemmte sein Knie ihm auf den Leib. Hab ich dich jetzt, du Lauser! soll er dabei gerufen haben; aber das Haus erbebte vor Sturm, als hätten die Deutschen eine Schlacht über die Franzosen gewonnen, so war die Entscheidung. Kaum aus dem Theater, so hörte man schon trillern:

> Mag einer rebellen, wie er will,
> Doch kommt er nach Bayern, so sei er still!

Des anderen Tages war die halbe Stadt in Bewegung, den Sieger zu ehren; der beschämte Franzose wollte der Pflicht, den Wettpreis zu zahlen, sich entziehen, wurde aber gerichtlich dazu verurteilt. Man verstieg sich soweit, den Bramarbus für einen Sendling Thiers zu halten. Maisinger ging darauf selber als Athlet auf Reisen, und einen seiner Kameraden sah man im Frohsinntheater in München zehn Zentner Eisen tragen. Die Kraftprobe wiederholte 1852 der Metzger Waitzenböck im Zirkus der Jakobidult ebenfalls mit einem Franzosen, dem fortan die Lust verging, auf seine Stärke zu pochen.

Heute sollte es noch so ein französischer Goliath wagen, vor den Deutschen mit überlegener Körperkraft zu prahlen. Kein einzelner Soldat würde im Felde vor zwei Franzosen erschrecken. Unsere Zeit, wo die Deutschen sich wieder zur vorherrschenden Nation in Europa aufgeschwungen haben, steht wahrhaftig an Mannestüchtigkeit hinter früheren nicht zurück. Wettringen, Wettfahrten, alle Proben von Tatkraft wiederholen sich. So spielte das Stück, welches Alexander der Große einst mit dem Buzentaur aufgeführt hatte, jüngst in Landshut. Der Stadtbürger Ganselmaier hatte einen jungen, prachtvollen Hengst, welcher keinen Reiter auf seinen Rücken ließ. Es galt zum guten Maianfang 1873 eine Wette. Das Tier im Werte von dreiundfünfzig Louisdor sollte der geschenkt bekommen, welcher sich hinaufschwinge und oben behaupte, aber wehe ihm, wenn er von dem unbändigen Wildling abgeworfen wurde. Da trat Bürgermeister Rieder von Ergoldsbach auf, bot siebenhundert Gulden als Gegenwette, schwang sich in den Sattel, und mit ungeheurem Kraftaufwand und Aufgebot aller Reitkünste wurde er des Hengstes Meister und ritt ihn als gewonnenen Preis nach Hause.

In Ottering bei Dingolfing hat der Dorfwirt gegenwärtig einen viert-halbjährigen Buben, welcher, wie das Straubinger Tageblatt 3. Mai 1873 schreibt, seit ungefähr einem Jahre ins Unförmliche sich entwikkelt. Dies Kind wiegt genau 103 Pfund, ißt dabei wie ein Drescher, trinkt jeden Tag ein paar Maß Bier, der dicke Mordskerl raucht, und in seinem Gesicht fängt ein Bart zu sprossen an, daß der Arzt neulich erklärte, wenn das so fortgehe, werde der Junge in sieben Jahren vollständig entwickelt sein. Den Vorschlag, das außerordentliche Kind zur Wiener Weltausstellung zu schicken, wiesen die Eltern entrüstet zurück. Der verdient schon den Namen: ein bayerischer Bub, und somit schien für starken Nachwuchs gesorgt, wenn der Junge nicht am eigenen Fette erstickt wäre.

JOHANN NEPOMUK SEPP

Vom Imsinger-Girgl, selig ...

Manchmal wird unsereins doch recht traurig, wenn er mit ansehen muß, wie so ganz langsam, aber unaufhaltsam die Originale in den altbayrischen Dörfern dahinsterben. Da ist zum Beispiel neulich der Imsinger-Girgl, mit seinem richtigen Namen Leist Georg, in die Ewigkeit hinüber. Man kann es nicht anders ausdrücken, denn der Girgl ist weder durch einen Unglücksfall noch im Bett gestorben, er hat einfach aufgehört – mitten im Essen! Das war in der Wirtsstube vom Bichler in Hinteressenbach, am Antlaß-Sonntag nach dem Hochamt.

Der Imsinger-Girgl war seiner Lebtag ledig; sein Vater selig ist Schäfer gewesen und hat ihm außer einem armseligen Häusl, hinten im Audorfer Moos, auch etliche Kenntnisse im Kurieren von Menschen und Viechern hinterlassen. Ein kleiner Torfstich ist bei dem Häusl, einen Ochsen und zwei Geißen hat der Girgl gehabt, Torf hat er gestochen und verkauft, Handelschaften gemacht nebenher, auf Taglohn ist er hin und wieder gegangen, Hochzeitslader war er, wenn zwei Bauernleut' nach altem Brauch geheiratet haben, und zu allen Zeiten war der Girgl der – gewaltigste Wettesser rundum. Böse Mäuler haben sogar verbreitet, er esse bei einer solchen Gelegenheit auf Vorrat, um in den Zeiten der Not davon zu »zehren«. Jedenfalls kann man im »Seebichler Landboten« durch fast zwanzig Jahre dem Girgl seine diesbezüglichen Heldentaten verfolgen, und das ist mitunter sogar dramatisch. Mit zwanzig Paar Weißwürsten hat es angefangen seinerzeit; dicke und dünne, Spanferkel und Knödel sind gefolgt, und mit neununddreißig Leberknödeln – auf Vertilgung von fünfzig hat der Viehhändler Gugel mit dem Girgl gewettet – mit neununddreißig Leberknödeln ist unser Held aus der Welt geschieden.

Was für ein Tod! Noch hatte der Girgl den neununddreißigsten Knödel nicht ganz hinuntergewürgt, da – er lachte noch, und der Gugel bekam wegen seiner zwanzig Mark, die er als Wettgeld zahlen sollte, ein immer betreteneres Gesicht – da japste der gewaltige Esser, als wolle er rülpsen. Sein mächtiger Brustkasten schnellte ein wenig nach vorne, der Kopf wurde plötzlich locker, fiel auf die Brust herab, und aus war es. –

Selbstredend gab das eine große Aufregung. Um so schöner aber war alsdann die Leich' vom Girgl. Selten noch war der Hinteressenbacher Gottesacker so voll Trauernder.

»Bedenkt man«, hat der hochwürdige Herr Pfarrer Probst in seiner Grabrede gesagt: »Bedenkt man, meine lieben, im Herrn versammel-

ten Mittrauernden, wie schnell der Tod uns oft erreicht, dann wendet man erst recht den Blick hinab in dieses Grab, wo unser lieber, verschiedener Mitbruder Georg Leist jetzt liegt, und man muß sagen: Barmherzig ist der Herr, unser Gott, indem daß er ihm einen so leichten, schmerzlosen Tod beschert hat.«
Freilich haben dabei einige immer an die neununddreißig Leberknödel denken müssen, und es ist ihnen sichtlich schwer gewesen, die richtigen feierlich traurigen Gesichter zu behalten. Hinwiederum aber ist es allgemein dem Gugel als sehr schön angerechnet worden, daß dieser einen wunderschönen Kranz gestiftet hat, welcher eine himmelblaue Schleife gehabt hat, wo in Goldschrift drauf zu lesen war: »Dem unvergessenen Kameraden! – Im Jenseits gibt's ein Wiedersehn!«
Boshaft wie so Leute oft sind, hat der Bichler gemeint: »Wiedersehn? ... Hm, dös steht erst dahin, ob do der Girgl net sei Wettessen gor ausmacht.« Und wieder andere haben sich zugewispert: »Noja, den Kranz hot er ja leicht stiften kinna, der Gugel, der hot eahm ja bloß acht Mark kost't, und wenn der Girgl am Leben bliebn waar, hätt er samt dö Leberknödel seine dreißig Markl zahl'n müassen ... Do hot er ja noch profitiert aa, der Bazi, der!«

So also war dem Girgl sein Tod. Und dieses ist einiges aus seinem Leben:
Einmal ist er auch drei Jahr' lang Gemeindediener von Hinteressenbach gewesen, der Girgl. Das hat zu gewissen Zeiten manche Annehmlichkeit mit sich gebracht. Da steht zwischen Hinteressenbach und Seebichl das Schloß Hebendorf, das dem alten Baron von Achtersheim gehört. Die von Achtersheim sind in der dortigen Gegend schon über zweihundert Jahre ansässig und sehr beliebt. Sie gehören zu jenem legeren altbayrischen Adel, der weiß, was ihm zusteht, und der gar nichts von irgendeiner Überheblichkeit den Leuten gegenüber an sich hat.
Auf Schloß Hebendorf ist es der Brauch, daß am Kirchweihtag der Briefträger und der Gemeindediener in der blitzblanken, umfänglichen Küche gespeist werden. Und zwar wird ihnen dabei entweder eine zarte, gerecht geteilte Ente oder je ein Brathendl vorgesetzt, dazu Salat und pro Kopf eine Maß Bier. Hernach kriegt jeder für die Gänge, die er gemacht hat, fünf Mark Trinkgeld, und der Baron kommt persönlich in die Küche, drückt jedem herzlich die Hand und gibt ihm eine großartige Zigarre mit auf den Weg.
Im zweiten Jahr, wo der Girgl Gemeindediener gewesen ist, sind er und der Briefträger Lampl mit angefreuten Gesichtern in der Schloßküche gesessen. Schön gedeckt war der Tisch, und alsdann hat die Köchin die zwei Backhehndl dahergebracht, hat einen »Guten Appetit«

gewünscht und ist wieder hinaus. Leider aber – diesmal war das eine Hehndl klein und das andere groß. Ein bißl benommen haben die zwei Gäste dieses Unglück betrachtet.
»Hm«, macht der Lampl halblaut und schaut rundherum, ob auch niemand zuhört: »Hm, jetz dös is ja dumm, Girgl ... Nimm du z'erst!« Halb flehend und halb mißtrauisch hat er den Girgl angeschaut. Mein Gott, wenn man als so ein einfacher Mensch bei feinen Leuten eingeladen ist, da richtet man sich danach und ist durchaus bescheiden.
»Nana«, sagt also auf das hin der Girgl genau so zuvorkommend: »Nana, Lampl, du bist der ältere vo üns zwoa ... Nimm du z'erst!« Recht hart und verlegen geht es ein paar Mal noch so hin und her, aber schließlich überredet der Lampl den Girgl doch – und was tut der? Er greift zu und nimmt sich das größere Hehndl. Der Lampl stutzt und wird blaß.
»Aba, aba, Girgl?« bringt er endlich vorwurfsvoll heraus: »Also du host scho' gor koa Benehmität! Du bist doch ganz wos Unkultiviert's! ... Mir sand doch eing'lodn bei feine Leut' ... Verstehst mi' denn net?«
»Wia dös?« fragte der Girgl unschuldig und schaut ihn dumm an: »Wos host d' denn auf amoi, Lampl?«
»No«, fangt der zu raunzen an: »Is dir denn dös a Art und Manier! Z'erst sogst du zu mir: Nimm du z'erst! I loß dir gnädi an Vortritt, weil i woaß, wos sich g'hört – und jetz nimmst du pfeilgrad dös größere Hehndl!! Als erster nimmt ma' doch ewig dös kloanere ...«
Der Girgl begreift durchaus nicht. »So, hm«, sagt er: »So ... Ja, do muaß i jetz schon dumm frog'n ... Hätt'st jetz du als erster dös kloanere Hehndl g'nomma?«
»Tja, selbstrednd! ... Natürli ...!« belehrt ihn der Lampl: »I hob doch an Anstand!«
»Ja, nachher is's ja guat«, gibt der Girgl zurück und fängt gemütlich zu essen an: »Du host doch sowieso dös kloanere Hehndl ...« Ganz giftig hat der Lampl was drauf sagen wollen, aber in dem Moment ist die Köchin zur Tür hereingekommen, und da hat er nichts mehr gesagt und voller Wut auch zu essen angefangen ...

»Und den Fasttag, den hast du immer schön gehalten, Girgl? Hast du da durchaus nichts zum beichten, oder hast du es bloß vergessen?« hat der hochwürdige Herr Pfarrer Probst bei der Osterbeichte den Girgl gefragt. Er ist ein strenger, gewissenhafter Beichtvater, und er kennt seine Leute. Er läßt dem Girgl ruhig Zeit zum Nachdenken.
»Na, Hochwürden«, sagt der endlich kopfschüttelnd, »na i konn mi' do absolut an nichts Sündhaft's in derer Hinsicht erinnern ...«

»Soso«, wird auf das hin der Herr Pfarrer deutlicher: »Soso . . .? Und wer hat denn neulich am Freitag beim Bichler zur Brotzeit einen Preßsack gegessen, Girgl? . . . Wer denn?«
Der Girgl wird baff. Momentlang verschlägt es ihm direkt das Wort.
»T-jaaa«, meint er schließlich: »A Preßsock, Herr Hochwürden, a Preßsock is doch koa Fleisch . . .!«
»Nein-nein, mein Lieber, unser Herrgott laßt nicht handeln!« weist ihn der Beichtvater resolut zurecht: »Ob Wurst oder Preßsack – am Freitag? Basta. Du hast dich also versündigt, indem daß du am Fasttag Fleisch gegessen hast!«
»A Preßsock . . .!« will der Girgl nicht nachgeben, aber der Hochwürden sagt bloß noch strenger: »Preßsack ist genau so ein Fleisch, aus! Gibst du deine Sünde zu, Girgl, und bereust du sie?«
»Ja no«, brummt der Girgl und nickt zustimmend mit dem Kopf. Daraufhin hat ihm der Herr Pfarrer nach Aufgabe von acht Vaterunsern die Absolution erteilt. Nachtragen tut der Girgl grad nichts, aber das hat den Girgl doch ein bißl geärgert. Er hat sich's gemerkt.
Der hochwürdige Herr Pfarrer Probst hat es seit jeher so gehalten, daß er den ärmeren Leuten was zu verdienen gegeben hat. Jedesmal, wenn es auf den Winter zugegangen ist, hat er vom Girgl ein Fuder Torf bestellt. Auch diesmal. Der Girgl fährt mit seinem Ochsen ins Pfarrhaus vor die Holzhütte und fangt an, den lockeren, faserigen Torf abzuleeren. Sowas von Torf – nein, also der hochwürdige Herr Pfarrer ist sonst ein grundguter Mensch, aber der Torf?! Er hebt so einen Brocken auf, der ihm schon in der Hand zerfällt – und da wird es dem geistlichen Herrn denn doch zu dumm!
»Also Girgl!?« fängt er an und zerwuzelt etliche solche kaum richtig ausgetrocknete, faserige Torfbrocken: »Also Girgl, das ist kein Torf! Das ist ein reiner Ausschuß!« Und streng hat er den Girgl gemustert, der auf dem Fuder droben eingehalten hat: »Torf ist das nicht!«
»Tja, hm! Koa Torf is dös? Koa Torf, Hochwürden?« tut der Girgl unschuldig verwundert, und da wird der Herr Pfarrer wild.
»Nein«, fährt er ihn an: »Nein, Girgl, das ist – mit Respekt gesagt – ein Dreck, lauter Dreck, aber nie und nimmer ein Torf!«
»Jaaa, Hochwürden, ja wissen S'«, hebt da der Girgl saukalt an: »Wenn dös koa Torf net is, nachher is der Preßsock aa koa Fleisch net . . .«

Nachdem ihm die Kohlhäusler-Traudl und der Bezirksarzt Dr. Penzl wegen seinem Rheumatischen nicht haben helfen können, ist der Girgl einmal in die Stadt hineingefahren zum Spezialisten. Alle haben ihm gesagt, der wird ihn auskurieren. Fast zehn Jahre ist der Girgl nicht mehr in München gewesen, denn was tut einer da drinnen schon unter fremden Leuten? Man kennt sich nicht aus vor lauter Straßen und Gassen, ein ewiger Lärm ist und schier Angst muß man haben, daß man nicht überfahren wird. Es läßt sich denken, daß der Girgl lang gebraucht hat, bis er zu dem betreffenden Herrn Spezialisten Dr. Berger hingefunden hat. Der hat ihn untersucht, hat fünf Mark dafür verlangt und ihm eine Medizin verschrieben. Wie der Girgl wieder auf der Straße gewesen ist, hat er gespürt, daß er Hunger hat, und ist in die nächstbeste Wirtschaft hineingegangen. Die aber war arg fein. Jeder Tisch ist weiß gedeckt gewesen und Kellner haben bedient. Jeder hat ausgeschaut in seinem Frack wie ein Minister.

Der Girgl hat sich breit und behäbig hingehockt, hat seine Pfeife aus dem Maul genommen und gewohnterweis' auf den Boden gespuckt. Der Kellner ist dahergekommen und hat ihn groß angeschaut.

»A Maß Bier und a Supp'n und an Schweinsbrotn«, hat der Girgl bestellt und wiederum auf den Boden gespuckt. Sonderbar, da hat der Kellner gar nicht mehr auf ihn gehört, ist in ein Eckerl gegangen und mit einem schönen, runden, flachen weißen Haferl dahergekommen. Das hat er ohne ein Wort vor den Girgl auf den Boden hingestellt. Der hat den feinen Menschen gemustert und schließlich wiederum sein Bier, die Suppe und den Schweinsbraten bestellt. Ganz beiläufig, wie er sich seine Pfeife gestopft hat, sagt er noch dazu: »An Gurkensalat, wenn's habn, den kinnens mir aa gebn ...« und beugt sich auf die andere Seite, spuckt wiederum. Hm, aber was war denn jetzt das? Der Kellner hat sich niedergebeugt, hat das weiße Haferl genommen und es auf die andere Seite gestellt. Direkt aufreizend knapp vor den Girgl stellt er es hin. Der schaut ihn verdutzt von oben bis unten an, einmal und noch einmal, und endlich sagt er ärgerlich: »Jetz, Sie, Herr, jetz wenn's mir dös weiße Haferl net bald wegtean, nachher speib i pfeilgrod nei ...«

Und was muß der Girgl dabei erleben? Was geschieht da?

»Sollen Sie auch! ... Können Sie! Können Sie ruhig!« zischt ihn der Kellner hundsmiserabel herabmindernd an, richtet sich kerzengrad auf und geht weg von ihm. Das hat dem Girgl denn doch die Wut ins Gesicht getrieben. Giftig schaut er dem hochnasigen Kerl nach, nimmt seine Pfeife aus dem Maul und spuckt sehr geräuschvoll und mit aller Kraft in das weiße Haferl.

»So! Do hob'n Sie's!« schreit er grob, steht auf und geht auf und davon. –

Ich bin mit dem Girgl selig sehr speziell gewesen. Diese gute Speziellität ist daher gekommen, weil es zwischen ihm und mir nie ein Geheimnis gegeben hat. Es hat aber auch, wenn er einmal dein Freund gewesen ist, keinen mitteilsameren Menschen gegeben wie ihn. Mir hat der die heikelsten persönlichen Sachen genau so deutlich erzählt wie die harmlosen. Darum habe zum Beispiel bloß ich wirklich erfahren, warum der Girgl mit der Zeit überhaupt kein Weibsbild mehr mögen hat.

Nämlich einen Bruch hat er gehabt, und das größte und beste Bruchband hat bei ihm nichts mehr genützt. Das letzte Mal, wo er bei einem Weibsbild sein Glück versucht hat, der Girgl, das war mit derselbigen dicken, rothaarigen Köchin vom Baron von Achtersheim, die kurz darauf den windigen Gendarm Merkl von Seebichl geheiratet hat, bloß damit sie als Vierzigerin noch schnell einen Mann erwischt hat. Fanny hat sie geheißen, und der Girgl ist damaligerzeit noch Hinteressenbacher Gemeindediener gewesen. Mit der Fanny hat es am Anfang ganz handsam ausgeschaut. Bis alsdann die betreffende Nacht gekommen ist, wo sie in ihrer Kammer zum Girgl gesagt hat, wie er im Hemd vor ihr gestanden ist: »Ja, meinen Sie, Herr Leist, meinen Sie vielleicht, mir graust vor gar nichts?«

Ganz ekelhaft energisch und abweisend hat sie das herausgebracht. »Ja, worum, Frailein?« fragt der Girgl schlicht und arglos: »Worum? Wos is denn an mir, daß Sie mi' net mög'n?« Aber das hat gar nichts geholfen. Die Köchin hat es ganz einfach gegraust, und der Girgl ist schließlich abgezogen.

»So, jetz is's aus mit dö damisch'n Weibsbilder!« hat der Girgl raisonniert, wie er mir darüber berichtete, und, meint er, auf nichts reflektiert so eine als bloß auf den Körper, auf sonst radikal gar nichts, auf keine Rechtschaffenheit, und ob einer sparen und hausen, kann erst recht nicht. Rechtschaffen und sparsam ist er immer gewesen, der Girgl, vor allem aber war er seiner Lebtag ein durchaus frommer Mensch. Wieso er unserer christkatholischen Religion so eine ausnehmende Sympathie entgegengebracht hat, das hab' ich bei dieser selbigen Gelegenheit auch erfahren.

»Oskarl«, hat er mir erklärt: »I will dir wos sog'n ... Kaafst du dir zum Beispül an Grund oder an Ochsen, glei' host wieder mehrer Arbeit, und an Haufa Geld kost's aa ... Nimmst a Weiberts, dös kost erst recht Geld und verlangt woaß der Teifi wos von dir, aber d' Religion, dö kost't gor nix und tuat koan weh ... An Opferstock? ... Ja, do hob' i doch noch jedsmoi dös ungölti Geld neig'worfa ... Es siehchts doch koa Mensch! ... Zum Herschenka hot ma' doch nix heuntzutog ...«

Selig hab' ihn unser Herrgott, den unvergeßlichen Girgl. Ich könnte noch viel von ihm erzählen. Vieles, das wo heute an allen möglichen Biertischen unseres weiten Gaus erzählt wird und sich jedesmal anhört, als sei es von irgendeinem Witzvogel frei erfunden worden. Geht man aber nach bis zur Quelle all dieser Schnurren, woher kommen sie? Von Hinteressenbach, gradwegs aus dem (jetzt der Gemeinde zugefallenen) kleinen Imsinger-Häusl . . .

OSKAR MARIA GRAF

Warum der Hammermichei ledig blieb

Vom alten Eisenhammer im oberen Bachtal unter dem Keitersberg im Bayerischen Wald steht nur mehr das schiefe Wohnhäusl des Hammerknechts und ein Stück zerbröckelndes Mauerwerk von der alten Schmiede. Den letzten Rest der Radstube, der Wasserrinne und des Rades decken die Brennesseln zu. Unter ihnen rauscht und gluckert, ewig von vergangenen Zeiten plaudernd, der kleine Bach, der einmal still und bescheiden über die faulenden Hölzer und die Steine huscht, ein andermal sich brausend mit den Schneewassern brüstet und an den letzten Trümmern der Hammerschmiede reißt. Zu den Resten des Eisenhammers zählt auch der alte Hammermichei, der aus dem Waldloch nur dann ins Dorf kommt, wenn er am Monatsersten bei der Poststelle seine Rente abholt und davon einen bestimmten Teil gleich beim Wirt sitzen läßt. Einem alten, ledigen Hammerknecht redet kein Mensch etwas ein, und er kann mit seinem Geld tun was er will. Daß der Michei ledig geblieben ist, heißt er heute noch sein großes Glück, und wie das hergegangen ist, erzählte er den Dorfleuten schon hundertmal und in vielerlei Art, aber sie hören es immer wieder gerne, weil der Hammermichei wie eine Uhr ist, die sich aufziehen läßt und dann schnurrend zur Unterhaltung der Wirtsgäste abläuft.

Wenn also der Hammermichei am Rentenzahltag beim Wirt sitzt, dann kommen sie, und wenn sich sonst nichts Unterhaltliches tun will, dann drehen sie die Reden so, daß der Michei nicht mehr an sich halten kann und wieder zum besten gibt, wie es kam, daß er ledig blieb. Da beginnt der Leiten Heiner: »Mi gfreut halt mei Weiberl«, und der Kramer Hans weiß Bescheid und fährt fort: »Ja, ja, wenn man halt a rechte Frau z'Haus hat, nacha geht ma gern hoam!« Dann ist es schon so weit, daß der Hammermichei auf der Bank wetzt, seinen buschigen Graubart verächtlich nach unten zieht und mit saurem Spott um sich wirft.

»Ich haltet's ja ledigerweis net aus«, bohrt dann der Buisensepp weiter und der Vollmer Benedikt sekundiert, daß ein richtiges Mannsbild ein

Weib braucht. Wenn es so weit ist, beginnen die flinken Augen des Michei ärgerlich zu blinzeln, und die Nasenspitze läuft rot an. Seine Stirn zieht sich zusammen wie das Dach einer Wellblechgarage. Wenn er sich dann räuspert und die knorrige Schmiedefaust heftig nach dem Maßkrug fährt, dann brauchen sich die Spitzbuben nicht mehr weiter zu bemühen; ist aber der Michei noch nicht erzählerisch aufgelegt, dann fängt der Leiten Heiner wieder hinterfotzig von vorne an:
»Bei a'm ledigen Mannsbild muaß man halt alleweil annehmen, daß ihn keine mögen hat.« Da fährt sich der Hammermichei mit der Faust über den Mund, daß der Stoppelbart rauscht, sieht einen nach dem andern mißtrauisch an und beginnt:
»Buam«, fängt er an, obgleich die Zuhörenden schon gestandene Mannsbilder sind und selbst schon Buben daheim haben, »Buam«, sagt er wichtig, »tuats net so dumm daherreden. Es is alles Schicksal! I hab das Schicksal amal befragt und bin ledig blieb'n und es hat mi net gereut.«
Dann hebt er die rechte Hand und zeigt sie herum. »Buam, sehgts den Finger? Gell, den siecht man net, weil er nimmer da is! Wär der Finger noch da, dann hätt' ich mein Leben lang a Bißgurn am Hals ghabt.«
Verständnisvoll nickend betrachten sie dann seine Faust, bei der der Zeigefinger fehlt. Aus den vielen Erzählungen des Michei wissen sie alle, daß er es als junger Bursch auf die Wenzenmirz abgesehen hatte, die dann einen andern nahm, dem sie durch Zänkereien und Bosheiten das Leben sauer machte, bis ihm die Galle platzte und er in den ewigen Frieden einging. Um die Vorgeschichte abzukürzen, springt der Kramer Hans ein: harmlos tuend will er wissen, wie das denn eigentlich gewesen sei, damals, als der Hammermichei das Schicksal befragte.
Und der Michei erzählt und kichert dazu mit feuchten Augen, während er immer noch seinen Fingerstumpen in die Höhe hält.
»Also, i sags wie's is, auf die Wenzenmirz bin i ganz narrisch gwen. Umtrieben hat's mich wia a legate Henn und schlafa hab i aa nimmer könna. Sie hat gscherzt und glacht mit mir, aber alleweil bin i im Zweifel gwesen, ob's mi mag oder net. Also, da bin i amal aufgstanden in der Nacht, weil i net hab schlafa könna und bin in d'Schmieden abiganga. Grad zu derselben Zeit hat der Bremsbolzen vom großen Eisenhammer nimmer recht herghalten und alle Augenblick is uns der Hammer aus der Brems ganga und niedergsaust. Also i steh in der Nacht vorm Hammer und weil eam als jungs Mannsbild nix G'scheites einfallt, hab i mir denkt: Kunst' das Schicksal amal befragen, wie des jetzt mit mir und der Mirz wird. I leg mein Finger am Amboß hin und denk mir: Wenn jetzt der Hammer obafallt, dann liebt sie mich net, bleibt

er droben, dann liebt sie mich. I steh also dort und spekulier und sag grad, sie liebt mich, sie liebt mich nicht, bumms – is der Hammer gfalln und mei Finger bis ins Eck von der Werkstatt hintrighupft.«
Der Michei kichert und wischt sich das Wasser aus den hellen blauen Augen.
»Ja und nacha?« bohrt der Kramer Hans weiter.
»Na ja«, fährt der Michei fort und versteckt seine verkrüppelte Hand, »i hab mir denkt: Es is also Schicksal, daß i die Mirz net kriag. Aber weil i dös doch gwiß wissen wollt, hab i mir die Schneid gnumma und hab's gfragt und was glaubt's, was sie gsagt hat?« Er mustert sie wieder der Reihe nach fragend, und obgleich sie die Geschichte schon hundertmal gehört haben, sagt der Leiten Heiner scheinheilig: »Was hat's denn nacha gsagt?«
»I hätt di schon mögn, hat's gsagt, und alleweil hab i gwart, bist amal was sagst, aber jetzt, mit dein Fingerstumpen mag i di nimmer.«
Der Michei kichert, aber wehmütig klingt durch sein gezwungenes Lachen das Erlebnis jener Zeit, so wie er es in einsamen Stunden tausendmal nachgelebt hat. Er nimmt einen langen Schluck, langsam und mit der Gebärde, die die Vergangenheit auslöscht und heiter erzählt er zu Ende.
»Also mir is die Gschicht lang im Kopf umganga und i hob mi lang net auskennt, was jetzt das für an Sinn ghabt haben soll, daß mei Finger davongflogn is. Nach etliche Jahr hab is aber gwißt, wia i gsehng hab, wia die Mirz mit ihran Mann umgsprunga is. Aber samtdem – Buam – i tua enks raten, befragts enker Schicksal net, dös kann leicht an Finger kosten.«
Bis dahin hat der Hammermichei seinen Krug geleert und schiebt ihn wortlos dem Nächstsitzenden zu, denn hundertmal hat er die Geschichte schon erzählt und hundertmal haben ihm die Dörfler dafür eine Maß Bier bezahlt. Wenn der Michei dann in der Nacht laut mit sich selber redend heimzu werkt, zum alten Eisenhammer, dann singt er:

»Als Lediger gstorbn, is aa net verdorbn,
mit an zanketen Wei, da verdirbst glei.«

BAUMSTEFTENLENZ (PAUL FRIEDL)

Der Großvater

Mein Großvater Ambros Mauerer war nicht reich und war nicht arm. Er war, ein Bauernbub aus Pfreimd in der Oberpfalz, Bereiter beim Grafen Giech gewesen, hatte die Kriege von 1866 und 1870 mitgemacht, ohne ins Gefecht zu kommen; und an der Front des Lebens ist er auch später nie gestanden. Unverhofft sah er sich im Besitz einer kleinen Erbschaft, von der er als »Privatier« lebte. Als solcher steht er noch in den älteren Münchner Adreßbüchern. In den neueren jedoch ist er als Altertumshändler in der Augustenstraße aufgeführt. Er hatte nämlich sein Vermögen gewaltig überschätzt und war seiner Sammelleidenschaft blindlings gefolgt, die ja durch die zahlreichen Trödelläddchen, Versteigerungen und Dulten, die es damals in München gab, immer wieder genährt wurde. Und schließlich hatte er die Wohnung voller Kostüme, Waffen, Porzellan und Walzenkrüge, aber kein Geld mehr.

Und so blieb ihm nichts übrig, als die schönen Sachen wieder zu verkaufen; er setzte sich wie eine Spinne in seinen finsteren Ladenwinkel und wartete, ohne sich viel zu rühren, auf die Leute, die etwas anboten oder haben wollten. Denen, die ein besonders geliebtes Stück erwarben, war er bis an sein Lebensende bös. Wenn er was nicht hergeben wollte, nannte er die unsinnigsten Preise, aber gelegentlich zückte ein Kunde kaltblütig den Betrag und zog mit seinem Kaufe ab.

In seinem Laden hätte auch ich gern was erstanden, denn er hatte nur geringe Kenntnis und handelte nach dem damaligen Brauch: was er für drei Mark erworben hatte, gab er um fünf weiter. Nur die schier unerschöpfliche Fülle des Kunstgutes verbürgte den bescheidenen Gewinn, den zum Schluß das Geschäft doch abwarf.

Uns Heutigen erscheinen jene Zeiten um die Jahrhundertwende wie ein verlorenes Paradies, aber mein Großvater war, genau wie der alte Adam, anderer Ansicht. Da er ja nicht wissen konnte, wie wirkliche Sorgen aussehen, brütete er sich selber alle Tage welche aus und aß unentwegt vom Baum der Erkenntnis, daß es so nicht weitergehen könne. Die Jahre, in denen es dann tatsächlich nicht so weiterging, sondern ganz anders, hat er zum Glück nicht mehr erlebt.

Er war sonst ein umgänglicher Mensch, ein echter Altbayer, die bekanntlich gar nicht merken, wie grob sie oft sind, und sich dann wundern, wie schlecht doch die andern einen Spaß vertragen. Nur um Geld durfte man ihm nicht kommen, da war es aus mit der Gemütlichkeit.

Es war immer ein Leidensgang für seine Frau, wenn sie, spähend und Erkundigungen einziehend, ob er nicht gar zu schlecht aufgelegt sei, in den Laden schleichen mußte, um sich wieder Haushaltsgeld zu erbitten.

Im besten Fall griff Herr Mauerer mit finsterer Heiterkeit in die Westentasche; meist aber warf er ihr mit der grollenden Frage: »Ja, frißt denn du das Geld?« ein Zehn- oder Zwanzigmarkstück hin, und mehr als einmal so heftig, daß es am Boden rollte oder sich gar unterm Tisch oder Schrank verschloff, so daß die alte Frau sich bücken oder auf allen vieren im Staub kriechen mußte, eine Demütigung, die der Großvater weidlich genoß, da er sie für eine gerechte Bestrafung der Dreistigkeit hielt, von ihm so mir nichts dir nichts Geld zu verlangen – – für das bißl Fressen, wie er in seinem Zorn sich ausdrückte.

Zugegeben, daß er ein bescheidener Mann war, der nicht rauchte und nicht ins Wirtshaus ging; aber ein gewaltiger Esser war er, der ein handtellergroßes Stück Rindfleisch mit der Gabel zusammenbog und in den Mund schob, es dort zu zermalmen mit kräftigen Zähnen, von denen bis zur Stunde noch nie einer weh getan hatte – später, bei seinem ersten Zahnweh, führte er sich denn auch wie ein Rasender auf. Und einen Kuchenmichel, wie er so nur meiner Großmutter geriet, zu wolkigem Gebilde leicht auffahrend in der raschen Ofenhitze, daß er schier das Rohr sprengte: den aß er ohne Anstrengung allein und meinte in behaglichem Humor, er habe eigentlich nur von der Luft gelebt.

Er hätte es doch wahrhaftig sehen müssen, wofür die Großmutter das Geld brauchte, wenn die Händlerin aus Regensburg kam mit ganzen Kränzen von Knackwürsten, wenn der alte Hausfreund Kerndlmeyer, der Lokomotivführer war und, ohne Transportspesen, von weither die köstlichsten Dinge brachte, drei fränkische Preßsäcke auf den Tisch legte, daß er sich bog, so schwer waren sie: ein weißer, ein roter und ein gemischter. Wer hätte es denn besser wissen sollen als er, daß Suppenhühner und Hasen, Rebhendl und Hirschziemer Geld kosteten, wenn auch das Paar Tauben damals auf dem flachen Land um dreißig Pfennig feil war, wenn man selber in den Schlag stieg, um sie zu holen. Und wie billig auch alles war, geschenkt kriegte man nicht einmal das Kalbszüngerl oder den Ochsenmaulsalat; das Brot war schwer zu verdienen, drum aß er's nur sparsam, und von all dem Grünzeug wollte er wenig wissen, denn wo ein Gemüs Platz hat, da hat ein Fleisch erst recht Platz. Aber das Fleisch und die Mehlspeisen, die waren »das bißl Fressen«, für das die Großmutter so bescheiden ums Geld betteln mußte und das er ihr, von Verblendung geschlagen, so mürrisch vor die Füße warf.

Eines Tages jedoch brach der Krieg aus. Die Großmutter, von ihrer Tochter, meiner Mutter, aufgestachelt, ging festeren Schrittes als sonst in den Laden, um dem unheilschwanger dort sitzenden Mann das fällige Geld abzuverlangen. Er zückte löwenknurrend ein Goldstück und warf es hin. Es tanzte über den Tisch und klimperte am Boden hin.

Mitten im Raum blieb es liegen. Die Großmutter nahm alle Kraft zusammen und ging, ohne ein Wort zu sagen.
Der Vormittag verstrich, kein Bratenduft durchzog die Wohnung. Der Großvater kam, schnupperte in der Küche herum und ging wieder. Der Herd war kalt. Die Frauen aßen heimlich ein Butterbrot und warteten, zwischen Furcht und Triumph zitternd, was nun kommen würde. Die Tochter vertrat der Mutter die Tür, als die fügsame Frau um des lieben Friedens willen doch gehen wollte, das Geld vom Boden zu nehmen.
Wir Kinder jedenfalls nahmen glühenden Anteil an dem heimlichen Kampfe, der zwischen Küche und Laden entbrannt war und in den wir, ohne alle erzieherischen Rücksichten, als Parteigänger, Späher und Boten einbezogen wurden.
»Was macht er denn?« fragte uns die Großmutter, und wir mußten berichten, daß er in finsterem Groll in seinem Stuhle saß und auf das Goldstück am Boden starrte. »Rührt sich nichts in der Küche?« horchte uns der Großvater aus, und wir teilten ihm mit erheuchelter Kümmernis mit, daß keinerlei Anstalten zum Mittagessen getroffen würden.
Es wurde zwölf Uhr, es wurde ein Uhr. Der Großvater sperrte den Laden ab und ging nebenan in die »Walhalla« zum Essen. Seit Jahren hatte er das nicht getan. Der rare Gast mußte erhebliches Aufsehen erregt haben. Wütend kam er zurück. Das Goldstück lag noch, wie es gelegen hatte. Kunden kamen; der Großvater stellte sich mit breitem Stiefel auf das blinkende Metall, aber er hob es nicht auf. Er war entschlossen, den Krieg bis aufs Messer zu führen.
Er hätte ja einen von uns Buben überreden können, der Großmutter das Geld zu bringen. Aber solch ein Ausweg wäre wider seine Ehre gegangen. Als es Abend wurde, zog er wieder ins Wirtshaus ab.
Der nächste Tag verging nicht anders, in bedrohlichem Schweigen, hier in der Furcht vor einem Ausbruch, dort in der Hoffnung auf die Nachgiebigkeit der Großmutter – und für uns Buben in einer wilden Spannung der Zuschauer bei einem Zweikampf.
Die Eierfrau wurde weggeschickt, es sei kein Pfennig Geld im Hause. Sie wußte nicht, was sie davon halten sollte. Nachbarinnen kamen, in scheinheiliger Sorge zu fragen, ob wer krank sei. Die Reputation des Hauses stand auf dem Spiel – aber das Goldstück blieb liegen. Der Großvater, ungefrühstückt und mit Zorn im Bauch, nichts als Zorn, pfiff mittags den Hunden und ging weiter fort, in ein fremdes Gasthaus, wo ihn kein dummes Gerede stören sollte. Die Großmutter zerfloß in Angst und Mitleid, aber meine Mutter schmiedete sie mit grausamer Härte: Jetzt oder nie müsse sie dem Wüterich die Schneid abkaufen.

In München geht die Sage von einem Königlich Bayrischen Kommerzienrat, der in einer ähnlichen Lage, als ein auf der Burg belagerter Zwingherr, sich kurz entschlossen von einem Dienstmann aus dem nahen Augustinerkeller einen Nierenbraten holen ließ, Tag für Tag – und der schließlich, an diese Leibspeise gewöhnt, bis an sein Lebensende, auch nach längst geschlossenem Hausfrieden, an dem wunderlichen Brauche festhielt. So eisern war mein Großvater nicht. Am dritten Tag beugte er sich, brachte das Goldstück in die Küche und legte es, schweigend zwar, doch artig, auf den Tisch.
Es war wie im Märchen vom Dornröschen – Haustyrannei und Verzauberung waren mit einem Schlage gebrochen, das Feuer prasselte im Herd, die Kochlöffel rührten sich, die Eierfrau bekam ihr Geflügel abgekauft und in allen Töpfen schmorte und brodelte es. Ein gewaltiges Versöhnungsmahl wurde gerüstet.
Der Bittgang ums Haushaltgeld ward von Stund an um vieles leichter. Den düsteren Sorgenblick zwar und das abgrundtiefe Seufzen hat die Großmutter nach wie vor hinnehmen müssen, denn die Lebensangst, bei vollen Schüsseln Hungers sterben zu müssen, war dem alten Mann nicht mehr auszutreiben. Aber nie mehr stellte er an seine Frau die Frage, ob sie das Geld fresse, und seine Hand blieb ruhig, wenn er ihr das übliche Goldstück reichte.
Wenn mir heute, wo alles so viel schwerer geworden ist, meine verehrte Gemahlin einen Hundertmarkschein um den andern entreißt, juckt's mich auch manchmal in den Fingern, und die bescheidene Neugier, zu erfahren, wohin all das Geld verschwindet, möchte mich zu häßlichen Fragen verleiten. Aber dann denke ich, nach einem halben Jahrhundert, an den Großvater und winke sogar noch müde ab, wenn mir meine Frau erklären will, wieso und wofür. Credo, quia absurdum est – ich glaube es, so unglaubwürdig es auch sein mag.

– und der Enkel

»O weh, o weh!« sagt der Vater beim Frühstück, und er scheint ehrlich erschrocken: »es steht sogar schon in der Zeitung, daß der Thomas so ungezogen ist. – Hör zu, Mammi!«
Auch die Mutter ist nun sichtlich betroffen und gar der Thomas rutscht unbehaglich auf seinem Stuhl herum, wie jetzt der Vater ohne Stocken aus dem Morgenblatt vorliest, daß der fünfjährige Sohn Thomas des bekannten Schriftstellers Doktor Eugen Roth in der Fuststraße sich zu einem Lausbuben zu entwickeln scheine, der bereits der Schrecken der gesamten Nachbarschaft zu werden drohe. Dem in der Gegend pa-

trouillierenden Schutzmann werde geraten, ein wachsames Auge auf den Burschen zu haben.
Thomas ist von dieser Nachricht offenbar tief beeindruckt, aber sein Wissensdrang ist noch stärker als seine Angst. »Papi, was heißt das: patrulieren?« Die Mammi lacht! Der Vater aber bleibt ernst: »Patrouillieren«, sagt er sachlich, »kommt aus dem Französischen und heißt soviel wie beobachtend durch das Gelände marschieren – du hast ja wohl selbst schon den Schutzmann vorn an der Ecke stehen sehen; aber –« so fährt der Vater drohend fort und wirft einen strengen Blick auf die Mutter, »wenn auch die Mammi lacht, es ist nichts zum Lachen, wenn man sehen muß, daß alle Welt schon weiß, was für ein Bösewicht du bist – und dabei versprichst du immer, daß du ein liebes Kind sein willst!«
Thomas lächelt nicht; würdevoll und bescheiden bittet er, einen Blick in die Zeitung tun zu dürfen. »Du kannst ja noch gar nicht lesen!« will der Vater abwehren, aber schon hat Thomas das Blatt ergriffen und läßt seine Augen, ohne auch nur eine Miene zu verziehen, über die Seite schweifen. Und – »Halt!« ruft er plötzlich: »da steht ja noch was!« Und er liest den staunenden Eltern ernsthaft und fließend vor: »Thomas könnte vermutlich ein liebes Kind werden, wenn er nicht immer gehaut würde.« Legt die Zeitung hin und frühstückt weiter, als ob nichts gewesen wäre.

Der vierjährige Thomas ist ein liebenswürdiges und hilfsbereites Kind; und wo er sich im Hause nützlich machen kann, tut er's. Vorausgesetzt natürlich, daß es ihm selber Spaß macht. Wie zum Beispiel, zum Gärtner Schammerl zu gehn und fürs Mittagessen einzukaufen.
Der Gärtner Schammerl hat, keine zweihundert Meter von uns, auf einem von mannshohem Unkraut überwucherten Trümmerfeld, eine Baracke bezogen, in der er allerlei Gemüse, Obst und Grünzeug feil bietet, nichts besonderes freilich, denn grad erst beginnt der Währungsschnittlauch zu wachsen, das dicke Butterbrot des Wirtschaftswunders wagt noch kein Mensch zu ahnen.
Zwar liegt der kleine Laden an der Hauptstraße, aber auf unserer Seite, so daß der Thomas ungefährdet seinen Weg machen kann. Und wenn er in spätestens zehn Minuten nicht zurück ist, schauen Vater, Mutter oder Magd um die Ecke, ob er noch nicht herantrabt.
Er beeilt sich auch immer, denn die ärgste Beschämung für ihn ist, daß ihn wer im Geschäft selbst abholt und damit zeigt, daß man ihm eine so wichtige Aufgabe doch allein noch nicht anvertrauen kann. Da wird er dann rasend vor Wut, wirft alles hin und rennt heulend heim, sich im Garten zu verstecken.

Der Gärtner Schammerl ist ein gutmütiger, fröhlicher Mann mit einem Rübenkopf, kräftig, jung noch, aber im Krieg ist ihm der linke Arm lahm geschossen worden und an der rechten Hand fehlen ihm drei Finger, es schaut ein bißchen grauslich aus, wenn er mit Daumen und Zeigefinger, wie mit einer Krebsschere, die gelben Rüben ergreift oder einen Kohlkopf mit einer schleudernden Bewegung an die Brust drückt, um ihn zur Waage zu tragen. Aber Thomas liebt ihn, wegen seiner Späße und wohl auch wegen der Kirschen und Pflaumen, die für ihn abfallen.

Übrigens ist der Knirps, gottlob und im Gegensatz zu uns Schüchterlingen seinerzeit, die wir als Kinder uns in keinen Laden trauten, ein mutiger, ja ein gestrenger Einkäufer; und wenn wirklich der Kunde König ist, dann ist der Thomas der verheißungsvollste Kronprinz, der sich denken läßt.

Er behauptet – wenns sein muß, mit kühner, aber nicht frecher Rede – seinen Platz, wenn ihn die Großen wegdrängen möchten, er schaut wie ein Luchs, er richtet auch tapfer und treu aus, daß der Rettich gestern pelzig war, und er ruft dem Gärtner Schammerl mit seiner Pipsstimme warnend zu: »Daß du mir fei was Gutes gibst, sonst komm ich nimmer!«

Wieselflink läuft er und atemlos stellt er das Körbchen auf den Küchentisch, und nun will er aber auch noch gelobt sein, daß nichts vergessen ist, weder die Petersilie noch die Zwiebeln, und es erfreut ihn unbändig, wenn die Mammi sagt, daß das die schönsten Radieschen sind, die sie seit langem gesehen hat. Er ist sich seiner Wichtigkeit bewußt und nimmt es für bare Münze, wenn wir sagen, ohne ihn ginge es nicht.

Wo viel Licht ist, da ist viel Schatten. Der Thomas hat also irgendwas angestellt, eine Blume geknickt, ein Loch gegraben, einen Löffel verworfen – es gibt einen Klaps und den herben Tadel, daß er ein böses, ein ganz und gar unnützes Kind sei.

Den Klaps und das böse Kind hätte er noch hingenommen; aber unnütz? Das ging gegen seine Ehre. »Nie wieder gehe ich für euch zum Gärtner Schammerl!« ruft er drohend. Wir ertragen es mit Fassung, sehr zum Schmerz des zürnenden Achill.

Am andern Tag, die Mammi hätte gern ein paar Stangen Lauch gehabt, erinnert sich Thomas rechtzeitig seines Schwurs: »Nie wieder gehe ich für euch zum Gärtner Schammerl«, ruft er grollend und bemerkt gar nicht, daß ihn niemand darum gebeten hat. Der Vater geht selbst die paar Schritte, um die Kleinigkeit zu besorgen. Am dritten Tag zieht es ihn schon an allen Fingern nach dem Körbchen; und in seiner Zornesstimme ist schon ein ersticktes Schluchzen: »Nie wieder ...« – »Ja, wir wissen es bereits, auf dich ist nicht mehr zu rechnen!«

Niemand schickt ihn, niemand bedarf seiner. Er fühlt sich völlig übersehen. Um so lauter brüllte er: »Nie wieder gehe ich für euch zum Gärtner Schammerl!« Unversöhnlich, unbeugsam ist sein Wille. Sogar abends, im Bett, anstelle des Nachtgebets, muß er's uns noch einmal mitteilen, daß er eisern entschlossen sei, uns seine unentbehrlichen Dienste, den Gärtner betreffend, nie mehr zur Verfügung zu stellen.
Länger wollen wir ihn nicht leiden lassen. Am vierten Tag streicht er sehnsüchtig in der Küche herum. »Jetzt brauchten wir halt ein liebes Kind«, klagt die Mammi, »das uns zwei Pfund schöne, rote Tomaten beim Gärtner holt!« Noch steht er versteckt in der Ecke, das »Nie wieder . . .« zuckt und zerrt schon an seinen Lippen. »Kann nicht ich . . .?« frage ich scheinheilig; aber die Mammi sagt: »Nein, das kann nur der Thomas!«
Und der Thomas weint und lacht zugleich, Erlösung und Jubel überströmen sein Gesicht, er reißt das Körbchen an sich, wartet das Geld gar nicht erst ab – »zwei Pfund?« fragt er noch zurück und wie ein Pfeil dahin schnellt er zum Gärtner Schammerl.

EUGEN ROTH

Die Zimmerwirtin

Herr Schieferl, hab i zu eahm g'sagt, ich muß Ihnen bitten, daß Sie nicht immer mit de Stiefi auf'n Sofa liegn. Sie sind ein gebildeter Mensch, hab i gsagt, aber mit de dreckatn Stiefi legt sich höchstens eine Wildsau auf a frischhergrichts Sofa. Ham ja de Herrn aa a Freud, wenn 's Sach schö beinand is, net. So hab i's eahm oft durch die Blume gesagt, aber gnutzt hat's nix.
Stelln S'n nur da her, Ihrn Koffer, Herr Doktor. So – Sie san koa Doktor, macht nix, Herr Doktor. I raam s' na scho ei, Eahnere siebn Zwetschgn. Mei, früher waar's mir aa net eigfalln, daß i a Zimmer hergib, aber de wirtschaftlichen Zeitn, net, da nimmt ma halt des Kreuz auf sich mit so a'ran Zimmerherrn. Is mir koa Vergnüagn, derfa Sie's glaabn. Aber liaber wia a Freilein is mir allweil no a Herr. – Des ewige Gebritschel und Gekoch in der Wohnung mit so oaner und bald braucht's a warms Wasser und bald an Spiritus und na möchts an Fadn und nacha brauchats d'Maschin – – an Herrn derf i halt gar net spürn. I hab ja nur bessere Herrn ghabt. Der Schieferl, no, wenn des mit'n Sofa net vorgfalln waar, i hätt a Aug zuadruckt, weil er mir allweil sei Zigarrnaschn in den Stock von meiner Aurakalie neigstroaft

hat. Sehng S', da stehts. Da möcht i Eahna halt bittn, daß auf de Aurakalie aa a bißl obacht gebn. Sie vertragt halt an Rauch so schlecht und a Ruah muaß ham, net allweil wegstelln. Sehng S', de Tür vom Kastn braucha S' gar net ganz aufmacha. Da könna S' bequem nei. – Ganz voll hänga S'n ja so net, na hat de Aurakalie ihr Ruah.

Des Bild da möchtn S' weghänga? Des werd si halt schwer macha lassn. – Da waar i Eahna scho dankbar, wenn des bleibat. Weil's halt Gegnstücke san. Des is unser Vetter, a Gschwister Kind von unsern Schwagern. Des is da Geheime Direktionsrat Roglhammer. I taat mir Sündn fürchtn, wenn i den von sein Ehrenplatz überm Sofa wegnemmat. Wia oft hat er da sein Kaffee trunka und allweil hat er gsagt, Frau Bas, alabonähr, hat er gsagt: Des is a Kaffee! Des is a Kaffee! An solchn hat er bei seiner Frau dahoam net kriagt. De hat an Dauma draufdruckt. Mei, des hätt er leicht ham könna.

Sehng S', da hängt as Gegenstück: Des bin i, als junges Mädchen. Täuschend! Net. A bißl ausanand bin i halt ganga. Damals hätt mi der Roglhammer vom Fleck weg gheirat, aber des war a richtiger Doschuan, und nix Gwiß woaß ma net, vielleicht waar i na dagsessn.

Weil ma grad davo redt, Herr Doktor, wegn de Besuche sozusagn. I siech's halt gar net gern, wenns aus und eigeht wia in an Taubnschlag. Mit'n Herrn Schieferl hab i da aa a ernsts Wort redn müassn. Des oane Freilein waar a Patenkind von seiner Schwester gwesn, und des ander sei Schwester selber und a Nichte hat er aa ghabt. Von de Briefe mag i gar net redn. Geht mi nix o! Aber i hab gsagt: Herr Schieferl, wenn Sie nur lauter Damen in der Verwandtschaft ham und glei so vui, na wern ma net alt mitanand.

Is nur, daß ma redt, Herr Doktor. Den Regulator da, den laß i nach Neujahr richtn. Des ist a selten schöne Sach. Mei Mo hatn vorm Kriag beim Verbandsfest rauskegelt. War der erschte Preis! Wern S' kaum mehr oan findn, der wo so an gschnitztn Adler hat. Jetzt steht halt as Werk. Werd scho der Herr Schieferl so lang dro gricht ham. Aufs fremde Sach paßt ja koaner auf. Schaugn S' nur de Tischdeckn o! A kostbars Stückl. Der Blüsch is net zum Umbringa, aber glüahade Zigarettn halt er doch net aus. Da legn ma a schöns Deckerl drauf, des wo zu de Sofaschoner paßt, nachher ham S' a Freud dro, Herr Doktor.

Wenn S' Eahna wirklich amal auf des Sofa hilegn möchtn, i kann's Eahna natürli net verwehrn, kummt ja vor, daß oan amal übel is, oder d' Nerven lassen aus – aber mit der Hilegerei werds bei an junga Menschn net besser. Wenn si oans amal legt – ma steht um so schwerer auf. I sag halt allweil, a Freid müassn meine Herrn an dem Sach ham . . .

JULIUS KREIS

Vom Wetter

Frühjahrsmüdigkeit
I woaß ned, was des is, Herr Dokta
– i kannt oiwei schlaffa . . .

Föhn
Is a no oiwei da?

Katarrh-Wetter
Jetzt daad i'n ostecka . . .

Herbstln tuat's
Lang kon ma eh nimma im Frei'n sitzn.

Bei uns im Haus

Das Haus, in dem Leonhard Knie wohnte, gehörte einer großen Versicherungsgesellschaft. Die Versicherung hatte viele solche Häuser. Sie waren alle häßlich, vierstöckig und besaßen Etagenbäder. Laut Rentabilitätsberechnung waren sie eben im Begriff, sich zum fünften Male zu amortisieren. Gegenwärtig wurden vom Mietüberschuß des einen Hauses folgende Ausgaben bestritten: Das Grundieren der Balkongitter mit roter Mennige, zwei 15-Watt-Lampen für Waschhausbeleuchtung und ein Kanister minderes Bodenöl für die Treppen. Ferner wurden bezahlt: Der Kuraufenthalt des Prokuristen Amend in Badgastein, eine Brücke im linken Unterkiefer seiner Frau, mehrere zweiteilige Brüsseler Kombinationen für die sechsundzwanzigjährige, etwas lesbische Tochter des Hauptaktionärs sowie das Aufbinden der Maréchal-Niel-Rosen im Seegrundstück des Aufsichtsratsvorsitzenden. Nicht zu vergessen auch dessen Putzfrau. Den Rest des Gewinnes versteckte der flaschenköpfige und sehr ergebene Hauptbuchhalter in seiner Jahresbilanz wie der Osterhase die Eier. Der Eingang und der Treppenaufgang des Hauses waren zuletzt geweißt worden, als Freiherr von Hünefeld den Ozean überflog. Das war nun doch schon recht lange her, und von dem ursprünglichen Licht- und Schattenmuster war nur mehr der Schatten geblieben. Seitdem hatten mehrere Jahrgänge die Wände, vornehmlich unter Verwendung von kleinen grünen Kastanien, Zimmermannsbleistiften und Ziegelbrocken, mit unterhaltsamen Informationen oder Gemälden versehen.

Im allgemeinen hingen die Mondstraßler, insbesondere die von Nummer 46, mit sanfter Liebe und dumpfem Beharrungsvermögen an ihrem Haus. Fast alle liebten leise das befreiende Scharren der porzellanenen Abortzuggriffe, das Herunterlassen der Milchladenjalousie und das Geschepper der Radlfelgen, die von dem zockelnden Kinderhaufen über das Trottoir getrieben wurden. Selbst die Kreissägestimme der Hausmeisterin wurde mit zartem Masochismus genossen. Es gab da keinen, der aus dem Zuschnappen einer Wohnungstüre nicht genau die Stimmung, den Gesundheitszustand oder den Erfolg des absolvierten Tagewerkes seiner Mitbewohner hätte heraushören können. Jedes Knarzen einer Stiefelsohle, das Abstellen der Fahrräder in den Stockwerken, das Schnaufen der Mütter mit den gefüllten Kohlenkübeln, die nassen Streifen einer gewischten Treppe und das blecherne Geräusch beim Briefkastenaufsperren wurden haargenau und treffend analysiert.

Wenn ihr »Mandi« abends aufsperrte, erkannte Frau Blätsch, die doch bestimmt nicht die hellste war, am Klingeln seines Schlüsselbundes schon seine ehelichen Absichten. Und sie richtete sich danach. Die Art des Zusammenlebens in dem Hause hatte einen Grad von Harmonie erreicht, den man auch als Monotonie bezeichnen konnte. Immerhin besaß aber jedermann eine besondere Individualität, die er stolz »sein Leben« nannte.

Im vierten Stock tat dies vor allem in ihrer zweizimmrigen Mansarde Fräulein Sidonie Innig. Oft hatte sie schon festgestellt, daß ihr der liebe Gott, wie so vielen anderen Mitmenschen, den einzig richtigen Namen ausgesucht hatte. Sie war in hohem Grade innig, wenn auch schon dreiundfünfzig, und sie wußte beides. Sidonie lebte von einer Rente, die ihr ein Papierwarengroßhändler zahlen mußte. Ihre Mutter selig war Teilhaberin in dem Geschäft gewesen. Als Sidonie dreiundzwanzig Jahre alt war, geschah an ihr die große Liebe, die sie bis heute hervorragend konserviert hatte. Wie sich manche Leute an den Besteckkästen und ihrem Silber ergötzen konnten, die sie zum Hochzeitstage bekommen und getreu nach deutschem Brauchtum seitdem nie mehr benutzt hatten, so freute sich Fräulein Innig stets an dem Geschenk der einzigen Liebe. Sie war so echt gewesen, daß man sie niemals zu polieren brauchte. Nullkommaneunzig gestempelt. Alle die kleinen Kapitel ihrer Liebesnovelle fielen zeitlich mit melancholischen oder zärtlichen Schlagern zusammen. Als sie der Helmut zum erstenmal in dem alten Café bei der Bahnüberführung zum Tanzen holte, spielten sie gerade die Melodie: »Adieu, mein kleiner Gardeoffizier.«
Natürlich war er kein Gardeoffizier gewesen, sondern Schriftsetzer, aber sie liebte ihn vom ersten Tangoschritt an, mit dem er sanft versuchte, ihre züchtig geschlossenen Knie ein wenig zu öffnen. Beim Heimgehen gab er ihr auf der Höhe vom Hillerhausblock den ersten Kuß, den er etwas ungeschickt ansetzte, so daß er nur ihr Kinn traf. Schon am Sonntag darauf passierte es aber. Es war auf einer dürren Grasinsel, in den Anlagen beim kleinen Hinterbrühler See. Wenn die Sidonie etwas mehr Geld hätte, würde sie dieses Fleckerl Erde heute noch kaufen. Hernach brachte sie der Helmut zart auf die Straßenbahn und begleitete sie heim. Sie war ja immerhin schon dreiundzwanzig, damals.
Dann kam eine lange Zeit, in der sie miteinander gingen; das ganze Haus wußte es, daß der Helmut *ihr Herr* war. Sie hatten sich beim Frühlingsfest mit der Nagelschere der Sidi leicht in die Zeigefinger gestochen und die zwei dünnen Blutströpfchen am Rand ihres gemeinsamen Bowlenglases abgestreift. Der rote Lebenssirup zog mehrere geheimnisvolle Fadenspiralen im süßen Ananastrunk, und dann leerten sie den Becher. Das galt.

Seinerzeit war der Schlager von der guten Kameradin modern. »Mach was du willst mit mir«, sang die Sidi im Augenblick des Glückes mit schleifenden Schritten auf dem Fliesenparkett unter den Kastanien. Der Helmut machte das auch, wenn es nur irgendwie ging. Sie hatte ihn so lieb, daß sie oft weinte vor Sehnsucht, und ihr Gefühl war fast chemisch rein. Dann kam ein maßloser Unsinn. Der Vater vom Helmut, der Beamter war, wurde versetzt, nach Dresden. Helmut ging mit, sie aber mußte dableiben und ihre Liebe auch. Sie fuhren mit der Linie 12 zum Hauptbahnhof. Er stand am Einsteiggitter, und die Sidi las ständig die völlig blödsinnige Aufschrift *Linke Hand am linken Griff*.

Dann ging sie schnell heim und hielt die beiden Hände um ihr Herz, wie bei einer Kerze, die nicht auslöschen darf. Zu Hause bettete sie ihre Liebe in ein luftdichtes Phantasiefutteral, das innen blau ausgefüttert war. Sie schrieb ihm nie mehr. Dies hatten sie sich am Abschiedsabend unter schluchzendnassen Tränenküssen versprochen. Das tat noch extra gemein weh. Die salzigen Tränen waren aber gleichzeitig die Medizin, mit der die Sidi ihr erstes Glück einbalsamierte.

Alle Schallplatten, die es aus dieser Zeit gab, kaufte sie sich. Später ging sie schon noch mit ein paar anderen Herren. Als sie über Dreißig war und die Mutter starb, sagte sie »man ist ziemlich allein«. Sie trug aber von da ab sonderbare Frisuren, die sie selbst erfand. Auch farbige Schleifen oder eine rote Aster mochte sie gerne im Haar. In der Leihbibliothek war sie eine gute Kundin. Einmal kaufte sie sich einen Hund, aber der wurde schon am dritten Tage ganz schnell überfahren. Da blieb sie wieder allein und sang ein bißchen. Alle Leute im Haus konnten sie gut leiden.

SIEGFRIED SOMMER

(aus seinem Roman »Und keiner weint mir nach«)

Protokoll

Aufgenommen am 15. September 1970 durch den endesunterzeichneten Hilfswachtmeister Benno Starzinger, Stadt- und Ordnungspolizei zu München. Als Zeugen, die meist sofort und ohne jeden geistigen und körperlichen Zwang ihre Aussagen machten, haben weitere Personen unterschrieben, die am Ende dieses Protokolls aufgeführt sind.

Zum Vorfall habe ich folgendes zu sagen:

Am 14. September 1970, nachts 23.45, begab ich mich in die Wohnung der verwitweten Eisenbahnlokomotivführersgattin Maria Berger in der Feilitzschstraße 117, da ich von einer mir bis dahin unbekannten, nur notdürftig bekleideten Person weiblichen Geschlechtes aufgefordert wurde, diese Wohnung sofort aufzusuchen und diesem, wie die Person sagte, »Saustall« ein Ende zu bereiten. Die Person trug ein dünnes Nachthemd und darüber einen braunen Regenmantel mit herabhängenden Taschen. Alter unbestimmt, da in diesem Augenblick in der Feilitzschstraße wie immer starke Dunkelheit herrschte.

Als ich das Haus Feilitzschstraße 117 betrat, schlug mir schon von unten her aus dem 5. Stock heftiger Lärm entgegen. Daraufhin stieg ich zu demselben empor.

Als ich nach mehrmaligem Klopfen mit einer herumliegenden Fahrradpumpe in die schon geöffnete Wohnung eindrang, bot sich mir ein widerwärtiger Anblick. Auf dem mit Bier und Milzwurstresten überzogenen Fußboden eines Raumes, der mir später von der Wohnungsinhaberin als möbliertes Zimmer bezeichnet wurde, lagen die Körper einiger männlicher und weiblicher Besucher umher. Infolge der langen Haare, die auch von den Männern getragen wurden, erkannte ich sofort, daß es sich hier um asoziale Elemente handelte. Sie trugen teils nur wenige Bekleidungsstücke, teils oft überhaupt keine. Diese waren mit farbigen unkeuschen Bildern und mit Papierblumen bedeckt, die sie sich um die Hüften und um die anderen Glieder gewunden hatten. Dieselben hatten auch keine Schuhe an, sondern sie streckten ihre nackten Beine steil in die Luft, so daß man daraus schließen konnte, daß es sich hier um keine ordnungsgemäße Ansammlung von Personen handelte.

Einige der Besucher hatten gefüllte Biergläser in der Hand, andere rauchten Zigaretten, die aber keine waren, sondern ich konnte sie auf Grund meiner Ausbildung als verbotswidriges Haschisch erkennen. Das sah ich auch an den Blicken, die die am Boden liegenden Besucher teilweise zur Decke des Raumes, teilweise zu mir emporwarfen. Sie waren starr, und man merkte, daß sie an etwas ganz anderes dachten.

Leider mußte ich bei meinem Eintreten bemerken, daß mir einer der am Boden liegenden Besucher, sofort als er meine Uniform erkannte, ein Bierglas, das einen halben Liter faßte, an den Kopf warf. Infolge meiner japanischen Selbstverteidigungsausbildung, die ich durch den Herrn Polizeipräsident persönlich erfahren habe, konnte ich denselben gerade noch auf die Seite werfen. Hierauf flog das Bierglas der in diesem Augenblicke eintretenden Wohnungsinhaberin an die Brust.

Diese eilte sofort auf mich zu und sagte: Gott sei Dank, Herr Wachtmeister, daß Sie da san. Schaung S' nur grad her da, wia's da herinn in meiner Wohnung zuageht. An oan von diese Kerl hab i mei Zimmer vermiet', und jetzt bringt er mir jed'n Abend die ganze Hippiebande

daher. I bitt Eahna gar schö, Herr Wachtmeister, was tua i denn da?
Ich entfernte zuerst die Glassplitter des Bierglases von ihrer Brust, dann nahm ich ihre weiteren Personalien auf. Der auf dem Boden liegende männliche Besucher, der mir das Bierglas entgegengeschleudert hatte, redete uns dauernd dazwischen. Erst als ich ihm mit der Spitze meines Schuhes etwas in die Seite trat, sank er in sich zusammen und verfiel wieder in tiefen Schlaf.
An seiner Stelle wachten andere der am Boden liegenden Besucher auf. Als sich ihre Blicke an mich gewöhnt hatten, gaben sie sogleich zu erkennen, daß sie mit meiner Anwesenheit nicht gerechnet hatten.
Ja, was wui denn der da? riefen sie. Oder: Johannes, den schaug o. Wia derf denn der Kasperl zu uns da raufkemma?
Eine der weiblichen Besucherinnen, die lediglich mit einem Handtuch bekleidet war, auf dem *Städtisches Volksbad* stand, und die unterhalb von mir auf dem Boden lag, versetzte mir mit ihrem nackten Fuß einen Tritt gegen mein Schienbein. Du gell, rief sie, tua di fei ja schleicha. Geh hoam zu dei'm Polizeipräsidenten und bring eahm a Pris Haschisch mit. Vielleicht werd er nacha a bisserl heller in sei'm Köpferl.
Daran erkannte ich, daß es sich um eine Besucherin handelte, die ihrer Sinne nicht mehr mächtig war. Als ich ihre Personalien verlangte, forderte sie mich zu einer Handlung auf, die sogar in Bayern als Beleidigung gilt und die schriftlich nicht wiedergegeben werden kann.
In diesem Augenblick betrat außer der Wohnungsinhaberin auch noch ein älterer Mieter aus dem dritten Stockwerk das möblierte Zimmer. Er war mit einer hellblauen Schlafanzughose und einer grünen Strickweste bekleidet. Es war der Sozialrentner Martin Bauberger. Er schlug bei dem Anblick, der sich ihm bot, die Hände über dem mit einem Gamsbarthut geschmückten Kopf zusammen.
Ja du liaber Himmivater, rief er, so schaugts jetzt aus in unserm Land! Lauter junge, kräftige, hoffnungsvolle Bayern! Und was ham s' aus dene jetzt g'macht, diese zuagroastn Schlawiner?! Wracke, Ruinen – und oana bricht mehra zamma wia der andere. In diesem Augenblick war es auch der Wohnungsinhaberin nicht mehr möglich, sich zurückzuhalten. Frühers, rief sie laut, wia i no jung war und wie's no koane ausländisch'n Gammler geb'n hat und Hippie, da hat ma no nix gwußt von Haschisch und Marihuana – da ham die junga Bayern no Bock gsuffa und Salvator und nacha sans s' drunt glegn unter die Tisch, glücklich und zufriedn. Der Wohnungsinhaberin war es vor Schmerz nicht möglich weiterzusprechen, sondern sie sank auf einer Kautsch zusammen, auf der schon eine mit unsittlichen Abziehbildern überklebte Fotoschülerin aus Duisburg lag. Des is das Ende, stöhnte die Wohnungsinhaberin. Des is der Untergang von ganz Bayern.

Es gelang mir nach einiger Zeit, die Fotoschülerin von der Wohnungsinhaberin zu entfernen. Den wirr um sich herblickenden Sozialrentner brachte ich neben der mit dem Handtuch vom städtischen Volksbad bekleideten Besucherin unter, die jetzt nicht mehr mit dem Fuße nach mir stieß, sondern mit starr zur Decke gerichteten Augen auf dem Boden lag. Ich deckte den Sozialrentner mit einem persischen Bettvorleger zu, der einem fliegenden Teppichhändler aus Jerusalem gehörte, der unter einem ebenfalls schlafenden Fahrradmechaniker aus Straubing lag.

Nachdem ich alle anwesenden Personen auf diese Weise versorgt hatte, zog ich mich in die Wohnküche der Wohnungsinhaberin zurück. Dort habe ich dieses Protokoll verfaßt. Wenn es von den Zeugen unterschrieben ist, werde ich es meiner vorgesetzten Dienststelle übergeben. Damit die ausländischen Zustände in Bayern nicht doch noch zu einer Katastrophe führen.

Dies bezeugen:

Benno Starzinger, *Hilfswachtmeister*
Maria Berger, *Witwe*
Martin Bauberger, *Sozialrentner*

CARL BORRO SCHWERLA

Mit Baiern leben

Das Bayrische hat ein Irxnschmalz

Das Bayrische ist, wenn ich es auf eine kurze Formel bringe, eine männliche Sprache.

Was soll das heißen? Nun, von der Sprache verlangt zum Beispiel der Franzose, daß sie seine Einfälle ordne und klar zum Ausdruck bringe, der Italiener, daß sie das Pathetische und Rhetorische, dessen er fähig ist, in schönen Klang ausmünze. Der Deutsche mutet seiner Sprache zu, daß sie ihm in die höchsten Regionen abstrakten Denkens folge und in die tiefsten Hintergründe des Gefühls. So könnte man das Italienische eine prächtige, das Französische eine klare, das Deutsche eine reiche Sprache nennen. Hinter der Sprache wird immer der Mensch sichtbar.

Es gibt keinen Einheitsdeutschen, Gott sei Dank! Der ungeheure Reichtum der deutschen Schriftsprache entspringt nicht nur den Anforderungen, die der Drang zum Metaphysischen an sie stellt, nein, es hat an ihrem Gesicht, dessen erste Züge ein Mann und ein Stamm bestimmten, auch die verschiedene Geistigkeit der deutschen Stämme mitgeformt. In den Dialekten lebt die deutsche Vielgestalt noch ihr unvermischtes sprachliches Dasein.

Warum ist Bayrisch eine männliche Sprache? Es ist grob gegen das gemütliche Frankfurterisch, saftig-sinnlich gegenüber dem Ostpreußischen; sein Witz ist trockener als der des rheinischen Platt, gemütvoller als der der Berliner Zunge; seine Haltung ist würdevoll im Vergleich zum Obersächsischen, kraftvoll im Vergleich zum Wienerischen, klangvoll im Vergleich zum Alemannischen; neben dem Pfälzischen erscheint es schwerfällig, neben dem Schwäbischen durchsichtig.

Es ist eben die Sprache des bayrischen Menschen, der über die Anmut die Kraft stellt, über die geistige Ergründung die sinnliche Anschaulichkeit, über die Beweglichkeit die festgefügte Form. Nie, wenn man vergleicht, entfernt sich die Eigentümlichkeit des Bayrischen von dem, was man unter Männlichkeit versteht. Im Umkreis der bayrischen Sprache und Überlieferung ist alles auf den *Mann* zugeschnitten, nicht auf den Greis, nicht auf den Jüngling, nicht auf die Frau. Der Mann in der Vollkraft der Jahre, im Besitz eines ordentlichen Anwesens, einer Frau und einer schönen Zahl Kinder, das ist die Norm, von der aus alles gemessen wird. Dieser Mann arbeitet hart in der Woche, geht am Sonntag in die Kirche und danach ins Wirtshaus, hält seiner Frau die Treue, ist streng mit dem Gesinde, verachtet die Besitzlosen, hat einen gewissen Respekt vor den Studierten, ohne sich von ihnen viel sagen zu lassen, und behauptet zäh sein Recht.

Vorher, bevor er den Hof erhält – und das geschieht meistens erst, wenn er kräftig in den Mannesjahren steht –, ist er nichts, gar nichts. Er muß arbeiten wie ein Knecht. Er darf's mit den Weibern haben, Dummheiten machen und raufen, es wird nicht beachtet. Nachher, wenn er übergeben hat, d. h. den Hof einem Sohn oder dem Mann einer Tochter überläßt und in den Austrag geht, ist er wieder nichts. Und wenn er tausendmal der tüchtigste in der ganzen Gegend war, er ist nichts. Wenn seine Zeit gekommen ist, legt er sich hin und stirbt. Das ist alles.

Von der Frau wird viel verlangt, und scharf ist das Urteil, wenn sie nicht zu hausen versteht. Aber sie wird sich hüten, wenn sie ihrem Mann überlegen ist, das zu zeigen. Die Frau hat still ihre Pflicht zu tun und der Bauer, der Herr, befiehlt.

So kommt es, daß im Bayrischen wenig die Rede ist vom weisen Rat der Alten, wenig von vorwärtsstürmender Tüchtigkeit der Jugend, wenig von Pantoffelhelden oder von gehörnten Ehemännern. Wenig, wenn man andere Sprachen vergleicht – im letzten Punkt – die starke Sinnlichkeit des Bayern bedenkt. Wenn einer gelobt wird, heißt es nicht, er sei gescheit, er sei tüchtig, umsichtig, oder was sich sonst zum Ruhme eines Mannes sagen ließe; auch der Fleiß wird mehr an den Dienstboten oder aber an den Studierten, wenn sie hinter den Büchern hocken, gerühmt. Nein, das höchste Lob ist: er ist »koa unrechta Moh net« oder: er ist »a richtiga Moh«. – Da habt ihr die ganze Einstellung!

Wer von der Norm abweicht, ist verdächtig, wird kritisiert. Der Bayer haßt alle Psychologie, er liebt es nicht, auf die Besonderheiten eines Menschen näher einzugehen. Wer anders ist, der kriegt seine Marke aufgepappt, und es gibt für alle bekannteren menschlichen Spielarten eine reichliche Auswahl von knappen Werturteilen. Dafür sorgt die derbe Freude am Spaß und an saftigen Ausdrücken.

Auch verzwickte, nicht normale Situationen haben für den Bayern keinen Reiz. Er hat keinen Sinn dafür, wenn das Leben aus den gewohnten Bahnen weicht und kämpferische Umstellung, zielbewußte Taktik erfordert. Er rauft und kämpft, wann und wie es dem Herkommen entspricht, aber er schlägt sich nicht gerne mit unvorhergesehenen Problemen herum. Dazu fehlt ihm die Beweglichkeit. Der »richtige Mann« weiß, daß er einer ist; er tut sein Sach richtig und verlangt vom Leben, daß es auch richtig abläuft, in den Geleisen der alten männlichen Tradition. Weil ihm aber das Leben diesen Gefallen häufig nicht erweist, hat er genügend Gelegenheit, seinem Unmut in nicht mißzuverstehender Art Luft zu verschaffen. Auch hiefür ist ein reicher Wortschatz vorgesehen, der in einem Gefüge von vier Worten seinen letzten schlagenden Ausdruck findet.

Das berühmte *Grantigsein* und der *Grantlhauer* sind aber nicht auf dem Land zu Haus, sondern in den Städten. Es ist die Übertragung der bayrischen Eigenschaft, nicht gern vor ungewohnten Aufgaben zu stehen, in die Zimmerluft. Draußen beim Bauern sorgt die Arbeit und das Herrentum dafür, daß aus dem fröhlichen Schimpfen kein *Grant*, aus dem handfesten Kritiker kein Grantlhauer wird. Erst beim Städter und beim Beamten verdickt sich, in saurer Luft und magerer Tätigkeit, der Unwille über die alle Regel zerstörende Rücksichtslosigkeit des Lebens und der Mitmenschen zu dem wunderbaren Gebilde des Grants. Der bayrische *Grantler* ist einmalig auf der Welt. Seine Spezies ist freilich eng begrenzt, nicht nur auf die Städte, sondern auch auf eine gewisse Altersklasse. Für den Grant, der eine durch Lagerung erzielte Reife aufweisen muß, ist der Mann vor dem 45. Lebensjahr nicht geeignet. Nach dem 60. Jahr verläßt ihn dagegen die nötige Kraft, auch wenn ihn noch nicht das obligate *Schlagerl gstroaft* (Schlag getroffen) hat. Und nur wenig Menschen erfüllen heute noch die andere Bedingung: wenig Arbeit, keine Reichtümer, aber sicheres Auskommen. Der würdigste Vertreter des Grants, der Privatier, ist durch Kriege und Inflation so auf den Hund gekommen, daß er das Granteln vergißt, zu dem nur eingebildete, nicht wirkliche Sorgen passen. Bleiben noch wenige Geschäftsleute, mittlere Beamte und Pensionäre. Der *Grantlhauer* ist also eine eng begrenzte Gattung.

Auch in ihm verkörpert sich das männliche Element. Du brauchst bloß den Wiener Raunzer dagegen anzuschauen, der über alles raunzt, über die Welt und über sich selber, ein weinerliches Getu ohne Selbstgefühl. Der Grantlhauer kennt seine Würde. Er hat recht, und die anderen haben alle unrecht, besonders seine Frau. Raunzen kann schließlich ein Weibsbild auch, aber granteln? Da muß ich lachen. Da könnte ja grad so gut einer hergehen und behaupten, daß das Tarocken eine weibliche Beschäftigung ist. Nein, granteln, das kann nur ein Mann. Und nur ein bayrischer. Und am allerbesten ein kgl. bayr. Major a. D., dem du den Frühschoppen versaut hast.

Vom rücksichtslosen Fragen

Sagen Sie amol, wie haaßt tös Flüßli, das wir eben lang foahren?

Ha?

Wie haaßt tös Flüßli?

Ha?

Wie heißt der Fluß hier?

Der Fluß? I kunnts Eahna net sagn, i bi selba fremd in dera Gegend.

Lehre:

1. Wenn du noch nicht Bayrisch kannst, drücke dich hochdeutsch, kurz und einfach aus, dann wirst du verstanden.
2. Frage nicht zu hartnäckig! Du wirst von einem Bayern niemals das erhalten, was du eine genaue Auskunft nennst.

Das Scharfe, Klare, Präzise liebt der Bayer durchaus nicht; es wirkt vielmehr aufreizend auf ihn. Durch bohrende, auf eine exakte Antwort abzielende Fragen gibst du dich als unverbesserlicher Preuß zu erkennen, erscheinst taktlos und machst dich sehr unbeliebt.

Eingeborene untereinander fragen sich natürlich auch. Aber das geschieht unter Beobachtung altherkömmlicher Regeln, die ein takt- und kunstvolles Spiel gewährleisten. Besonders wichtig ist der Anfang. Er muß mit einer Frage gemacht werden, die die Antwort schon in sich schließt.

Angenommen, der A. sitzt in der Bahn, der ihm bekannte B. steigt in Endorf zu ihm in den Zug, und jetzt möchte der A. wissen, was der B. in Endorf getan hat. Er beginnt: »Bist in Endorf gwen?« – Ein Norddeutscher, der das hört, denkt sich: blöd sind diese Bayern, das sieht er doch, daß der in Endorf war. Er ahnt nichts von der klugen Mäßigung des A. – Die Antwort des B. lautet: »Ja, z'Endorf bin i gwen.« Nun hat A. eine Pause zu machen oder etwas wie »so, so« zu sagen oder – noch besser – bestätigend festzustellen: »So z'Endorf bist gwen.« Liegt dem B. nicht viel an der Heimlichkeit, so wartet er eine gemessene Zeit und sagt es dann direkt: »A Sau hab i kafft (gekauft) bein Gruber«, eine Tatsache, die er – und darauf kommt es an! – für immer verschwiegen hätte, wenn er darauf angesprochen worden wäre. Ist er aber zäh und schweigt, so muß A. auf Umwegen weitertasten, etwa: »D'letzte Woch bin i aa z'Endorf gwen.« Jetzt ist es an B., zustimmend zu schweigen oder »so, so« zu machen. Worauf A. fortfährt: »Hab aber nixen kafft, weil allssamt z'teuer is.« Auf solche Anzapfungen, die niemals die Form klarer Fragen annehmen dürfen, reagiert schließlich der andere, wenn er nicht beschlossen hat, überhaupt zu lügen.

Bei diesem Beispiel handelt es sich um wichtige persönliche Feststellungen, um Fragen, die an die Grundlagen der Existenz rühren. Aber auch weniger verfängliche Fragen, kleine unpersönliche Auskünfte (wie heißt jener Berg?, wie lange braucht man nach X.?, was ist die beste Verbindung nach Z.?), stoßen leicht auf Schwierigkeiten.

Über das hinaus, was ihn ganz nahe berührt, besitzt der Bayer keinen großen Wissensdurst; weder der Bauer noch der Städter. Er ist deshalb oft gar nicht in der Lage, Auskunft geben zu können. Aber selbst wenn er – und das kommt manchmal vor – gut unterrichtet ist, so fehlt ihm doch vollkommen das Bedürfnis, sein Wissen zu zeigen oder gar damit

zu prunken. Dieser Ehrgeiz, der neben der Höflichkeit bei anderen deutschen Stämmen (Sachsen!) sicherlich zur Bereitwilligkeit beiträgt, gründliche und belehrende Auskünfte zu geben, ist dem Bayern fremd. Ihm erscheint eine lästige Zumutung, worin andere einen freudigen Anlaß erblicken.
Der wahre bayrische Beamte – in den Amtsstuben, an den Schaltern und in den Bahnen – hat das von Fremden gestellte Ansinnen, Auskunft zu erteilen, von jeher als Beleidigung empfunden. Erst in allerjüngster Zeit ändert sich daran etwas, unter dem Einfluß stammfremder Infiltration und obrigkeitlicher Belehrung. Viele Münchener Straßenbahnschaffner, besonders weibliche, sind beinahe höflich geworden. Ist das zu begrüßen? Handelt es sich nicht um bedenkliche Degenerationserscheinungen? Lassen wir den Pessimismus beiseite und bleiben wir bei der Regel: Je weniger du fragst, desto besser fährst du!

Vornamen sind keine Vornamen

– vielmehr eigentlich Hinternamen, denn es heißt nicht Josef Gerstmaier oder Resi Weinzierl, sondern Gerstmaier Josef und Weinzierl Resi. Die Regel ist genau so streng wie im Ungarischen, wo sie auch nicht Janos Hunyadi sagen, und nur die ganz feinen Münchner Familien schließen sich davon aus. Aber von denen reden wir jetzt nicht mehr. Es sind ohnehin viertelte Preußen.
Der sogenannte Vornamen ist also der Ruf- oder Taufnamen. Den anderen, den sogenannten Familiennamen eines Bayern erfährst du niemals anders als auf die Frage: Wie schreibt er sich? Antwort *Gerstmaier schreibt-a-sih,* womit der Begriff des Schreibnamens feststeht. Diese Terminologie ist bäurischen Ursprungs. Auf dem Land ist der Schreibnamen eben wirklich nur für das Geschriebene da, für Geburtsurkunden, Prozeßprotokolle usw. Der wichtigste, der Hauptnamen, ist der Hofnamen. Das Anwesen ist der Träger des Namens durch die Jahrhunderte. Wer es besitzt, der heißt nach ihm. Fragst du deinen Nachbarn, wer jener Bauer sei, der da so breit daherkommt, und du erhältst zur Antwort, der Rackl sei's, so mußt du schon weiterfragen, wie er sich denn schreibe, um den für deinen Begriff so wichtigen Familiennamen Moser zu hören. Und es kann dir passieren, daß man dir die zweite Auskunft schuldig bleibt. Die Bäurin, die dort hinterdrein lauft, ist die Racklin, und die Kinder, die sich langsam aus dem Schulhaus herauswuzeln, sind beim Herrn Lehrer drin der Moser Peter und die Moser Afra, heraußen aber die Rackl-Kinder.

JOHANN LACHNER

Saison in Oberbayern

Saisonbeginn
Heuer vermietn ma mit Swimming-pool!

Einsamkeit
Da ham s' gsagt, da soll's so schee sei – daweil siecht ma weit und breit koan Menschen ...

Urlaubswetter
Haut scho – in Italien rengt's aa!

Betriebsausflug
Deads amoi abzählen – daß ma siecht, ob alle da san!

Laß di grüaßn alte Schiaßn!

Ein volles Jahrzehnt oder auch bloß vier Wochen hat man ihn nicht mehr gesehen, der da einst Bank an Bank mit uns das Bruchrechnen lernte, Seit an Seit im Kasernenhof marschierte, oder Stuhl an Stuhl Arbeitskamerad war bei der Firma Wutzelhofer und Söhne. Nun aber trifft man ihn unverhofft im Spiegelsaal der Amalienburg, in der Sokkenabteilung eines Kaufhauses, des Abends an der Stachusuhr oder um Mitternacht am Monopteros. Und es beginnt die Begrüßungszeremonie, die meistens mit dem Wörtchen »Ja« anfängt.

»Ja, wen siehg i denn da?« – »Ja, wo kommst denn du her?« – Ja, des is ja da Dings ...« Manche zweifeln bei solchen Gelegenheiten ohne weiteres an ihrem Verstand, indem sie in die sehr starken Worte ausbrechen: »Ja, spinn i?« Andere verdächtigen ihre Augen: »Ja, siehg i schlecht (g'scheit, net g'scheit)?« Wieder andere behaften sich sogar vor lauter Wiedersehensfreude mit einem Makel und rufen theatralisch aus: »Wen erblickt mein Holzauge?« Auch die bange Frage, ob der andere nicht doch ein anderer wäre (»Bist as wirkli?«) wird gerne erhoben. Manche werden von so starken Gefühlen heimgesucht, daß sie sogar den Untergang der Welt beschwören (»Ja, vareck doch glei ois!«). Guterzogene verabschieden sich von der Landschaft oder Landbevölkerung, ehe sie sich dem alten Kumpel zuwenden (»Ja pfüat di Good, schöne Gegend« – oder »schöne Bäuerin«) und die Dritten versichern allen, die es hören wollen, was sie durch dieses Wiedersehen mitmachen (»Ja, was steh i aus!«).

Um alte Freunde zeigt man sich mehr besorgt als um die eigene Ehefrau. Stets befürchtet man, sie seien entweder gestorben oder hätten sich in Luft aufgelöst. Deshalb frägt man höchst verwundert nach den ersten Begrüßungsworten: »Ja, lebst du auch noch?« oder »Gibt's denn di aa no?« Bei wirklich guten Bekannten denkt man auch sogleich der Gefahren, die ihnen allezeit von seiten des Staates und seiner Häscher drohen. Das geistige Auge bringt sie sofort mit Strafanstalten in Verbindung, was sich in den besorgten Worten äußert: »Hams di wieder auslassen?« – »Daß du no frei rumlaffst?« – »Bist scho wieder herauss?« – »Hams di no net eingsperrt?« Mehrere Möglichkeiten, zum Beispiel auch Tierpark oder Nervenheilanstalt, läßt die Frage offen: »Ja, wo hams denn di auslassn?«

Damit aber der Spezi sieht, wie gut dies alles gemeint ist, fügt man ein paar Kosenamen von rauher Zärtlichkeit an, wie sie nur einem alten Freund zustehen. Man haut ihm auf die Schulter, daß er in die Knie geht und nennt ihn »alte Hüttn«, »alte Feldhaubitzn«, »alte Fischhaut« oder auch ganz einfach »alter Bazi«. Und da ist dann alles drin:

der Elfmeter in die Fensterscheibe der Hausmeisterwohnung, die Stinkbombe für den Lehrer Hölzl, das gemeinsam geliebte Millimadl Rosi oder auch die gestohlene Sau in Frankreich. Etwas aus der Mode gekommen ist ein Spruch, der früher gang und gäbe war: »Laß die grüaßn, alte Schiaßn.«

Ist der Freude, Überraschung und Genugtuung des Wiedersehens Genüge getan, faßt man sein Gegenüber näher ins Auge: »Wia, laß di oschaugn!« Schnell stellt man fest, daß der alte Kumpan einen »bildsauberen Hendlfriedhof« spazieren trägt und einen Kopf auf hat »wiara Prälat«, aber dessen ungeachtet immer jünger und schöner wird. Freudig versichert man dem Wiedergefundenen: »Guat schaugst aus, warst krank?« Hierauf erkundigt man sich voller Teilnahme, wie's geht und steht, was er immer so treibe, und wo er sich immer herumgetrieben habe; ferner was a) die Kunst, b) die Liebe und c) die werte Familie mache. Auf diese Fragen wird keine direkte Antwort erwartet, höchstens ein gedehntes »jamei«.

Ins Detail allerdings muß man gehen, wenn gefragt wird: »Wie lang ham uns mir scho nimmer gsehn?« Oder gar: »Woher kenna mir uns eigentlich?« Das kann Stunden dauern, bis es aufkommt, daß ein Strafprozesserl oder ein Lazarett in Serbien daran schuld ist, und manchesmal läßt es sich überhaupt nicht mehr feststellen, wo dieses erste Zweiertreffen stattgefunden hat, so daß man sich mit der Gewißheit trennt, unheilbar an »Artillerieverkalkung« zu leiden und sich gegenseitig verlegen den schwachen Trost spendet: »Oiwei bleeder wern ma!« Dabei fehlt es gar nicht so weit, weil jeder den andern für einen andern gehalten hat.

Leider warten bei den unvermuteten Begegnungen meist »da vorn« oder »da hintn« Bekannte, mit denen man zwar noch lang nicht so lang bekannt ist, die aber momentan wichtiger sind. Daher trennt man sich bald wieder von dem guten Spezi aus längst abgelebten Zeiten. »Hat mi wirkli gfreit«, leitet man die Verabschiedung ein und läßt sich, so eine vorhanden, geschwollen der Frau Gemahlin empfehlen. Scherzweise fügt man sogar noch einen schönen Gruß an die alten Möbel an. Und schon unterm Davongehen schreit man dem alten Freund noch nach: »Laß doch amal wieder was hörn!« Der beschwörende Ruf, ernst gemeint in diesem Augenblick, ist schon im nächsten vergessen. Ein kurzes oder langes Stück gemeinsamer Zeit verschwindet um die Ecke und man trifft es zusammen mit der »altn Hüttn« vielleicht nie mehr wieder auf dieser Zufallserde.

HERBERT SCHNEIDER

Guten Appetit, Herr Nachbar!

Meine Leibspeis, sagte die kleine Sylvia, sind Pfeffer-Steaks. Da dies alle in der Runde ganz in Ordnung fanden, mußte ich mich wieder einmal sehr wundern! Denn zu meiner Zeit hätte man zu so einem Grießmusalter-Mädchen gesagt: »Ja du Fratz, schaugst net glei, daß d' ins Bett kimmst!« Steaks, sofern man das Wort überhaupt aussprechen konnte, wurden nämlich im alten München für einen »ausgemachten Krampf« gehalten. Auf dem Speisezettel bürgerlicher oder gar Vorstadtkreise hatten sie jedenfalls nichts zu suchen!

Wie es früher ein Werktags- und das Sonntagsgwand gab, so auch ein Werktags- und das Sonntagsessen. Für die Wochentage mußte vorwiegend das Rindvieh den Kopf hinhalten, am Sonntag die Sau. Man hatte den festen Glauben, daß drei Pfund Ochsenfleisch eine gute Suppe gäben, und wurde darin auch nie betrogen. Entweder Grieß oder Reis ließ man in sie »hineinlaufen«, und mit je mehr Fettaugen einen die Brühe anschaute, desto lieber löffelte man sie heraus. Leberknödel oder Butternockerl als Einlage blieben, da zu teuer, Familienfesten vorbehalten. Als zweiten Gang speiste man das gesottene Fleisch, wozu es Wirsing, Kohlrabi, Petersil- oder Saures Kartoffelgemüse, Weißkraut, Blaukraut, geröstete Kartoffel (»Gröste«) oder auch Salate gab.

Zum Abend begnügte man sich oft mit den Resten des Mittagsmahls. Beliebt war das Tiroler Gröstl oder auch das billige Blutwurstgröstl. Vielfach aber bestand die abendliche Atzung einfach aus Malzkaffee, in den man Brot hineinbrockte, bis der Löffel steckte. Das Kaffäzerl, wie man es liebevoll nannte, war mit Feigenkaffee verfeinert (Andreas Hofer oder König Ludwig II. schauten vom Packl herab) oder auch mit Zichorie. Da Helena Rubinsteins Färbereien damals noch weitgehend unbekannt waren, schminkten sich junge wie ältere Münchnerinnen mit dem Zichorie-Papierl die Backerl anmutig rot.

Aus jener Zeit stammt auch die Geschichte, wie der kleine Maxl sein Sozialprestige (ein Wort, das damals freilich noch nicht erfunden war) aufbessern wollte. Jeden Tag fragte nämlich der neugierige Herr Lehrer, was es bei seinen Schülern am Vortag zu essen gegeben habe. Da der Maxl immer wieder mit »Kaffä« antworten mußte, holte er sich bei seiner Mutter Rat. Und die sagte, er solle frischweg behaupten, bei ihnen hätte es Forelle gegeben. Wie staunte da der Pädagoge, als der Maxl am nächsten Tag stolz sein Herrenmahl hinausposaunte. Wieviel Forellen es denn gewesen wären, forschte er weiter, und der Bub antwortete treuherzig: »Drei Tassen, Herr Lehrer!«

Zwei oder drei Tage in der Woche wurden von der Mehlspeis regiert. Da gab es einmal die Dampfnudeln, die weißer waren als die Knie der

Madame Pompadour. Man aß sie mit Vanillesoße oder Zwetschgentauch und verachtete die Schwaben, die sie, wie die Rede ging, mit Sauerkraut vertilgten. Dann den Reiberdatschi, dessen Oberfläche rissig sein muß wie das Gesicht des blatternarbigen Eddie Constantine. Zeitweilig spalteten diese Kartoffelteig-Fladen die Münchner in zwei Lager: das eine aß sie mit Sauerkraut, das andere mit Apfelmus, und jedes erklärte das andere zum Verräter am altüberlieferten Reiberdatschi-Brauchtum.

Kartoffeln waren auch die Grundsubstanz der Fingernudeln, in der Mini-Ausgabe Hackstöckl geheißen, und der aus Niederbayern gebürtigen Maultaschen, die einem schwer wie Goldbarren im Bauch lagen. Ihr feinerer Bruder war der Apfelstrudel aus Mehlteig. Um die goldbraunen Eckstücke wurden erbitterte Kämpfe am Familientisch ausgefochten. Das Repertoire der Münchner Hausfrauen an Mehlspeisen war dazumal bei weitem größer als das der Münchner Komiker an Couplets. Auf den Schränken standen ganze Regimenter aus Glas mit Eingemachtem und Eingewecktem, um auch im Winter, wenn es schneit, den »Tauch« zu liefern.

Um die Fleischeslust ihrer Männer nicht allein per Ochse zu befriedigen, wichen die Hausfrauen manchmal auf »Weiße im Ring«, die wohlfeile »Lyoner«, den mit vielen Semmeln gestreckten Hackbraten oder auf die Milzwurst aus, die man auch Beamtenschnitzel nannte. Zu besonderen Anlässen verstiegen sie sich sogar zu einem Wammerl mit Kraut, zu einem Nierenbraten oder einer »gfuitn Kalbsbrust«; wie melodiös krachten da die weißen, zarten Knorpel zwischen den Zähnen des Eheliebsten! Delikatessen waren Kronfleisch und Bries, während das Lüngerl mit Semmelknödel zur beliebten Alltagskost zählte.

Bier war Nahrung und Medizin zugleich, genauso wie das Schweineschmalz. War eine Grippe im Anzug, machte man Bier warm, klopfte ein Ei darein und brockte Brot hinein. Dann löffelte man die »Bierbrocken« heraus, was zu einem kleinen Rausch führte, machte noch einen Schweinefettwickel um die Brust und ging heiter zu Bett, um am Morgen ziemlich geheilt aufzuwachen.

Eine feine, gesunde Einrichtung gab es den Sommer über bei der Millifrau. In irdenen Weidlingen stand die »Gstöckelte« auf den Regalen. Man aß sie häufig, weshalb damals die Apotheker viel weniger Geld an Abführmitteln und Verdauungspulver verdienten als heute. Lehrten es doch schon die Großmütter den Enkeln, daß die »Gstöckelte« ebenso wie das Sauerkraut ein »Kaminkehrer der Gedärme« sei. Seltsam, daß heutzutage die gute Milch in komplizierten Verfahren so verteuert, verkünstelt und verwaschen wird, daß sie sich zu keiner Gstöckelten mehr verdicken will.

Reden wir aber endlich auch vom Leberkäs! Ab fünf Uhr abends dampfte und roch er verführerisch aus jedem Metzgerladen. Einem Metzger, dem kein anständiger Leberkäs geriet, verlief die Kundschaft. Die Meister dieses Metiers aber waren berühmt im ganzen Stadtviertel. Mit Recht ist der Leberkäs in die Münchner Literatur und ins Liedgut vorgedrungen, und wenn neuerdings die Lebensmittel-Bürokratie versucht, den braven Brotzeit-Wecken in »Fleischkäse« umzubenennen, so möchte ich dazu sagen, daß diese Minus-Münchner mit Limburger gesteinigt oder zumindest sofort nach Wanne-Eickel versetzt werden sollten. Diese Schwammerl!

Damit sind wir bei den Pilzen angekommen. Die heute beinahe Unerschwinglichen brockte man sich früher selber. Steinpilze und Reherl mit Semmelknödel, wenn das keine Götterspeise ist! Freilich, der Nervenkitzel beim Schwammerlessen ist nicht klein, denn wer nähme schon gern Gift zu sich! Da gab es einmal die Familie Eisenreich. Die ließ immer vorher ihre Katze Muschi vom Schwammerlgericht kosten. Wieder einmal waren dem Haustier die Pilze gut bekommen, worauf sich nach einer halben Stunde die Eisenreichs frohgemut zu Tisch setzten. Kaum aber hatten sie die Löffel abgeschleckt, als sich Muschi unter wehleidigem Miaugeschrei am Boden krümmte. Die schreckensbleiche Familie fuhr sogleich ins Krankenhaus und ließ sich den Magen auspumpen. Als sie zurückkehrte, empfing sie Muschi mit wohligem Schnurren und führte sie an das Kanapee. Sie hatte sechs allerliebste Kätzchen geworfen.

Der Sonntag war, wie schon gesagt, dem Schwein gewidmet. Eine Hausfrau, die es gewagt hätte, am siebten Tag der Woche unter das Niveau des obligatorischen Schweinsbratens zu gehen, wäre von jedem Münchner Richter sofort wegen Liederlichkeit in Tateinheit mit seelischer Grausamkeit verurteilt worden! Da es Küchenmaschinen dazumal erst in Amerika gab, floß an den Vormittagen nicht selten Fingerspitzel-Blut, wenn die rohen Kartoffeln mit Hilfe des Reibeisens zu Brei verwandelt wurden. Das Knödel-Zeremoniell verlangte, daß sodann ein Tuch über dem umgestülpten Hocker befestigt und eine Schüssel darunter gestellt wurde, in die das Reibegut sein Wasser abließ. Da war eine Hausfrau drei Stunden lang ganz schön bedient, denn die »Muizlsuppe« und die vielerlei Salate wollten ja auch noch zubereitet sein.

Nur ein Hendl, eine Ente, eine Gans oder ein Rehschlegel wären im Stande gewesen, dem Schweinsbraten den Rang abzulaufen. Sie waren auserkoren, die allerhöchsten Feiertage zu zieren. Bloß die Kalbshaxe konnte noch mit dem Schweinsbraten konkurrieren. Die Schweinshaxe aber war das non plus ultra des Schweinernen.

Die Bewunderung der Leute galt in jenen einfachen Küchenzeiten den hochmögenden Personen, die sich jeden Tag die kulinarischen Feiertagsgenüsse der Allgemeinheit leisten konnten und auch leisteten. Zu ihnen zählten beispielsweise die Privatiers und Zinshausbesitzer. Diese Privilegierten traf meist ein erstklassiges Schlagerl, und näherte sich nun dem Trauerzug ein Neugieriger und fragte voll Teilnahme, was jenem denn gefehlt habe, dann antwortete man ihm rühmend, er habe sich zu Tode getrunken und gegessen. Und was sagte der Mann darauf? – »Respekt!«

HERBERT SCHNEIDER

Sommer in Baiern

Über Bahnhöfe

In dem Bahnhofe zu Rosenheim findet man ein Beispiel, wie schwer uns bescheidenen Altbayern der Glaube fällt, daß aus uns und unseren Schöpfungen etwas Großes werden könne. Dort legte nämlich der Baumeister die Erfrischungshalle nicht geräumiger an als die Herrenstüblein, die er etwa zu Neubeuern oder zu Reit im Winkel gesehen hatte. Wenn nun aber jetzt in diesen schönen Tagen die Züge von München, von Wien, von Innsbruck zusammentreffen, die Touristen von den Säulen des Herkules, von den britannischen Inseln, von den rhipäischen Gebirgen, von Kolchis, vom Nil und vom Ätna, so stürzen sich – gelinde gesagt – fünfzig bis sechzig Personen an den kleinen schmalen Schenktisch und verlangen zu trinken. Innerhalb steht aber nur eine dicke Samariterin, die sich nicht zu helfen weiß. Mittlerweile fangen die Reisenden, welche sechs, sieben Mann hoch übereinander drängen, zu kreischen und zu schelten an. Die Glücklichen in der vordersten Reihe, welche ihr Bierglas und ihre Wurstsuppe errungen haben, beschütten, indem sie sich wieder herauswinden, die übrigen, die noch warten. Die Ungeduld und der Lärm werden immer größer. Die Madame, oder wie wir sie nennen wollen, verliert die Fassung.

»Jetzt schrein s' wieder alle z'samm, jetzt versteht man gar nichts mehr!« ruft sie in solchen schweren Augenblicken und legt die Hände in den Schoß. Derweilen wird wieder zum Zug gerufen, und die Mehrzahl zieht schimpfend, aber ungelabt, von dannen.

»Das ist eine ungeschickte Einrichtung«, sagte kopfschüttelnd ein Sachse, der neben mir stand.

Leicht zufrieden, wie wir sind, plädierte ich für mein Vaterland, bezog mich auf die Schwäche der menschlichen Natur und die Unerreichbarkeit des Ideals, worauf aber jener: »Ne, mein Bester, das Ideal ist schon erreicht – kommen Sie nur auf unsern Bahnhof zu Riesa – dort ist eine lange Tafel mit hinreichenden Leuten aufgestellt, und wenn hundert zu trinken begehren, sind sie in drei Minuten bedient!«

Ich fühlte mich belehrt, wußte aber doch nicht recht, wie man in das kurze Zimmer jene lange Tafel stellen sollte.

Der Bahnhof zu Prien hat eine etwas schalkhafte Natur, vor der wir warnen zu dürfen glauben. Freundlich lassen die Leiter des Zugs die harmlosen Fremdlinge aussteigen und rufen ihnen traulich zu: »Erquicket und labet euch!« Mitunter aber setzt sich ohne ein Zeichen, einen Ruf oder Pfiff die Maschine plötzlich in Bewegung und enteilt mit dem Zug, noch lange verfolgt von den Wehrufen und Verwünschungen derer, die sie zurückgelassen.

Wer erinnert sich nicht an den melancholischen Fall, als am 12. Mai v. Js. (= 1870) auch zwei angesehene Herren aus Tirol zur Stelle waren, ein geistlicher und ein weltlicher, vielleicht gar ein Reichsrat, welche sich in die nächste Nähe zerstreut hatten, und plötzlich mit peinlichster Überraschung die Lokomotive ohne allen Abschiedsgruß davonjagen sahen. Der eine Herr, der weltliche, sprang zwar noch auf Leben und Tod in einen Packwagen hinein, der andere, der geistliche, welcher sparsamerweise von seinen beiden Beinen weder das linke noch das rechte riskieren wollte, blieb zurück, machte noch eine sprechende Gebärde, und begab sich dann, aufrecht erhalten durch die Tröstungen der Philosophie, ins Wirtshaus, wo er nicht weniger von der Freundlichkeit der Bedienung, als von der Bildung der dort versammelten Honoratioren überrascht war. Teilnahmsvoll sagten ihm die Eingeborenen, daß sie an den Anblick Zurückgebliebener schon gewöhnt seien, da dieses unabwendbare Mißgeschick nicht gar selten hereinbreche.
Und auch am 23. Juli, soeben, als ich in dritter Klasse fuhr, da ich wie Herzog Ludwig zu Giengen »unter meinem Volk« sein wollte und vor der geschlossenen Wagentür stand, ging der Zug urplötzlich unter meinen Händen davon, so daß der nächstgelegene Kondukteur nicht einmal die Türe mehr öffnen, sondern mir nur zuschreien konnte, mich zu retten wie ich könne. Worauf ich denn nachlaufend noch zufällig ein anderes Pförtchen offen und dort auch den besagten Kondukteur wieder fand, welcher mir auf die Bemerkung, daß ich mich diesmal über solche Manier gleichwohl beschweren werde, den freundlichen Rat erteilte, ich solle lieber der Vorsehung danken, daß ich nach allem diesem noch meine geraden Glieder habe.

Wer etwa am 13. August zu Holzkirchen auf dem Bahnhof war, der wird sich noch lange erinnern, wie es damals bald nach Mittag zuging. Daß das reisende Publikum den Gedanken nicht los wird: es seien alle Beförderungsanstalten nur seinetwegen da! Daher das viele Schimpfen und »Aufbegehren«, welches den guten Sitten so zuwider ist und mitunter sogar den Respekt gegen Kondukteure und Bahnbeamte verletzt – während der Pilger jene Institute doch eigentlich als eine Gottesgabe, als ein himmlisches Gnadenbrot erachten sollte, für welches seine Fahrtaxen nur als eine Art Stolgebühren wie bei Kindstaufen und Hochzeiten erscheinen, wobei alles Räsonieren wegen mangelhafter Verrichtung gänzlich ausgeschlossen ist.
Hundert Menschen also sprangen damals aus den Wagen und stürzten dahin, um die hintere Front des Bahnhofs zu gewinnen, wo das ehrsame Holzkirchen sich darstellte und die blauen Alpen, leider aber nur

vier oder fünf Stellwagen. Über letzteres verdüstert, griffen manche sogleich zum Wanderstab, der sie wenigstens bis zu Holzkirchens Sommerkellern geleitet haben mag, die andern aber warfen sich zurück und auf eine kleine Schießscharte im Bahnhof, die dem Publikum einen vielbeschäftigten Mann im blauen Rock bis zum Kinn hinauf sichtbar werden ließ, der die Billette für die Stellwagen langsam austeilte. Und da entstand ein Gedränge, welches man wegen der mancherlei dabei beteiligten Damen und bei der jetzigen Bildung der Touristen fast erstaunlich nennen konnte, denn sie haben sich, um mit Kobell zu reden, »die schönste Sottise gesacht«.

Doch die Miesbacher und die Schlierseer kamen glücklich davon in ihrer Arche, aber wir Tegernseer stritten zu dreißig sehr höflich um Einlaß in einen schmalen Kasten, der kaum ein halb Dutzend fassen konnte.

»Man lasse Wagen kommen aus dem Markt!« herrschte sofort eine Stimme im blauen Rock, die dieser Not ein Ende machen wollte.

Sehr traurig ist es aber, daß der Markt nicht da steht, wo man den Bahnhof hingebaut, und daß der Tag so heiß war; denn als man nach einer halben Stunde nachfragte, hatte es wegen der tropischen Hitze niemand gewagt, in den Flecken hineinzutraben, und über die Wagen war keine Kundschaft einzuziehen.

Denkende Reisende fanden aber leicht einen Trost im Ungemach und setzten sich ihrer drei zum Tarock zusammen (ein feines Spiel und erwünschte Aushilfe für regnerische Sommertage und lange Winterabende, gleich hoch geschätzt von Geistlichen und Laien; es wird dadurch manche Ausgabe für Bücher erspart), und spielten zwanzig Sölchen »ohne Fragen«, ehrlich und wohlgemut, bis endlich zwei Vehikel daherschaukelten, eng, aber gemütlich, welche sich entschuldigten, daß die Pferde auf dem Feld gewesen und die Knechte nicht daheim – worauf sich dann die braven Landfahrer nach anderthalb Stunden mit lächelndem Brummen in diesen Gehäusen verloren.

»Bei uns«, sagte ein Stuttgarter – und sein schwäbischer Dialekt ließ seine Reden noch fremdartiger klingen – »weiß man bei gutem Wetter immer, daß mehr Leute kommen, und da tät' man den Posthalter zwingen, daß er lieber einen Wagen zu viel schickt, als zu wenig – und wenn einer leer bleibt, so kann er'n wieder heimführen.«

Neues Beispiel von der tiefen Kluft zwischen den deutschen Stämmen! Diese grausame Energie der Schwaben gegen die Herren vom Dienst, und dabei der unwürdige Servilismus gegen das Publikum! Wie ganz anders ist das bei uns. Einen bayrischen Posthalter zwingen – mich überlief es kalt. Und erst die Stuttgarter, die im voraus wissen, daß bei gutem Wetter mehr Leute ins bayrische Gebirge reisen? Wahre Teufelskerle!

Also wohl eingeschindelt und eingeschachtelt, Kopf an Kopf und Knie an Knie, nach Tegernsee. Je mehr dem Menschen gegeben wird, desto mehr verlangt er, woher auch die bekannte Maxime mancher Regierungsbeflissenen: daß man lieber gar nichts geben sollte. Jetzt, wo die Eisenbahn doch schon das schöne Stück bis Holzkirchen abkürzt, meint der Reisende, sei ein großer Übelstand, daß man nicht gleich bis an das Posthaus zu Tegernsee hinfahren könne. Freilich wird von einer Eisenbahn gesprochen, welche über Berg und Tal, durch Klüfte und Schluchten nach Miesbach hinziehen soll, in das freundliche Miesbach, wo unsere Miesbacher Kohlenbergwerksgesellschaft thront. Bei den Eisenbahnen sieht man bekanntlich, wie bei den Regierungssystemen deutscher Staatsbürger, frühestens zehn Jahre zu spät, daß sie ganz falsch angelegt worden, wonach dann die Reue über verlorene Zeit und das verschwendete Geld leider umsonst ist. Gott verhüte, daß dieses Schicksal auch dem kleinen zarten Ärmlein drohe, welches hier die Wien–Pariser Bahn mit naiver Neugierde verlangend in die Vorberge hineinsteckt. Unverständige Leute meinen, daß das freundliche Miesbach eigentlich eine Sackgasse sei, von wo aus die Bahn nur etwa über die Spitzing-Alm oder die Rote Wand im blauen Dunkel ferner Jahrhunderte, wenn einst auch diese Höhen mit blühenden und volkreichen Landgerichtssitzen besät sein werden, eine Fortbildung zu erhoffen habe, während doch gerade im Süden von Holzkirchen die auf ebenem Boden zu erreichende »Kreuzstraße« liegt, ein unscheinbarer Punkt, der aber ein bisher verkanntes Talent zu naturwüchsiger Entwicklung zeigt. Von hier aus, sagt man mit einem Blick auf die Karte, würde auch das freundliche Miesbach in kurzer Zeit erreicht sein, und dann wäre einerseits »freie Hand« für die künftige Tölz–Kemptener Bahn – sollte sie auch auf lange hin nur erst durch eine gute Landstraße vertreten werden –, andererseits aber der Weg nach Kreuth und ins herrliche Achental offen, wo so viele stille Seelen ohne Aufsehen hinpilgern, um des belebenden Umgangs der dort bei Scholastica hausenden Innsbrucker Gelehrten teilhaftig zu werden.

Solche Gedanken machten sich auch im Stellwagen laut, und die Verfechter der Kreuzstraße wußten sich nicht wenig mit ihrer besseren Einsicht, bis ich endlich, da ich das Räsonieren im Omnibus nicht vertragen kann, sie beschwichtigte mit der Bemerkung: es sei bei uns überhaupt nicht zu vermuten, daß etwas Ungeschicktes geschehe (man habe noch keine Beispiele), und wenn die Eisenbahn nach Miesbach einmal wirklich gebaut sei, so müsse man sie eben mit der Ruhe des Weisen hinnehmen, denn alles was existiere, sei auch vernünftig. Dies wirkte, bis wir nach Gmund am Tegernsee kamen, wo ich ausstieg.

LUDWIG STEUB

Ameisen

»'s Gras is no naß, der Bod'n is no net derwärmt, d' Ameis'n fress'n di z'samm'!«
Dies alles, was Vater Rambögl gegen einen Mittagsschlummer im Freien vorbringt, verfliegt wie Spreu im Wind. Frau Rosina Rambögl, die in vielen Ehejahren den Hang zum Romantischen so oft verdrängen mußte, setzt ihren Willen durch. Also sucht man sich halt am Amper-Ufer ein Platzl aus. Herr Rambögl stochert mit dem Spazierstock mißmutig in der Wiese herum. Er sagt: »In a halb'n Stund waar'n ma beim Bruckbräu. Is a schattiger Garten, a Andechser Bier, guat g'halt'n. Da darfst di herflagga wia Zigeiner!«
Mutter Rambögl breitet schon die zwei Lodenmäntel auf dem Rasen aus und nimmt – um ihren Gatten mit dem Busen der Natur zu versöhnen – aus dem Rucksack ein paar Brote mit Geräuchertem.
Herr Rambögl läßt sich ächzend und knurrend nieder, denn dieses ungewohnte Lagern veranlaßt seine Gliedmaßen zu seltsamen und beschwerlichen Maßnahmen. Frau Rambögl ruht schon, hingegossen im kühnen Schwung ihrer Hüfte. Sie bewundert die Landschaft. »Die Aussicht is scho großartig. Alles so schön grün. Und de Ruah. Und de Wies'n – den wunderbaren G'ruch, wo's ham. Hör nur grad, wia d' Vögel singa!«
»I hör' koa«, sagt Rambögl. Er ist mit dem Ripperlbrot beschäftigt. »Allweil z'vui Salpeter tean s' hi'! Mit Kranewittbeerln g'hörat's g'würzt.« Er blickt mißgelaunt und kühlen Herzens in die Landschaft. »I bin koa Naturfeind – aber so am Bod'n hi'setz'n . . .!«
Rambögl hat für die Natur eine wohlwollende Neutralität. Man kann sagen: Sympathie. Aber es muß die Kirche beim Dorf bleiben. Dieses Lagern im Freien paßt ihm nicht.
Mutter Rambögl reicht ihm ein Blümchen hinüber und fragt, wie es heißt. Er betrachtet es mißtrauisch. »Werd scho so a G'wachs sei!« Eine Erklärung, die auch Frau Rambögl kaum zufriedenstellen kann.
Sie gibt es auf, ihren Gatten zur Sinnigkeit anzuregen, wendet sich ab und summt ihr Lieblingslied vor sich hin: »Waarum weinst du, schöne Gärtnersfrau, weinst du um der Veilchen tiefes Blau . . .« Dann ist sie sanft entschlummert, und auch Vater Rambögl dämmert hinüber. Der Tag war heiß. Ganz fern im Wald schlägt ein Kuckuck. In den Schlaf von Herrn Rambögl klingt es, wie wenn im Bruckbräu frisch angezapft würde.

Sie erwachen. Frau Rambögl einige Augenblicke später als ihr Gemahl. Sie hört laute und heftige Worte, beschwörend, verwünschend,

ergrimmt, anklagend. »Bluatsameis'n, bluatige, Hundsviecher dappate, g'scherte.«
Herr Rambögl ist beschäftigt, mit beiden Händen jene Partien seines Rückens zu erreichen, die nur einem Rastelli zugänglich sind.
»Biss'n ham s' mi! I hob's glei g'sagt. Grad zwoa Handbroat unterm G'nack, brenna tuats zum hi'wer'n!«
»Da gibts nix Besseres als a frische Erd'n drauf«, sagt Mutter Rambögl und schiebt ihrem Mann auch gleich eine Handvoll heimatlicher Scholle zwischen Hemd und Rücken. Aber die Scholle rutscht talwärts, und das Brennen hört nicht auf. »Jetzt ham ma an Dreck im Schachterl«, sagt Vater Rambögl. »Da laffa s', de Bestien«, ruft er grimmig und weist auf das Ameisengewimmel.
»An Salmiak sollt ma halt ham«, meint kleinlaut die Gattin. »Salmiak – Salmiak«, echot Rambögl. »Sag glei, daß ma d' Sanitätskolonne dabei ham soll'n! I hab's glei g'sagt, daß uns d'Ameis'n fress'n.«
Jetzt wendet sich das Erbarmen der Gemahlin in Erbitterung. »Nix hast g'sagt und überhaupts müass'n de grad herkumma sei! De war'n vorher gar net da! Tua nur net gar so schiali'! Mei! De Mannsbuider wenn was fehlt, des is ja glei ganz aus! Was tat's ihr erscht sag'n, wenn's Kinder auf d'Welt bringa müassats! – – Mi hat überhaupts gar koane biss'n!« – »De wer'n scho wiss'n warum«, sagt voll Rachsucht der Gatte Rambögl.
Mutter Rambögl läßt nicht gern jemand das letzte Wort: »Des san vielleicht gar koane Ameis'n g'wes'n. Vielleicht buidst dir des Brenna nur ei'. I siech koa Fleckl an dein' Buckl.«
Der Aufbruch vom Lager geschieht in Eile und Schweigen. Es ist jenes dumpfe Schweigen, das unter dem starken Druck der Atmosphären vor dem Gewitter über der Landschaft liegt.

Man wandert fürbaß. Rosina Rambögl kann es nicht länger mitansehen, wie ihr Mann vergebliche Versuche macht, die beiden Schulterblätter zu erreichen. Sie hat ein gutes Herz und reibt ihm das Weh energisch ab.
»Nix scheuch i so wia d' Ameis'n! Waar'n ma dahoam blieb'n, waar'n ma nachmittags nach Holzapfelkreut naus. Is aa a guate Luft, hätt'n uns was guats gunnt, unsern Grüawig'n g'habt.«
Die Frau: »I hab' überhaupts net fortwoll'n! Du hast doch g'red't von ara Landpartie!«
Er: »So, i bin's wieder g'wes'n.« Der Vater Rambögl schweigt. Er ist ein Kenner der Frauenseele.

Im Bruckbräu trifft man Herrn Erpfbacher. Begrüßung, Befragen nach dem Befinden, nach Woher und Wohin. Rambögl erzählt seine Schicksale und Abenteuer. »... z'sammg'fress'n ham s' mi!«
»Is aber no hübsch was überblieb'n«, sagt der Freund Erpfbacher und klopft Rambögl auf die runde Weste.
Rambögls Schmerz hat sich gelegt. Er lacht. Unter schattigen Kastanien, kühl, geborgen und vor Durst bewahrt, werden alle guten Regungen wach. Dafür ist in Frau Rambögl ein Stachel geblieben, der sticht und sticht, und je versöhnter ihr Gatte mit sich und der Natur wird, desto mehr verdüstert sich ihr empfindsames Gemüt, und als Rambögl noch einmal die Bluatsameisen aufmarschieren läßt, da bricht bei Frau Rosina Haltung und Fassung, und sie kann die Tränen hinter dem angesetzten Maßkrug nicht mehr verbergen. Sie schluchzt.
Herr Erpfbacher ist ein Mann von Ritterlichkeit und Gefühl. Er sagt: »Soll er doch froh sei, Eahna Mo'. Es gibt nix bessers geg'n Rheimatis! A jeder Doktor kann's Eahna bestätig'n. An Kassier Rimhofer, kenna S'n scho, den hat sei Ischias so plagt – der hat wochenlang an Platz mit recht vui Ameis'n g'sucht. Glaab'n S', er hätt oan g'fund'n? So is im Lebn! Dem oan fehlt der Wein und dem andern das Glas!«
Rambögl klopft seine Rosina versöhnlich. Er sagt: »San ma jo scho wieder beinand! Mir is gar net so weg'n de Ameis'n, nur des Hi'setz'n ins Gras ...«
Und Frau Rosina schluckt und wischt sich eine letzte Träne vom Aug.
»Fräulein, meiner Frau bringn S' drei Regensburger in Essig und Öl, aber vui' Zwiefi dro'!« –

In der Bahn bei der abendlichen Heimfahrt sitzen sie schon ganz im Frieden und Glück nebeneinander. »A so a schöner Tag is g'wes'n. Ewig schad, wenn da d'Leut net 'nausgehn mög'n ...« Rambögl dampft dicke Wolken aus seinem Kloben: »Gehst naus in d' Natur, siehst was, hast was davo, a jed's Bleami, a jed's Viecherl freut di.«
Er scheuert ganz heimlich den Rücken an der Banklehne. Und sagt: »I glaab, es sann vielleicht doch koane Ameis'n g'wes'n.«
Darauf Sie: »Es war'n scho oa! Schaug nur grad, wia schö d' Sonn' untergeht.«

JULIUS KREIS

Die Sommerfrische

Gestern war Herr Finkel zum letzten Mal zu seinem Dämmerschoppen »Zum lustigen Oachkatzel« erschienen.
Acht Virginias, fünf Pfeifen und etliche Brasilzigarren bildeten zusammen eine qualmende Wolke, die aus der Runde emporstieg.
Während der Lechner Pauli von einer Riesenschlange erzählte, die ein Kapitän im Indischen Ozean mit sechs Köpfen und drei Schwänzen auftauchen sah, ging draußen vor der Wirtschaft ein Gewitter nieder ... Der Asphalt rauchte und dampfte, und Blitze erhellten die Türme der Münchner Stadt.
Mit der Geschichte von der Seeschlange ging auch der Wolkenbruch zu Ende, und ein Ostwind wehte den Geruch von Wiesen und Wäldern bis in die Ecke des Gasthauses hinein. Dieser Duft brachte eine nähere Beziehung zur Natur, und Herr Finkel wedelte sich den Tabaksqualm aus dem Gesicht. »Morgen fahr' i fort ...! Jetzt halt i's nimmer aus in der Stadt herin ... und drei Wochen seht's mi jetzt nimmer ...!« sprach er, mit Energie geradezu geladen.
»... Dös tuast, Finkel ...! Dö frische Luft tuat dir aa amal ganz guat, und im Wirtshaus kannst im Winter wieder lang g'nuag sitzen ...!« ermunterten ihn dazu die Freunde. Und er zahlte, verabschiedete sich und bahnte sich einen Weg durch den Rauch der Wirtsstube.
Am anderen Morgen saß er im Personenzug, der ihn in die Weiten des oberbayerischen Landes entführte. Aus dem Frühnebel stiegen die Spitzen der Dorfkirchen hervor. Sensen blitzten durch die Kleefelder, und bald hoben sich im Süden die Wände der Berge aus dem welligen Land.
»... und i Rindviech hock mi den ganzen Sommer in d'Stadt eini und siehg nix als wia an Schnittlauchstock auf mein'm Fensterbrettl ...!« sprach Herr Finkel zu sich selbst. Dazu atmete er so tief aus und ein, daß er seine Bronchien pfeifen hörte. Und in der Meinung, das Geräusch käme von der Lokomotive her, steckte er sogar den Kopf zum Fenster hinaus und sah nach vorne.
Da streichelte ihn der Luftzug wie die Hand einer Kellnerin. Und mit solchen Gefühlen kam er im Bergdorf an und hatte sich alsbald in der Tafernwirtschaft »Zum dreifachen Echo« einquartiert.
Vom Kirchturm läutete es Mittag, und Finkel dachte plötzlich: »... jetzt muaß in München dö letzte Weißwurscht g'gessen werd'n, sonst taugt das Brat nix mehr ...!«
Am Nachmittag machte er seinen ersten Spaziergang ums Dorf. Hühner umgackerten ihn, Kapuzinerblüten aus den Bauerngärten streiften seine Ellenbogen, und vor die Höfe legten sich die Schatten wie Bettvorlagen.

»... Der Zeit nach werd'n s' jetzt dahoam schön langsam ins Hofgartenkaffee geh'n ... d'Wassermad'l hab'n schon an Tisch reserviert ... und der Winninger, der allaweil der erste is, der wird jetzt seine Hundsleine an den eisernen Stuhlfuß binden und a Tass' Kaffee b'-stell'n ...«
Finkel blieb zu diesem vorgestellten Bild eine Weile stehen und sah sich die Umgebung an. Die Gipfel ragten majestätisch ins Blaue des sommerlichen Himmels auf, hoch flogen die Schwalben, und Nadelwälder rahmten das Tal schöner als der prunkvollste Goldrahmen ein.
»... Pfundig is scho dö Natur ...! Herrgott, bin i froh, daß i aus dem Steinerhaufen außi bin ... Na, jetzt denk i amal a paar Wocha gar nimmer dran --- Jessas, was wohl da Mildenberger mit sei'm Prozeß wegen der Dachrinne g'macht hat ...? Dös tat mi interessieren ...! Der sitzt allaweil auf der Bank vor dem Springbrunna und futtert d'Spatzen ... Kruzitürken ...! I wollt' ja nimmer dran denka ...! Jawohl sauwurscht is mir dös all's, was dö jetzt dahoam macha ...«
Inzwischen war der Finkel auf einer kleinen Anhöhe angelangt. Die Äste eines Kastanienbaumes neigten sich schützend über eine Ruhebank. Weit und breit war kein Mensch zu sehen. Nur das Gepolter eines Metzgerwagens drang in diese Stille hinein.
Jetzt, da er oben war, merkte Finkel erst, daß er schwitzte. Er zog sein farbiges Taschentuch, auf dem das Hofbräuhaus am Platzl abgebildet war. Um nicht mehr an die Stadt erinnert zu werden, schneuzte er sich schnell – obwohl er es gar nicht nötig gehabt hätte.
Die prickelnde und scharfe Gebirgsluft hatte ihn müde gemacht. Wohlig ließ er sich auf die Lehne zurückfallen und schlief ein. Er hörte noch eine kleine Weile um sich das Gesumm der Wespen, das ins Geräusch herabfallender Rolläden überging. Die Trambahnlinie Nummero Fünf fuhr an ihm vorbei ... Zweitausend Meter hoch erhob sich das Petersbergerl, Finkel erstieg es mit ein paar Sprüngen und sah unten die Seefischhalle, die Kuttelstände und eine Portion Gansjung ausgebreitet. Zwischen den Ständen des Viktualienmarktes servierte die Kellnerin eine abgebräunte Kalbshaxe und – plötzlich spürte Finkel ganz deutlich, wie ihm ein Eichkätzchen auf die linke Schulter sprang. Er schrak zusammen, wollte noch fragen: »Wie kann denn dös Viech springa, wenn's doch ausg'stopft is' – –?« Und erwachte. Über seine Weste kugelte eine grüne, stachelige Kastanie herab ...
»... Wie einem nur so an Blödsinn träumen kann ...?« überlegte er und dehnte sich, daß es in den Knochen knackste.
Auf dem Heimweg »Zum dreifachen Echo« zeigte die Uhr am Bahnhofsgebäude gerade achtzehn Uhr. »... dös macht ins Oberbayerische umgerechnet g'radeaus sechse abends ...!« murmelte Finkel vor sich

hin. Und kam plötzlich in eine schnellere Gangart hinein. Durch dies Tempo wollte er verhindern – wieder rückwärts zu denken. Um sich abzulenken, fixierte er dazu noch mit starrem Blick ein heubeladenes Ochsenfuhrwerk. Das aber bog alsbald in die nächste Scheune ein, seine Gedanken verloren die erzwungene Richtung – und schon stand er im Geiste auf dem Marienplatz – –

»... Teifi ...! Teifi übereinander ...! Bin i auf'm Land oder bin i's net ...?« Zur sicheren Orientierung klapperte er in der Messertasche mit seinem Zimmerschlüssel. Natürlich – er hatte sich ja auf drei Wochen mit voller Pension eingemietet ... »... wieviel war's jetzt ...? Sechse ...! Ja, mei – – Jetzt san's scho' alle vollzählig beieinander. An der Schenk werd's erste Faßl Helle anzapft und aus der Küch' riacht's nach saurer Leber ... da Hausmeister klopft 's Eis in G'frierkasten eini und d' Kellnerin steckt sich an Bleistift in ihre frischen Dauerwell'n – – Und i bin im Urlaub, mitten in der Natur – – und brauch keinen Stammtisch net ... I bin fein heraußen ...!«

In seinem Bauernzimmer, wo die abendliche Sonne mit ihren letzten Strahlen das geblumte Bett erwärmte, ging Herr Finkel zuerst auf den Kalender zu, der mit Reißnägeln an die Wand gesteckt war.

»... drei Wochen sind's also im ganzen ... ein Tag is scho' vorbei ... Und die andern zwanz'ge werd' i aa bald überstand'n hab'n ...«

Dann ging er in die Gaststube hinab, wo er bereits beim zweiten Gang des Abendessens mit drei Münchnern bekannt wurde. Noch in der gleichen Nacht fand die Gründung des Stammtisches »Zum alten Peter« statt. Und so wurde ihm die Ferne von der Heimatstadt erträglich.

Die drei Wochen waren vergangen – und Josef Finkel erschien wieder auf dem Münchner Pflaster. Schon sein erster Abend war dem Besuch der Runde »Zum lustigen Oachkatzel« gewidmet.

»Jessas, da Finkel ...! Bist du schon wieder da ...? Aha ...! Hast Zeitlang g'habt, und hat dich d'Sehnsucht wieder hoam trieb'n ...?«

»So schön war's scho' in dera Natur, daß g'fehlt aa is ... Und am liebsten wär' i glei' fort blieb'n aa ...! Und an d'Münchner Stadt hab' i überhaupts net denkt, net amal im Traum ...«

»... Bist du vielleicht gar a Kohlrabiapostel wor'n ...?«

»– – Mit der Sonna bin i ins Bett und mit der Sonna bin i wieder in d'Höh und a Wirtshaus hab' i überhaupt gar net g'sehg'n ... Und dös Stub'nsitzen an dö Stammtisch hab' i ganz verlernt ...!« rief Herr Finkel im Brustton einer falschen Überzeugung.

Aber schon vom ersten Münchner Stammtischabend kam Josef Finkel erst nach Hause, als der Morgen wie eine Blutorange über die Dächer stieg.

Ferienzeit - Reisezeit

Immer weiter
Sehng S', des waar scho ganz schee weit...

Reisevorbereitungen
Hoffentlich hab i nix vergessen...

Wohnwagen-Urlaub
Wissn S' – mir fahrn heuer amoi ins Gebirg.

Urlaubserinnerungen
Des war da oanzige Regentag.

Auf hoher See

Wenn Du, freundlicher Leser, noch niemals die Seekrankheit gehabt hast, so lächelst Du freilich überlegen des Mannes, der sich heute zum erstenmal anschickt, das Meer, das wirkliche, wahrhaftige, balkenlose, schwankende, unheimliche Meer zu befahren und dabei vom Seegespenst der poseidonischen Schrecken schon im Hotelbett zu Lande zähneklappernd geschüttelt ward.

Ignatius Semmelbacher kannte nicht die Furcht. Er zitterte vor keinem – denn sogenannte direkte Vorgesetzte hatte er nie im Leben gehabt –, fühlte sich jeder Situation gewachsen – denn Situationen besonders gefährlicher Art waren ihm stets erspart geblieben – und hätte es mit dem Teufel selber aufgenommen – wenn er nicht als Christ, Lebzelter, Kirchenkerzenfabrikant und ultramontaner Magistratsrat überhaupt davor gefeit gewesen wäre. Aber vor der Seekrankheit zitterte er, und nahm es am liebsten nicht mit ihr auf. Warum? Weil ihm einmal bei einem fürchterlichen Katzenjammer sein Freund, Dr. Schnaxenmacher, gesagt hatte: »Mein Lieber, das ist noch lang nix gegen denjenigen Zustand, den man Seekrankheit nennt. Da meinst einfach, die Welt ist ein Lotterierad, die Teufel drehn dich drin rum und du mußt alle Treffer aus der Seel' herausspein, bis zum Haupttreffer, und an dem erstickst zu guter Letzt.« Diese Metapher hätte tröstlich wirken sollen, allein bei Ignatius hinterließ sie nur die Vorstellung eines Katzenjammers von unerträglicher Größe, und alles, was er seitdem davon las oder hörte, befestigte nur und verstärkte diesen Eindruck.

Es war also kein Wunder, daß er sich zunächst mit Händen und Füßen sträubte, die Reise von Triest nach Venedig zur See zu machen. Über Monfalcone und Portogruaro führt eine treffliche Bahn, deren Benützung nicht den geringsten Brechreiz verursacht, und er war entschlossen, sich ihrer vertrauensvoll zu bedienen.

Aber in seiner Rechnung fehlten zwei wichtige Faktoren, an die er dabei nicht gedacht hatte: der Himmel und die Weiber.

Der Himmel war wunderschön. Ein Tag, wie er nicht glänzender, sonniger und windstiller hätte sein können, floß über Triest hernieder an dem Morgen, welchen die Reisenden zu ihrer Abfahrt von der Hafenstadt gewählt hatten. Das Meer war spiegelglatt, keine Wolke war am Horizont zu sehen, die Schiffe zogen wie Schwäne im Hafen ein und aus.

Die Weiber, wenn dieser Ausdruck für die beiden Jungfräulein Auguste Bröckele und Mia Roghetti gestattet ist, gaben dem Himmel nichts nach. Sie waren von glänzender Beredsamkeit, wolkenloser Liebenswürdigkeit, spiegelglatter Verführungskunst. Sie bewiesen dem

guten Nazi, daß er als Mann, Kavalier und Germane es nicht würde verantworten können, sie im Stich zu lassen. Daß Himmel, Meer und Windstille sich verbunden hätten, ihm die beste Fahrt zu gewähren, die man wünschen konnte. Daß der Anblick Triests beim Scheiden und Venedigs bei der Ankunft unvergleichlich sei von der See aus. Das alles rührte ihn kaum. Erst als Fräulein Bröckele erzählte, daß es ein absolut sicheres Mittel zur Vermeidung der Seekrankheit gebe, wurde er stutzig, und als sie es ihm verraten hatte, wurde er besiegt, denn es war sehr leicht einzunehmen und sagte ihm sehr zu: tüchtig essen und trinken.
»Da könnten S' Recht hab'n!« gab er zu. »Dös merk i bei jeder Salvatorsäson und bei jeder Bock-Kur: wann man zuvor recht fuattert, kann ma sauf'n, was man will, es wird oam net übel.«
Er entschloß sich also mitzukommen.
Der Dampfer fährt um acht Uhr früh vom Molo San Carlo ab und ist um zwölf Uhr in Venedig.
Um sieben Uhr nahm Semmelbacher bereits das erste Frühstück zu sich: Kaffee, Brote, Butter, Käse, zwei Eier und etwas Schinken, in einem Restaurant bei jener prunkvollen Kirche San Nicolo, die mit den silbergetriebenen Bildfiguren eines Halbdutzend lebensgroßer Heiliger protzt.
Dann begab er sich zum Schiffe. Er vermied es, auf das Promenadedeck zu gehen, weil er fürchtete, daß der Anblick der Wellen ihm schaden könne, sondern flüchtete sich sofort in die erste Kajüte, deren gutgepolsterte Wandsofas und hübsch gedeckten Tische sein Gemüt wohltuend berührten.
Hier bestellte er gleich beim Eintritt die Speisekarte und die Weinkarte, unter gütiger Mitwirkung Fräulein Roghettis – weil die Spitzbuben von Kellnern taten, als ob sie kein Wort deutsch verständen – und ließ sich von ihr die verzeichneten Gerichte erklären. Es war eine beträchtliche Anzahl. Drei Stewards blieben von jetzt an für seine Wünsche in Tätigkeit, denn er war entschlossen, sich durch diese Gerichte und einen kleinen Abschnitt der Weinkarte durchzudinieren, um der Seekrankheit genügend gewappnet entgegentreten zu können. Als der Dampfer die Mole verließ und den Hafendamm entlang rauschte, saß Nazi bereits seelenvergnügt über seinem zweiten Gang und vertiefte sich mit Andacht in den Geschmack eines recht genießbaren Istrianer Refosco.
Fräulein Roghetti leistete ihm anfangs Gesellschaft. Ihrem Versuche jedoch, ihn bei der Ausfahrt aus dem Hafen nach oben zu bringen, damit er nochmal den Anblick des entschwindenden Triest genieße, setzte er unbeugsamen Widerstand entgegen. Sie mußte ihn allein lassen, wenn sie nicht selbst auf die Freude dieses Anblicks verzichten wollte.

Langsam wich die schöne Stadt in die Berge zurück. Die weißen Häusermassen verloren ihren Schimmer und Schatten, die Konturen ihrer aufsteigenden Terrassen, die Palette ihrer bunten, leuchtenden Farben. Das Kastell schloß seine weit hinausschauenden Augen. Die hundert hellen Villen verkrochen in das Grün der Bäume. Die Kirchen, die Riesenschnecken, zogen ihre großen Fühler ein. Nur der Leuchtturm winkte noch wie eine kleine Kinderhand ein schüchternes Fahrwohl in die Ferne. Dann verschleierte ein seltsames einförmiges Grün, von der Farbe dunkler Lorbeerbäume, alle Linien, Punkte, Töne und Grenzen. Eine Weile später sah die Küste selbst nur mehr aus wie ein dunkler Schleier. Und endlich flog dieser Schleier fort wie entführt von heimlichen Winden.

Mutter Erde war tot.

Über all ihre Kinder herrschte das Meer. Es dehnte sich gelassen, gebieterisch, in stummer Majestät aus ins Endlose, als spräche es: Nur ich und der Himmel halten Euch noch in der Hand, und spielte mit der Nußschale voll Menschen, indem es ganz leise, wie zur Probe, zuweilen das Schiff ein wenig senkte und hob. Wie wenn man die ausgestreckte Hand, über die eine winzige Mücke läuft, ganz leise bewegt. Die Menschen lachten. Zu Hunderten standen, lagen sie am Rande des Decks und sahen hinunter auf die feine Wellenzeichnung dieser ausgestreckten Gigantenhand, die sie trug. Und freuten sich über die unendlichen Linien ihrer gewaltigen Fläche. Das waren Millionen kleiner ruheloser Wellen, die doch nach einem geheimen Gesetz nicht sinnlos wie eine Herde Lämmer, sondern in gleichmäßigen, weiten, aneinander gereihten Ketten und Zügen dahinliefen. Furchen eines in den großen Bogen des Berges gebetteten Ackers. Eines Ackers, der mit langem, grünem, jungem Grase bewachsen ist, das sich im Wind bewegt und wie Wellen kräuselt. Paul und Fräulein Roghetti sahen über die Bordbrüstung in das Gewoge hinunter und sahen ein ewig wechselndes, buntes, neuartiges Wesen.

»Das Meer ist nie tot«, sagte Mia, »es lebt beständig und ist von Leben erfüllt, aber wir am Lande wissen es nicht. Wir meinen, weil es keinen Vogelsang hat, keine Blumen, keine Düfte, keine Berge und Täler, Bäche und Ströme, Tiere und Menschen, deshalb habe es keine lebendige Seele wie die Erde, die überall mit uns spricht und alle unsere Sinne beschäftigt. Aber es ist nicht wahr. Sehen Sie nur, was uns alles begegnet! Tange und Gräser, große Blätter wie Geisblatt, kleine wie eine Hand voll Goldstücke, treibendes Holz, Gerümpel von Schiffen oder einer Küste, und da, schauen Sie, wahrhaftig! ein alter Hut! Er treibt wie der Kopf eines Fisches im Wasser, nein, es ist ein Fisch, ein großer Fisch, schauen Sie nur!« und ganz hingerissen beugte sie sich

über die Reling, dieses seltene Schauspiel zu sehen. Es war ein Delphin. Alle Augen verfolgten ihn bis er entschwand, und Paul lachte: »Denken Sie sich, ich habe geglaubt, daß es ein Haifisch sei. Und ich hatte Angst, Sie würden über Bord fallen und er würde Sie fressen.«
»Oh, es gibt schon Haie an unserer Küste«, sprach Mia, »eine Frau in Pistoia, die ich gut kenne, hat durch einen Haifisch ihren Mann verloren, als er badete. So ist das Meer selber. Schön, aber unheimlich. Still, aber gefährlich.«
»Sie lieben dieses gefährliche Ungeheuer?«
»Bis zum Tode. Ich könnte mir nichts Schöneres wünschen, als einmal von den Wellen verschlungen zu sein. Sie wissen ja, man träumt beim Ertrinken.«
»Man ertrinkt beim Träumen, das wenigstens weiß ich«, erwiderte der Ungläubige und begann ihr Nazis Seeabenteuer zu erzählen.
Während sie lachten und der Wiener mit Fräulein Auguste sich ebenfalls an dem Genuß dieser Semmelbacherei beteiligte, kam der Held ihrer Geschichte auf einmal langsam die Kajütentreppe heraufgeklettert. Sein grüner Hut mit der Spielhahnfeder tauchte schief aus der Lücke empor, dann folgte das große, runde Gesicht, das wie eine Tomate glänzte und dessen Äuglein kaum mehr zu sehen waren vor Dicke, und schließlich entstieg der ganze loden- und ledergeschmückte Sohn der bayrischen Alpen dem Dunkel der Versenkung.
Ignatius hatte da unten zwei Stunden lang gefuttert und gekneipt und hielt nun die Zeit für angemessen, den Kampf mit der Seekrankheit zu bestehen. Denn er war in heiterster Stimmung. Er hatte bereits Schnaderhüpfl unten vorgetragen, die Kellner durch das Lied vom »Röserl im Wörthersee« in helles Vergnügen versetzt, mit dem Obersteward Bruderschaft zu trinken versucht und den jüngsten für die Wachszieherei engagieren wollen. Er hatte Spiegeleier, Schweinsrippchen mit Rotkraut, gebratnen Tonnino, Artischocken, englisches Roastbeef und Kaviarbrötchen verzehrt und sich zum Schluß noch Sahnetörtchen mit Johannisbeergelee auftischen lassen. Er hatte nach dem Refosco eine Flasche Ofner Adelsberger und nach dem Adelsberger eine halbe Flasche Sekt getrunken, von dem »warmen Jäckle« Fräulein Augustes gar nicht zu reden. Und er fühlte nun, daß er es mit dem Teufel selber aufnehmen könnte, falls das nötig wäre.
Als er das Deck erreicht hatte, blickte er daher kühn und kampflustig um sich wie einer, der nur angeguckt zu werden braucht, um sofort eine Contrahage zu entrieren. Aber da er nur Frauen, Kinder und harmlose männliche Wesen sah, die größtenteils in bequemen Stühlen lagen und auf die See hinausblickten, so fand sich kein Anlaß, den Mut in der Brust nach außen ruchbar zu machen.

Also ging Nazi um einen Schritt weiter und beschloß, zunächst die Freunde aufzusuchen. Dieser Schritt weiter war insofern kühn, als Nazi dabei das Treppengeländer loslassen mußte, an dem er sich eingeklammert hatte, und als dieses Aufgeben seines Ankerpunktes ihn leider sofort der hohen See preisgab. Er torkelte mit kolossalem Schwung an die nächste Wand, wobei er über die ausgestreckten Beine eines Engländers stolperte, der hier ruhig seine Times gelesen und nun mit einem Fluch die Schienbeine in die Höhe riß. Dieser Fluch zog die Aufmerksamkeit eines halben Dutzend in der Nähe Stehender auf sich, und die Köpfe wandten sich plötzlich von der See weg nach Nazi um. Denn noch mehr als das Goddam des Engländers wirkte das Tschindadrada seines Rucksackes reklameerregend. Alle Blechdeckel und Flaschengläser dieses idealen Gepäckstückes waren bei dem Anrumpeln rebellisch geworden. Nazi genierten sie allerdings nicht. Nur die Beine des Engländers hatten ihn geniert, und er bezeichnete es laut »als eine ausgmachte Rindviecherei, d' Haxen übers ganze Schiff z' leg'n, damit si d' Passaschier' 's Gnack daran brechn«. Begnügte sich indessen als friedliebender Mann mit dieser Konstatierung, obwohl er es für rechtlich angezeigt erklärte, »daß man so a'm Simpel eigentlich a paar Watschn geb'n sollt'«, und setzte seinen Weg in der von der Natur bereits gütigst ihm gewiesenen Richtung fort.

Bei dieser Wanderung erlebte er einen riesigen Triumph. Das Meer war prächtig, der Himmel wundervoll, das Gemälde der vorbeiziehenden Segel, der fernen Dampfer, der weißen Möwen in der Luft war von fesselnder Schönheit. Und dennoch vergaßen alle Passagiere das Meer, den Himmel, die Möwen und die Schiffe, um ihn anzusehen. Ehrfurchtsvoll wichen sie ihm aus, als er sich in gefälligen Zickzacklinien und mit echtem Seemannsschritt zwischen den Herren und Damen durchdrängelte. Bald hier einem auf die Zehen tretend, bald dort einen umarmend. Alle aber mit strahlendstem Lächeln angrinsend und gegen alle höflich, indem er in sieben Sprachen – um von jedem verstanden zu werden – sich entschuldigte. Bald sagte er »Hopla!« bald »Oha!«, bald »Bardon!« bald »Jessas!«, bald »Tschulding S'!« bald »No Sie!«, manchmal aber auch nur »Hp!«, was offenbar für die vokalarmen, slawischen Angerempelten bestimmt war. Und jeder verstand ihn. Jeder grinste bald ebenso laut und lustig wie Nazi selbst. Derart feierte er denn mit Blechmusik und Festspalier seinen Triumphzug, bis er endlich an einer luftigen Ecke des Achterdecks die vier Reisegenossen erblickte. Mit einem Freudenschrei wollte er auf sie zu eilen. Diesmal aber stolperte er zum zweitenmal über ein Bein, und zwar über sein eigenes, so daß er mit lautem Gepolter gerade vor die Füße Fräulein Roghettis kugelte. Mitleidig hob sie ihn auf (Paul und der Wiener waren beigesprungen) und frug, ob er sich wehe getan. Er lächelte jedoch, sobald er auf den Beinen stand und sagte:

»Weh? I? Wem? Mir? Wo? Na! A bißl 's Gleichgwicht verlorn hab i halt, weil ein solcher Sturm is! Aber ein solcher Sturm is mir wurscht! I werd aa bei a'm solchenen Sturm net seekrank, i! I bin bei diesem hochen Seegang jetzt von der Kaschütte bis daher 'kommen und net seekrank worn! I sag, dös is überhaupts a Schwindel mit der See – See – – krankheit, vastandn?« Dann wandte er sich an Fräulein Bröckele.

»Sie san eine Schöne, Sie!« begann er. »Sie ham mich schön angschmiert, mit der Seekrankheit! Man kriegt ja gar keine, wenn man –«

»Wann m'r richtig esse duht vorher und au e bisseli ebbes trinke«, fiel Fräulein Auguste ein, »aber ich mein, Sie habe's gar z' genau gnomme mit dem Mittele –«

»Was? Z' gnau, meinen Sie? Ma kann's gar net gnau gnuag nehma, wann ein solcher Orkan herrscht! Glauben S' epper, i waar net schon lang seekrank, wann i net zwei Stund' g'essen und 'trunken hätt? Es schlagt schon malefizische Welln heut, Kruzitürkn!«

»Es schlägt gar keine Wellen«, unterbrach ihn der Dichter. »Die See ist spiegelglatt, Nazi, und du würdeste nicht seekrank werden, auch wenn du kein einziges Mittel der Welt in Anwendung brächtest.«

»So, mei Liaber? Koane Wellen schlagt's? Und schwanken tuats Schiff gwiß aa net? Auf und abgehn wie der Orgeltreter in der Heiliggeistkirch tuat vielleicht nix da herin? Und umadum drahn tuat si wahrscheinlich aa nix? Franzl, woaßt, frozzeln laß i mi net: was i g'spür', g'spür' i!«

»Schau selbst hinunter ins Meer, wenn du's nicht glaubst«, erwiderte Paul und zog ihn an das Geländer. Fräulein Roghetti, die wohl merkte, wie es mit dem Mäzen stand, bot ihm zwar ihren Stuhl an, damit er sich wenigstens setzen sollte. Aber es war zu spät. Kaum der gute Ignatius sich über die Brüstung gebeugt hatte, forderte schon das Meer von ihm das erste Opfer. Wie ein Wirbel war plötzlich die Übelkeit über ihn gekommen, und alle seine guten und sicheren »Mittel« mußte er herausgeben, wie ein Schulbub, der seine Spickzettel abliefern muß. Er jammerte, stöhnte und war sehr elend. Mia holte ihm frisches Wasser zum Trinken, er nahm einige Schlucke und schüttelte sich. Darauf wurde ihm besser. Er hatte ihren Liegestuhl eingenommen und verfiel endlich in einen tiefen Schlaf. Sie konnten ihn erst erwecken, als der Dampfer an der Riva von Venedig vor Anker ging.

So war Ignatius Semmelbacher der einzige, der zwischen Triest und Venedig an jenem Tage seekrank geworden war. Und die See gar nicht gesehen hatte.

A. DE NORA

Am Ende von Europa

Der Rentier Gustav Schnaase aus Berlin ist mit Gattin, Tochter und Zofe in Altaich, einem verträumten Flecken in Oberbayern zum »Kuraufenthalt« eingetroffen. Er ist verärgert, weil ihn am Bahnhof kein Hoteldiener abgeholt hat, er ist verärgert, weil er sich mit seinen Damen auf der staubigen Landstraße, bei der prallen Hitze und hinter dem Bauernknecht Simmerl her, bis in den Ort hinein, bis zum Gasthaus »Post« quälen muß, und er ist verärgert, weil er und seine Damen halbtot sind, als sie die »Post« endlich erreichen.

Unterm Tore der »Post« standen der Blenninger Michel und sein Hausknecht Martl. Sie hielten eine Siesta ab, indem sie nichts sprachen und abwechselnd aufs Pflaster spuckten. Sie wurden empfindlich gestört. Zuerst mußten sie erstaunen über die Prozession, die hinterm Simmerl von der Bahn herauf kam, dann mußten sie ihre Stellung räumen, weil die Leute offenbar in die »Post« kamen, und dann trat der dicke Herr auf den Blenninger zu und sagte in einer unangenehm scharfen Sprache:

»Der Mann behauptet, daß Sie der Posthalter sind.«

Michel schaute mit unerschütterlicher Ruhe in die zornigen Augen des Fremden und antwortete langsam: »I bin da Posthalter – jawoi . . .«

»So? Na, dann will ich Ihnen mal was sagen. Wenn Sie Ihren famosen Voralpenkurort schon ausschreiben, wissen Sie, wenn Sie schon das Geld für Inserate ausgeben, dann können Se sich auch den Luxus gestatten und 'n Hoteldiener auf die Bahn schicken, nich wahr? Das is nämlich so Usus in Europa, wissen Se, und zu Europa gehören Sie am Ende ooch noch, nich wahr? Das is nämlich keine Manier, wissen Se, daß man Gäste anlockt, und denn läßt man sie auf der Bahn stehen und zwingt die Damen, die staubige Straße da heraufzupaddeln. Das können Sie machen, wissen Se, mit Ihren ausgewachsenen Rabattentretern, aber nich Damen, nich wahr? Diesen Mindestgrad von Kultur müssen Se hier ooch noch leisten, verstehen Se, oder lotsen Se die Leute nich her in Ihre Schwindelalpen und schicken Se ganz einfach 'n Wagen an die Bahn. Das wollte ich Ihnen zunächst mal sagen, verehrter Herr!«

Die Wirkung auf den Posthalter war sehr stark.

Zuerst schaute er harmlos und interessiert dem Herrn auf den Mund und bewunderte ihn, daß er die Worte so schnell hintereinander ausstoßen konnte, aber allmählich zog er den Kopf ein und schielte verlegen zum Martl hinüber, der mit weitaufgerissenen Augen den Vorgang beobachtete, und dann nahm der Blenninger die Mütze ab, kratzte sich hinter den Ohren und sagte, als Schnaase fertig war: »Ja . . . ja . . . und nacha wollen S' wahrscheinli dableib'n?«

»Das kommt auf Verschiedenes an, nich wahr? So Noblenz-Coblenz lassen wir uns nich mehr auf den Leim locken, aber jedenfalls müssen wir jetzt 'n paar Zimmer haben . . .«
Der Posthalter ersah die Gelegenheit zur Flucht, und um seinen Rückzug zu decken, schrie er in die Gaststube hinein:
»D' Fanny soll komma! Herrschaft'n san da . . . machts amal, daß d' Fanny außa kimmt!«
Dann schlüpfte er schneller, als es seine Gewohnheit war, in die Gaststube, wo er sich auf das Ledersofa am Ofen in einen ganz sicheren und gedeckten Winkel setzte. Er holte sich mit einer schwerfälligen Bewegung eine Zigarre aus der Tasche, und indes er den Rauch nachdenklich vor sich hinblies, hörte er wie von Ferne noch einmal das Schnellfeuer des Berliners.
»Ja, Herrschaftssax'n! . . . Resi! Sag' da Köchin, sie soll ma'r an Kaffee einaschick'n . . . ja, Kreuzbirnbamm und Hollerstaud'n! Ja, Herrschaftseit'n überanand! . . .«
Martl ließ seinen Herrn im Stich, als er merkte, daß sich die Geschichte auf ihn und den neumodischen Bahnhofdienst hinüberreiben konnte.
Er zog sich zurück und entwischte in das Kutscherstübl zu seinem Freunde Hansgirgl, der als Postillon täglich von Altaich nach Sassau fuhr.
Im Kutscherstübl, an dessen Wänden alle möglichen Pferdegeschirre hingen, roch es gemütlich nach geschmiertem Leder. Ein Backsteinkäs, von dem der Hansgirgl bedächtig ein Stück nach dem andern herunterschnitt, und ein eingebeizter Rettich gaben ihre Düfte darein.
Martl setzte sich an den Tisch, und Hansgirgl schob ihm schweigend den Maßkrug zum Willkommen hin. Da tat Martl einen tiefen Zug, und wie er sich hernach den Schnauzbart abwischte, schaute er mit gläsernen Augen geradeaus.
»Saggera! Saggera!« sagte er.
»Magst koan Kas?« fragte Hansgirgl.
»Na. Koan Kas mog i jetzt net.«
Aber ein Bier mochte er, und er nahm den Maßkrug und tat wieder einen tiefen Zug.
»Saggera! Saggera!« Er mußte an das Erlebnis unterm Tore denken und es innerlich verarbeiten.
Der Hansgirgl dachte an nichts.
Er aß ein Stück Brot und ein Stück Kas und etliche Blattl vom Rettich und fing die Reihenfolge wieder von vorne an.
Die beiden kannten einander so gut, daß ihnen das Beisammensein auch ohne Dischkrieren genügte. Aber den Martl trieb es doch, sein Erlebnis zu erzählen; er stieß seinen Freund mit dem Ellenbogen an.

»Da Blenninga is heint unter de Breiß'n eini kemma ... Mei Liaba, den hat's dawischt ...«
»Da Blenninga?«
»Ja.«
Martl trank.
Hansgirgl stützte das Messer auf den Tisch und schaute verloren vor sich hin.
Dann fragte er: »Was hat denn der Blenninga mit die Breiß'n z' toa?«
»Ja no ... A Summafrischla. Woaßt scho, mit dera neumodisch'n Gaudi kemman allerhand Leut' daher.«
»A so moanst? A Summafrischla?«
Hansgirgl war mit dem Kas fertig und wischte sein Messer umständlich am Einwickelpapier ab, und dann trank er auch einmal.
»So ... so ... A Summafrischla«, wiederholte er.
»Dös ko'st da fei net denga, wia der Breiß an Posthalter z'sammbiss'n hat ... mei Liaba!«
»Geh?«
»A so hat er'n scho nieda gredt, daß nix zwoats net gibt.«
»Ah! Zwegn was nacha?«
»Ja, woaßt scho. Der Breiß is mit 'n Zug kemma, und drei Weibsbilder hat a bei eahm g'habt, und weil neamd auf da Bahn g'wen is, weil ma's net g'schmeckt hat, net? Da is da Breiß belzi worn, und da is eahm unta da Haustür da Posthalta in Wurf kemma. Und hat'n scho g'habt aa und nimma auslass'n, mei Liaba! ...«
»Geh?«
Hansgirgl stand schwerfällig auf und ging mit dem leeren Maßkrug zum Fenster hin. Er pfiff gellend durch die Finger.
Ein Stallbub lief über den Hof und nahm den Maßkrug.
»Holst a Maß! Aba net wieda z'erscht a Quartl abatrinka ... Mistbua! Sinscht schlag' i da'r amal 's Kreiz o ...«
»Rotzbua«, brummte er noch, wie er sich wieder neben Martl hinsetzte. »... So ... so? An Blenninga hat der Breiß dabiss'n?«
»Ah ... mei Liaba! Da ko'st da nix denga, wia'n der z'sammpackt hat. Und wia g'schwind daß der Mensch g'redt hat! An Stallkübl voll Wassa wannst nimmst und giaßt'n oan übern Kopf aus, nacha is aa net anderst. Zu'n Schnaufa kimmst d' nimma, wia di der z'sammpackt ...«
»Geh?«
Sie saßen in Gedanken verloren nebeneinander, bis Seppl die frische Maß brachte.
Dann prüfte Hansgirgl mißtrauisch den Inhalt und trank einmal richtig, und auch Martl nahm wieder einen tiefen Zug.

»So . . . so? Ja, was hat'n nacha da Blenninga g'sagt?«
»G'sagt! Der is nimma zum Sag'n kemma, mei Liaba! Was glaabst denn, wia der Breiß g'redt hat! An Vozz hat er überhaupts nimma zuabracht. Grad auf und o is ganga, und 's Biß hat er eahm zoagt, wia da Hund an da Kett'n . . .«
»Geh?«
»Wann a d' as sag, an Stallkübi voll Trank balst über oan ausschüttst, is aa net anderst . . .«
Martl hatte sich genug erzählt und Hansgirgl sich genug gehört. Sie hatten was zum Nachsinnieren und wunderten sich und tranken schweigend eine Maß dazu.

Der k. und k. Oberleutnant a. D. Franz von Wlazeck aus Salzburg aber brütet indessen aus, wie er den inzwischen ebenfalls eingetroffenen Sommerfrischler, den Dichter Tobias Bünzli aus Winterthur, der sein verträumtes Auge auf Fräulein Henny Schnaase geworfen hat, bei der jungen Dame vielleicht doch noch ausstechen könnte.

Herr von Wlazeck sah ein, daß er die Aufmerksamkeit der Berliner Damen etwas stärker auf sich lenken mußte. Das hübsche Fräulein schenkte ihm wenig Beachtung und überhörte in geradezu auffallender Weise seine ritterlichen Komplimente.
Auch die alte Urschl – so nannte der Oberleutnant in Selbstgesprächen Frau Karoline Schnaase – tat merkwürdig fremd; besonders in den letzten Tagen, seit sie dem unappetitlichen Federfuchser eine sehr merkwürdige Beachtung schenkte.
Wie die Familie dazu gekommen war, diesen nägelbeißenden Dichterling an ihrem Tische Platz nehmen zu lassen, das war schon unbegreiflich. Das war vermutlich der Berliner Schwarm für sogenannte Interessantheiten.
»Aber bitt' Sie, wenn *der* Mensch auch noch eine Interessantheit vorstellt, dann möchte man schon am guten Geschmack verzweifeln. Mit nackete Füß in abgelatschte Schuh hineinschliefen, das beruht am Ende nicht auf dichterischer Begabung, sondern auf dem Mangel an Strimpfen . . . bloß dreckig sein is noch lange nicht genial . . . Der Grüllparzer hat Socken angehabt, und der Herr von Gäthe auch. Sogar sehr elegante, wann er doch schon in Karlsbad in allerersten Kreisen verkehrte . . .«
Wlazeck hoffte, daß ein stärkerer Hinweis auf seine militärische Vergangenheit Wandel schaffen könne. Er beschloß, vor den Damen einmal hoch zu Roß zu erscheinen.
»Gestatten mir eine Anfrage, Herr Posthalter, Sie haben doch Pferde?«
»Fünfi«, erwiderte der Blenninger Michel.

»Alsdann möchte ich gebeten haben, daß mir eines zur Verfügung gestellt wird. Ich muß wieder einmal ein Pferd besteigen. In mir erwacht der alte Reitergeist. Wollen Sie mir einen Cavallo gegen angemessene Bezahlung leihen?«

»Was is? Reit'n möchten S'?«

»Aber ja! Natierlich will ich keine Parforcejagd reit'n; was ich möchte, is ein kurzer Spazierritt zur Wiederbelebung ...«

»Dös glaab i kaam, daß dös geht ...«

»Wieso?«

»Von meine Roß is no koans g'ritt'n wor'n ... Dös hoaßt, daß i 's recht sag, an Handgaul, der wo in der Karriolpost geht, den hat da Hansgirgl amal beim Georgiritt g'habt.«

»No also!«

»Dös is aber aa scho vier Jahr her.«

»Für meine Zwecke wird der Gaul geniegen. Sie kennen beruhigt sein; ich werde ihn aufs eißerste schonen ...«

»I wer amal mit 'n Hansgirgl red'n.«

»Wann Sie nichts dagegen einwend'n, will ich selber mit dem Mann red'n. Hat er gedient?«

»Schwoli war a.«

»No schauen S' her! Da werden wir sehr schnell einig sein. Zwei alte Soldatten verstehen sich leicht.«

»Vielleicht, wenn S' a paar Markl ei'reib'n ...«

»Lassen Sie nur mich mach'n! Alsdann, Ihre Einwilligung hab' ich?«

»Vo mir aus«, sagte Blenninger.

Wlazeck eilte über den Hof, um den Postillon aufzusuchen. Der Stallbub sagte ihm, daß der Hansgirgl im Kutscherstübl sei. Als der Herr Oberleutnant eintraf, schlug ihm ein anheimelnder Duft entgegen.

Leder, Schmieröl, Bier, Rettiche und qualmende Stinkadores halfen zusammen, um ihn an alte Zeiten und Wachtstuben zu erinnern.

Auf dem Kanapee lag Hansgirgl. Seine nackten Füße, die über den Rand hinausstanden, verdeckten ihn in der Perspektive.

Gegenüber saß Martl. Auf dem Tische stand ein Maßkrug, daneben ein Teller, auf dem ein eingebeizter Rettich lag und weinte.

Niemand sprang auf, als der Oberleutnant eintrat. Niemand stand in Habtachtstellung. Insofern war der Unterschied von einer Wachtstube sehr merklich.

Martl wandte den Kopf halbschief gegen den Besucher; Hansgirgl rührte sich überhaupt nicht.

»Särvus!« rief Wlazeck sehr herzlich. »Lassen S' Ihnen, bidde, ja nicht stören!«

 Sie ließen sich nicht stören.

»Ich möchte mit dem verehrten Herrn Postillon was besprechen.«
An den zwei nackten Füßen krümmten sich die großen Zehen.
Das war ein Lebenszeichen und konnte die Erlaubnis zu weiteren Mitteilungen bedeuten.
Wlazeck fuhr fort: »Die Sache is nämlich folgende. Ich habe mich mit dem Herrn Posthalter darüber geeinigt, daß ich demnächst mit Ihrem Handgaul ausreiten werde. Es handelt sich also darum, daß Sie die nötigen Vorbereitungen treffen.«
Hinter den Füßen tauchte langsam ein Kopf empor, aus dem zwei unfreundliche Augen auf den Eindringling blickten.
»Han?« fragte Hansgirgl.
»Ich habe mit dem Herrn Posthalter verabredet, daß ich nächstens Ihren Handgaul reiten werde ...«
»An Schimmi? Mein Stutz!«
»Selbstredend werde ich den Gaul nicht strapazieren. Es handelt sich nur um einige wenige Spazierritte in die nächste Umgebung.«
Der Kopf verschwand wieder.
»Alsdann, Postillon, ich erwarte, daß Sattel und Zaumzeug in Ordnung sind, wenn ich ausreiten will ...«
Hansgirgl gab keine Antwort, aber Martl, der seinen Freund kannte und zu ihm stand, wie es sich gehörte, sagte feindselig:
»Da wern S' net recht viel Glück hamm.«
»Was heißt Glück haben? Wann Ihnen Ihr Herr, der Posthalter, den dienstlichen Auftrag erteilt, dierfte die Sache erledigt sein ...«
Herr von Wlazeck war ärgerlich. Diese grobschlächtige Art des passiven Widerstandes empörte den alten Offizier, und er vergaß, daß er jovial und kameradschaftlich hatte sein wollen.
»Ich möchte mich nicht wiederholen. Ich übermittle Ihnen hiemit einfach den strikten Beföll Ihres Dienstherrn, mir zum Zwecke des Ausreitens den Gaul sowie alles Notwendige in Bereitschaft zu stellen. Ich werde Ihnen Tag und Stunde bekannt geben, beziehungsweise, Sie werden das von kompetenter Seite erfahren ...«
Die Zehen Hansgirgls verkrampften sich; wahrscheinlich deutete es den Eigensinn dieses verschlossenen und finsteren Charakters an.
Martl übersetzte die Gebärdensprache.
»Dös werd si scho aufweis'n«, sagte er.
Und um anzudeuten, daß er die Audienz für aufgehoben erachte, nahm er einen starken Schluck aus dem Maßkrug und schnitt sich bedächtig einige Blätter von dem weinenden Rettich ab.
Wlazeck schlug die Türe zornig hinter sich zu.
Er traf den Blenninger noch an seinem gewohnten Platze unterm Torbogen.

»Aber bidde, Herr Posthalter, was haben denn Sie für Leite? Was is denn das für eine Disziplin in Ihrem Hause? Ich erkläre Ihrem Postknecht, daß ich in Ihrem Auftrag', also gewissermaßen als Ihr Beföhlsträger, den Wunsch eißere. Glauben Sie, er findet es der Mühe wert, mir eine Antwort zu geben? Nicht die Spur!«
Der Posthalter lächelte breit und gemütlich.
»Ja . . . ja . . . Der Hansgirgl! Der hat seine Sekt'n.«
»Traurig genug, wann er sie haben darf! Ich möchte den obstinaten Burschen in meinem Zug gehabt haben, ich garantiere, daß er in acht Tagen aus der Hand gefressen hätte. Und dann dieser Azteke, der Martl!«
»War der aa dabei?«
»Aber ja! Sitzt daneben und verlautbart die Willensmeinung des Herrn Postknechtes!«
»Da glaab i 's freili, wenn der dabei war! Wissen S', wenn de zwoa beinand hock'n, red't ma si hart damit.«
»Gestatten mir die submisseste Bemärkung, daß ich das einfach nicht verstehe. Untergebene haben meines Erachtens keine Eigentiemlichkeiten zu haben, viel weniger hervorzukehren, sonst schwindet eben jeder Begriff von Subordination . . .«
»Lassen S' as no guat sei! I wer an Hansgirgl scho rumkriag'n . . .«
»Hoffentlich! Mir möchte das an Ihrer Stelle sehr wenig Schwierigkeiten bereiten . . .«
»Was sagst d' jetzt da dazua?« fragte Hansgirgl, der sich gleich, nachdem Wlazeck das Stübl verlassen hatte, aufrichtete und an den Tisch setzte.
»Was ko ma sag'n?« antwortete Martl. »Dena Luada fallet alle Tag was anders ei.«
»An Stutz möcht' er reit'n, und bal er 'n krummb daher bracht, hätt' i 's G'frett. Daß an Posthalta nix G'scheidters ei'fallt?«
»Dem? Dös is aa 'r a Neumodischer wor'n.«
»Is ma da Stutz nach Liameß drei Wocha im Stall g'stand'n! Dös muaß do da Blenninga wiss'n . . .«
»Neumodisch is er wor'n mit lauta Summafrischla. Was sagt a net gestern zu mir? Daß si dös Berliner G'steck beschwert hätt' bei eahm, i hätt' ihre gelb'n Schuah mit da schwarz'n Wichsbürst'n aufg'arbet. Hätt s' halt schwarze, wia 's da Brauch is, dös Weibsbild, dös boanige!«
»Sei' tuat's was!« brummte Hansgirgl.
»Trink' aus, na laß ma 'r ins no a Maß kemma.«
Als er ans Fenster trat und dem Seppl pfiff, kam Fanny über den Hof.

»Is da Martl bei dir drin? fragte sie.
»Ja.«
»Sei Wasch hätt' i.«
»Geh eina damit!« rief Martl, und Fanny kam in die Stube.
»Drei Paar Söckeln, an Unterhos'n und zwoa Hemmada ...« zählte sie auf und legte die Wäsche aufs Bett.
»Dank' da schö; da hast a Halbi Bier«, sagte Martl, und schob ihr ein paar Nickelstücke über den Tisch hin.
Er merkte aber, daß sie verweinte Augen hatte, und weil er sie als ein richtiges Frauenzimmer leiden mochte, erkundigte er sich gutmütig.
»Was hast d' denn?«
»I? – Nix.«
»Für was hast nacha g'heant?«
»Ah! Was fallt da denn ei? I hab' do net g'woant. Ös waart 's as scho wert?«
»Mir? Wußt net, daß mir dir was to hamm ...«
»I sag' net vo dir. D' Mannsbilder überhaupts. Is oana so schlecht wia der ander ...«
»So? Hat 's was g'habt?«
»Was frag' denn i danach? I brauch' überhaupts koan ...«
Aber wie sie es sagte, rollten ihr ein paar Tränen die Backen herunter, und sie hockte sich schluchzend auf den Bettrand.
»Was gibt's denn?« fragte Hansgirgl vom Fenster herüber.
»Woaß net«, antwortete Martl.
»Es san halt so Weibsbildag'schicht'n.«
»Ja ... Weibsbildag'schicht'n ...« schluchzte Fanny. »Wann ma so an Mensch'n glaabt und a ganz Jahr mit eahm geht, und all's is eahm recht, und er gibt oan de schönst'n Wort, und auf oamal vergißt er all's, weil de preißische Bohnastang', de miserablige, mit eahm speanzelt ... da ko ma was sag'n von an Charakta ...«
»Ja ... ja ... so geht's auf da Welt«, sagte Martl, dem kein anderer Trost einfiel.
Hansgirgl schaute zum Fenster hinaus nach dem Seppl. Solche Sachen waren ihm zuwider.
Da sprang Fanny vom Bett auf und wischte sich die Tränen ab.
»Vo mir aus lafft er dera Heugeig'n nach. I lach' ja dazua! Aba wenn s' furt is, und er moant, er kannt wieda schö toa mit mir, na sag' i 's eahm, was er is ... So a gemeina Mensch! Überhaupts a Mannsbild is was gräuslich's!«
Damit lief sie hinaus und ließ ihr Trinkgeld liegen.
Martl nahm es und legte es bedächtig in seinen Zugbeutel zurück.
Hansgirgl stellte die frische Maß auf den Tisch und setzte sich.

»Was is denn mit dera?« fragte er.
»De Berlinerin hat ihr ihran Schatz ausg'spannt.«
»Auweh! Da wern s' belzi, d' Weibaleut.«
»Da Schlosser Xaverl is, da G'sell vom Hallberger. Der hat 's jetzt mit dera Breißischen . . .«
»Mit dera langg'stackelt'n?«
»Ja . . . mit de gelb'n Schuah . . .«
Hansgirgl schaute tiefsinnig in den Maßkrug und trank.
»Dös best' is«, sagte er . . . »bal ma sein Ruah hat von de Weibsbilda . . .«
»Magst d' as aa net, gel?« fragte Martl.
»Jetza nimma. Aba früherszeit'n hat's mi umtrieb'n. Was i z'weg'n dena Malafizkramp'na Schläg' kriagt hab', do ko'st da nix denga!«
»Geh?«
»An öfft'n bin i hoamg'scheitelt wor'n, bei jeda zwoat'n Tanzmusi hon i g'rafft, 's G'wand hamm s' ma z'riss'n, Löcha hon i im Kopf g'habt, und all's z'weg'n dena Saggeramentsweibsbilda . . .«
Martl, der seinen Freund immer bewunderte, schaute ihn erstaunt an.
»Dös hätt' i gar net glaabt vo dir . . .«
»Ah, mei Liaba! Mi hat's schiach umtrieb'n.«
»Geh? Jetzt i ho mi ganz weni bekümmert um d' Weibaleut.«
»Dös is halt vaschied'n. Bal oan dös ins Bluat ei'gschoss'n is, ko ma nix macha. Oft oan rührt's gar net o, und an andern laßt's koa Ruah. Da muaßt ans Kammafensta, ob 's d' magst oda net, und bal 's d' aa woaßt, daß dir oa aufpass'n, und daß d' Schläg kriagst, es helft da nix. Wia 's Nacht werd, laffst do wieda zuawi . . .«
»Da hon i nia nix g'spürt«, sagte Martl. »Plagt hon i mi übahaupts net um a Weibsbild. Waar ma scho g'nua g'wen!«
»Sei froh! Dös sell is a hart's Leb'n. Dei Arwat beim Tag muaßt do macha, sinscht valierst dein Platz, und bei da Nacht umanand gambs'n, da kimmt oana oba . . .«
Hansgirgl sagte es ernst; ganz so, als wenn er von einer schweren Krankheit erzählte.
Und Martl schob ihm mitfühlend den Maßkrug hin, damit er sich nachträglich stärken sollte.
»Hat's di lang g'habt?« fragte er.
»Bis in die Dreißgi eini. Nacha hat si de Hitz' g'legt.«
»Aba jetzt g'spürst d' nix mehr?«
»Na, mei Liaba! Jetza is zuadraht. Jetza schaug i s' gar nimma o, de Malafizkrampna, de vadächtig'n . . .«

LUDWIG THOMA
(aus seiner Sommergeschichte »Altaich«)

Blitz überm Sommerhaus

Am frühen Nachmittag zeigt sich senkrecht am prangenden Sommerhimmel überm Fockenstein eine weiße, zart gebauschte, dunkel geränderte Wolke. Sie wandert unauffällig und bescheiden gegen Osten. Unterwegs erhält sie von anderen ihresgleichen Zuzug, die unvermerkt aus dem Kreuther Tal und der Gegend zwischen Isartal und Taubenberg sich einfinden. Zuerst ziehen sie alle für sich des Wegs, als ob sie nichts voneinander wüßten und auch gar nichts wissen wollten, auf einmal aber sind sie dicht beisammen, ihre blauschwarzen Ränder fließen langsam ineinander und werden zum Hintergrund für die hellen Wolken, die sich ihrerseits vereinigen und allmählich zu mächtigen Gebirgsstöcken aufblähen. Die gespenstische Landschaft treibt mit immer heftiger werdendem Schwung lautlos auf die Sonne zu, die ruhevoll auf ihrer Bahn nach Westen dahinzieht. Nach einiger Zeit erreichen sie sich. Der riesige Wolkenwürger schiebt sich über die Sonne und erstickt sie. Das goldene Tageslicht verwandelt sich von einem Augenblick zum andern in einen giftigen Dämmerschein, eine unheimliche Tagesnacht ist angebrochen.

Wir geben uns keinem Zweifel hin, was das zu bedeuten hat. Wir machen im Haus die Fenster zu, stellen die Geranien- und Nagerlkästen vom Geländer der Laube herab auf den Boden, verschließen die Stalltüren, bringen mit vereinten Kräften noch zwei Fuder Grummet, die schon aufgeladen sind, in die Scheune, sprechen den Obstbäumen, die bis in die Wipfel zittern, Mut zu – ein alter Apfelbaum, ein sturmerfahrener, hat sich nach der Windseite ganz schmal gemacht – und warten.

Nicht lange. Rechts und links in der Tiefe unter uns hebt plötzlich ein stöhnendes Krachen an, Sturmstöße fahren wie rasend in die Baumkronen, wehe allen hochgewachsenen Stämmen, jungen und alten, die sich nicht darauf gerichtet haben! Unmittelbar darauf rauschen an beiden Längsseiten unserer schmalen Bergnase dichte, flüssige Vorhänge nieder, hinter denen gewaltiges Brausen zu hören ist. Nun beginnt es auch ringsum zu blitzen; kaum sichtbare gelbe Lichter spritzen durch die Schleier, gefolgt von bösartigem, mächtigem Klirren und Reißen der Donner; alles das geschieht um uns herum, wir selbst bleiben verschont, so nahe uns auch das Unwetter auf den Leib gerückt war – nur ein Sprühregen wie aus einem ungeheuren Zerstäuber geht auf uns nieder.

Das Gewitter sucht im übrigen die ganze Gegend heim und läßt sich nicht Mühe und Zeit verdrießen, um in jeden Winkel und jede Schlucht zu kommen. Wir schauen ihm auf der Hausbank unter der Laube an der Ostseite lange zu, hingerissen von seiner Gewalt und Schönheit. Wie erschließt sich doch unser Empfinden der Größe schauerlicher und furchtbarer Ereignisse, wenn wir sie aus sicherer Entfernung auf uns wirken lassen! Das Gewitter dauert bis in den Abend hinein, dann wird es wieder still und friedlich, und wir begeben uns zur Ruhe.

Beim ersten Morgendämmern hebt uns ein Donnerschlag, der einem Erdbeben gleich das Haus rüttelt, mit einem einzigen Schwung aus den Betten heraus. Unter dem Schutz unseres süßen Schlummers hatte sich ein kleines Gewitter – es hat nur einen Blitz und einen Donner mitgeführt – herangeschlichen und uns überfallen. Es hat wahrscheinlich geglaubt, mit uns wird es leicht fertig, das war aber eine Täuschung. Es scheitert an der Licht- und Telefonanlage. Diese allerdings vernichtet es völlig, aber damit ist seine Kraft auch erschöpft.

Als wir das festgestellt haben, beruhigen wir uns schnell wieder, indessen wäre es übel gewesen, wenn der Blitz gezündet hätte – unter einer Stunde hätte uns keine Feuerwehr zu Hilfe kommen können und bis dahin wäre von unserem Anwesen nichts mehr übrig gewesen. Diese Überlegung erinnert uns daran, daß es Blitzableiter gibt, und ich schreibe sogleich in die Stadt an ein Blitzableitergeschäft, dessen Inhaber, ein kleiner, untersetzter Mann in mittleren Jahren, wohlerfahren in seinem Beruf und mit der Sicherheit des Auftretens, die überlegenes fachliches Können verleiht, alsbald bei uns erscheint. Wir – er und ich – gehen ums Haus und er erläutert mir die Situation.

Zunächst stellt er mit Nachdruck fest, daß das ganze Haus aus Holz ist. Ich bestätige das und füge hinzu, das sei schon immer so gewesen, ich hätte es nie anders gesehen.

Er bleibt stehen, runzelt die Stirne und schaut mich bedeutend an. Ein Haus, sagt er, das ganz aus Holz besteht, das ist, wie er mir auf Grund seiner Erfahrungen versichern kann, durch Feuer ganz besonders gefährdet, das wird häufig nicht erkannt. Und viele Leute bilden sich ein, sie verstehen etwas vom Blitz, und in Wahrheit haben sie keine Ahnung davon. Es gibt sehr verschiedene Blitze, er will sie mir gar nicht aufzählen, weil ich es wahrscheinlich doch nicht auseinanderhalten kann, aber das muß ich wissen, daß es gefährliche und ungefährliche gibt – ganz ungefährlich eigentlich nicht –, und man muß sie nehmen, wie sie daherkommen, man kann sie nicht vorher untersuchen und erkennen, und es geht alles sehr schnell beim Blitzen; wenn man sich da nicht schon gerichtet hat, ist es zu spät. Er will mir nur das eine sagen: Mein Haus steht frei auf der Höhe und ist ganz aus Holz, mit einem einfachen Blitzableiter ist da nichts getan, es gehört eine Anlage her mit mehreren Empfängern, sonst haut mich der nächste Blitz in Grund und Boden, so wahr er vor mir steht.

Ich sehe das ein und stimme ihm zu. Daraufhin erklärt er mich für einen vernünftigen und denkenden Menschen, und so einem hilft er gerne. Er wird die Anlage gleich machen lassen und zunächst das Material herausschicken, das ich mit dem Fuhrwerk an der Bahn abholen muß. Ich frage ihn nach dem Preis des Unternehmens; seine Antwort gibt mir einen Stich. Ich lasse mir aber nichts merken, um seine Achtung nicht zu verscherzen, und was bleibt mir auch übrig, nachdem mein Haus ganz aus Holz ist.

Nach einiger Zeit kommt die Mitteilung, das Material sei abgereist, und ich fahre mit einem kleinen Pferdewagen zur Bahn, in dem Glauben, für einen Blitzableiter seien nur ein paar Drähte und ein paar Stangen nötig und die brächte ich auf meinem Wagen leicht unter. Das Material füllt aber einen halben Eisenbahnwagen aus, und es werden zwei schwere Fuhren notwendig, um die Platten und Stangen und Drähte zum Anwesen zu befördern. Zuerst erschrecke ich über diese Menge, aber dann freue ich mich, weil ich mir sage, bei so viel Aufwand wird die Blitzableiteranlage ganz großartig und passieren kann da nichts mehr.

Nun verständigte ich den Geschäftsmann in der Stadt, daß alles bereit ist, und er verspricht mir, sogleich den Blitzableitersetzer zu schicken. Dieser erscheint auch alsbald: ein älterer Mensch, mit einem struppigen, aber entschlossenen Gesicht und einem mühsamen Gang, namens Ohnesorg. Er erzählt mir, daß er nun schon mehr als dreißig Jahre bei seinem Geschäft ist und das bringt es mit sich, daß er immer wieder einmal vom Dache herunterfällt. Das läßt sich mit dem besten Willen nicht vermeiden. Wenn man dabei auch seine Erfahrungen macht und es lernt, richtig aufzufallen, so zerbricht doch in der Regel irgend etwas, und es ist verständlich, daß es Schwierigkeiten hat, die Stücke immer wieder ordentlich aufeinanderzupassen. Um zu sagen, wie es ist: bei ihm stimmt eigentlich nichts mehr ganz richtig, vor allem sind die Kniescheiben nicht an ihrem Platz. Daher kommt auch, sagt er, sein mühsamer Gang. Aber ihn stört das nicht, auf dem Dache kann er immer noch gut arbeiten und herumzulaufen braucht er ja nicht, Gott sei Dank. Ich frage ihn, wieviel Zeit er zu unserem Blitzableiter benötigt und er antwortet, unter fünf Tagen wird er nicht fertig. Wegen der Verpflegung brauche ich mir aber keine Gedanken zu machen, denn da ist er nicht anspruchsvoll. Feste Nahrung wünscht er wenig, er hat sich gewöhnt, in der Hauptsache Flüssigkeit zu sich zu nehmen und fühlt sich dabei sehr wohl; für diese allerdings muß ich Sorge tragen.

Das verspreche ich ihm, und nun zieht er gleich sein Arbeitsgewand an, ein schwefelgelbes Übergewand, bestehend aus Hose und Bluse, und erläutert mir, wie die Arbeit vor sich geht. Er selber, sagt er, wird auf dem Dache arbeiten und dort zunächst die Stangen setzen und die Drähte anlegen. Inzwischen muß für die Kabel am Haus ein Graben gezogen werden, einen Meter tief, der in der Odelgrube endet.

Das Haus steht auf einem schmalen Höhenrücken, das Gesicht nach Osten gewendet, angebaut sind westwärts Stall, Wagenschuppen, Scheune mit Auffahrt; Misthaufen und Odelgrube liegen an der Nordseite, wie es sich gehört. Licht- und Telefonleitung sind an der Südostecke in das Haus eingeführt und dorthin werden auch die Blitzableiterdrähte gelegt. Der Weg von da in die Odelgrube ist nicht weit, die Ostfront und ein Stück die Nordseite entlang. Ohnesorg ordnet aber an, daß der Graben die ganze Südseite entlanggeführt werden muß, hinten um die Tennenausfahrt herum und in deren Nordschatten in die Grube, das ist dreimal so weit, außerdem ist dort fast durchweg eine harte Bodendecke, und von der Arbeit abgesehen, brauchen wir auch viel mehr Kabel. Das setze ich dem Ohnesorg auseinander, ohne ihn von seiner Anordnung abzubringen.

Der Blitz, sagt er, darf nicht merken, was man mit ihm vorhat. Die Blitze sind äußerst schlau und wissen gut, daß sie gar nichts ausrichten, sondern schmählich zugrunde gehen, wenn sie in einen Blitzableiter geraten. Sie passen deshalb scharf auf, ob nicht so eine gefährliche Anlage in der Nähe ist. Freilich, mit frischen, goldenen Spitzen kann man sie immer fangen, denen können sie nicht widerstehen, da verlieren sie jede Überlegung. Aber sonst sind sie schwer zu täuschen und deshalb müssen wir den Graben ganz unverfänglich anlegen. Ist ein Blitz erst da drinnen, dann kann er nicht mehr aus, er saust das Haus entlang und ehe er weiß, wie ihm geschieht, stürzt er in die Odelgrube. So muß es sein.

Ohnesorg hat, wie man sieht, ein sehr persönliches Verhältnis zu seinem Geschäft und kennt sich mit den Blitzen aus.

Nun also fangen wir, der Baumeister und ich, an zu graben. Eine mühselige Arbeit, vierzig Meter Graben, einen Meter tief und einen halben breit, das versteht jeder, der einmal so etwas gemacht hat. Dazu haben wir viel Regen, was unsere Stimmung nicht verbessert. Ohnesorg hantiert unterdem auf dem Dache, ihn stört das Wetter nicht, er ist auch immer aufgeräumt, pfeift und singt auf seine Weise unbekannte Melodien zu seltsamen Worten, und läßt sich seine flüssige Nahrung gut schmecken, von der er sich viel zuführen muß, um die feste Nahrung zu ersetzen.

Nach ein paar Tagen haben wir den Graben fertig, auf dem Dach stehen drei Stangen mit blitzenden Spitzen und allerlei Drähte hängen an dem Haus herunter.

 Am vierten Tag regnet es von früh an, nachmittags hörte es aber bei-

zeiten auf, und betörender Sonnenschein breitet sich über die Erde. Schon ziehen aber von Westen wieder Wetterwolken heran, aufgeregt und hastig. Ich mache den Ohnesorg darauf aufmerksam und rufe ihm zu, er soll vom Dach heruntersteigen. Er erwidert mir, wegen eines Gewitters geht er noch lange nicht vom Dache herunter, er bleibt, wo er ist. Als es aber in der Gegend mit großer Heftigkeit zu blitzen beginnt, steigt er doch herab, und ich setze ihm nicht ohne Sorge auseinander, daß wir jetzt in einer üblen Lage sind. Denn alles, was beim Blitzableiter dazu bestimmt ist, den Blitz anzulocken, ist fertig – großartig auch noch, die Spitzen auf den hohen Stangen leuchten, daß es eine Pracht ist –, aber nichts von dem, was den Blitz unschädlich machen soll. Die Drähte hängen lose am Haus, und im Graben sind noch keine Kabel gelegt. Ich muß sagen, daß ich selbst, wenn ich ein Blitz wäre, keinen Augenblick gezögert hätte, in diese funkelnden Stangen hineinzufahren, da ja ein Blinder sehen muß, daß nicht die geringste Gefahr damit verbunden ist.
Ohnesorg verschließt sich meinem Kummer nicht, aber er sagt, er weiß schon, was wir tun müssen. Wir sollen sofort ein großes Schaff mit Wasser bringen und da hinein wird er das Ende der herabhängenden Drähte legen, dann wird der Blitz, der in die Stangen schlägt, eben in diesem Wasser, und zwar elendiglich, umkommen. Wir schleppen also, während es plötzlich dunkel wird, die Vorhut des Gewittersturmes bei uns eintrifft und bösartig auf die Bäume niederstößt, schnellstens ein großes Schaff Wasser herbei, und Ohnesorg in seinem schwefelgelben Anzug schickt sich an, die Drähte hineinzulegen. Das glückt aber nicht mehr. Wie er den Draht anfaßt, läßt er ihn auch schon mit einem Wehlaut wieder fahren und sagt erschrocken, es ist zu spät.
Inzwischen ist das Gewitter in voller Heftigkeit über uns ausgebrochen. Ohnesorg erklärt, wir müssen unverzüglich das Vieh aus dem Stall holen und uns selbst davonmachen, denn es ist mit Sicherheit zu erwarten, daß ein Blitz ins Haus schlägt und alles in Flammen aufgeht. Das ist eine schmerzliche Eröffnung, aber wir haben keine Zeit, lange nachzudenken. Wir machen das Vieh los, treiben es aus dem Stall und rennen alle, Männer, Weiber, Kinder, mitsamt dem Ohnesorg, der jetzt nicht hinten bleibt, vom Anwesen weg mitten auf die freie Wiese. Ein wolkenbruchartiger Regen geht auf uns nieder, es blitzt und donnert, daß uns nur so schaudert, wir warten voller Angst und Entsetzen darauf, daß unser gutes, altes, treues Haus jählings von einem Blitz angefallen wird und in Flammen aufgeht. Um uns herum toben wie wahnsinnig die Kühe und Kälber und Schweine und das Pferd; sie begreifen nicht, warum sie ausgerechnet während eines solchen krachenden Unwetters aus dem Stall heraus gemußt haben.

Indessen, das Gewitter geht vorüber und es ereignet sich nichts. Wir fangen das Vieh wieder ein und bringen es in den Stall und sind sehr froh, daß das Haus nicht abgebrannt ist, aber auch ein klein wenig enttäuscht. Denn schließlich hätte man erwarten können, daß eine nagelneue, gleißende Blitzableiteranlage zeigt, was sie kann und bei einer solchen Schar von Blitzen wenigstens einen dazu bringt, in sie einzuschlagen. Ohnesorg ist darüber schmerzlich verwundert; er sagt, er tue nun so lange bei seinem Geschäft mit, aber bei den Blitzen lernt man eben nie aus. Er hat die Blitzableiteranlage fertig gemacht und ist in gedrückter Stimmung abgezogen.
Und seit dieser Zeit ist kein Blitz mehr hergegangen. Sie haben sich seither immer irgend etwas in der Umgebung des Hauses als Ziel ausgesucht – einmal einen Heuschober, einmal eine freistehende Buche, einmal einen Drahtzaun, den sie vollkommen vernichtet haben, und das letztemal eine Lärche, und das habe ich ihnen übelgenommen, weil sie so jung und schlank gewesen ist und uns allen besonders ans Herz gewachsen. Vielleicht ist es doch so, daß die Blitze damals gesehen haben, wo der Kabelgraben, der ja offen gewesen ist, endet und sich das gemerkt haben. Dann ist ihr Verhalten verständlich. Ihre Lebensbahn ist ohnehin so kurz, sie wollen sie nicht gerade in einer Odelgrube beschließen.

WILHELM DIESS

Aus dem Seehamer Tagebuch

Ordnung im Häusl

Wie immer bei der Heimkehr aus den wie auf Kugellagern laufenden Haushaltungen meiner Schwägerinnen bin ich der guten Vorsätze voll. Ich nehme mir vor, aus unserer Holzhütte ein gepflegtes Heim zu machen. – Nach zwei, drei Tagen habe ich mir alle Nägel, die mir auf der Reise gewachsen sind, wieder abgebrochen, die Perlmuttersatzlöffelchen sind wieder auf geheimnisvolle Weise verlorengegangen, die Tablettdeckchen verschweinigelt, und die Spinnen haben ihre Netze erneuert, die ich bei meinem Heimkommen zerstört habe. Und dann gebe ich wieder auf.
Nun ja, alles ist relativ. Früher war es natürlich noch viel schwerer, Ordnung zu halten. Papa trug die Kohlen in sein Atelier grundsätzlich in einem alten, löcherigen Papierkorb hinauf und die Asche dann in

einem zu kleinen, dafür aber hoch gehäuften Blechkästchen wieder herunter. Wenn ich seufzend aufgekehrt hatte, rief er plötzlich fröhlich von oben: »Hier ist mit Dank die Schachtel zurück, die ihr mir für Späne und Torfstückchen geliehen hattet.« Und dann kam ein ehemaliger Margarinekarton holterdipolter von Stufe zu Stufe herunter und verstreute alle zehn Zentimeter etwas von dem, was sich zwischen seine Falze verkrochen hatte. – Der goldige Papa, immer rücksichtsvoll, wollte uns möglichst wenig Arbeit machen und warf daher alte, verkrustete Farbdosen einfach aus dem Atelierfenster. Sie fielen entweder auf das gläserne Vordach vor der Küche und verhinderten dort den Einfall des Lichts noch mehr, oder gleich in die Ligusterhecke, wo ich sie im Liegestütz keuchend wieder zusammensuchen mußte.

Auch Dickis Zimmer, nun kalt, verödet, aufgeräumt, war einst ein Problem. War er auch noch ein Kind, so doch ein männliches. Das Dachkämmerlein, in dem ich meinen kümmerlichen Jungmädchenträumen nachgehangen hatte, war nicht wiederzuerkennen. Muschel- und Steinsammlungen bedeckten alle waagrechten Flächen, vor der Tür zum Kleiderschrank stand ein Karton mit Bruder Leos alter Elektrisiermaschine. Man konnte die Schranktür ebensowenig öffnen wie das Fenster, weil der Schreibtisch davor so verkramt war. Kehren war nahezu unmöglich, weil der große Stielersche Handatlas aufgeschlagen unterm Bett lag. Dicki hatte eben wenig Platz und mußte manchmal ein sehr nördlich gelegenes Fort in Kanada nachsehen. Außerdem konnte man weder die herumflatternden Zettel wegwerfen, auf denen griechische Verbenstämme verzeichnet waren, noch die mißfarbenen Schächtelchen, denn in ihnen lagen die trockenen Larven der hierzulande häufig vorkommenden Eintagsfliege. Bekam ich das Fenster wirklich auf, so mußte ich nachher eine Viertelstunde lang auf dem Boden herumrutschen und alle Briefmarken aufheben, die der Luftzug weggeweht hatte. Der obere Waschtisch war entweder voller Tinte, weil Dicki seinem Füllfederhalter ein Bad hatte angedeihen lassen, oder voller Grundierfarbe, weil Papa eine neue Leinwand gespannt hatte.

Im Atelier gar mußte man sich vor dem Aufräumen immer erst einen Augenblick hinsetzen, denn nun brauchte man seine ganze seelische Kraft. Das Rohr, das Papas Ofen verließ und weiter oben in den Kamin mündete, war leider locker, und kurz nach einem dumpf donnernden Geräusch empfahl es sich, mit einem Stoßgebet Schaufel und Besen zu ergreifen und die Treppe hinaufzueilen, um einen halben Eimer Ruß wegzuputzen, ehe Papa mit Pantoffeln hineintrat. Fuhr man dabei richtig in die Ecken (was sehr schwer war, denn die Staffelei stand im besten Licht, das heißt so, daß man nicht nach hinten ausholen konnte), dann fand man vielleicht auch den so lang vermißten vierten

Band Heine und den zweiten Socken zu dem graugrünen Paar. Das chemisch-technische Lexikon und Hamsuns August Weltumsegler jedoch fand man nicht gleich, weil die Bettfüße daraufstanden, zur Erhöhung des Fußendes. War man droben fertig, so hatte drunten Dicki die Katze auf dem Sitzkissen des Wohnzimmers mit Bandnudeln in Soße gefüttert. (Wer ein wirklich gepflegtes Heim haben will, darf keine Haustiere halten. Auch keine Männer.)
Das allerschlimmste war und blieb natürlich die Bastelkammer hinter dem Zugbrückenbrett. Daß Späne dort fallen, wo gehobelt wird, ist klar, und selbst eine gute Hausfrau würde sich damit abfinden. Doch leider stehen im gleichen Raum meine Bettkiste und der Mottenkoffer. Wenn ich aus einer von beiden etwas eilig brauche, und bei uns ist immer alles eilig, weil der Krieg uns so viele Jahre gekostet hat, dann muß ich drei Zentimeter hoch Sägemehl wegpusten und ein kaputtes Luftgewehr, eine halbfertige Fuchsfalle und einige abgebrochene Laubsägen abräumen, ehe ich die Deckel öffnen kann.
In dieser wie in ähnlichen Situationen fällt mir der indische Gott Ganesha ein, der einen Elefantenkopf hat. Ich kann nicht Indisch. Aber vielleicht haben die Gelehrten nicht richtig hingeschaut, und er ist gar nicht der Gott der Weisheit, sondern der der Hausfrauen. Wenn ich beide Hände voll habe, bräuchte ich nichts nötiger als einen Rüssel vorne am Kopf, um damit zu öffnen, zu schließen und wegzuwälzen. (Über dem rechten Stoßzahn hätte ich praktischerweise gleich einen Lappen hängen, denn ich möchte das Zimmer sehen, in dem ich ihn nicht, soeben eingetreten, sofort brauchte . . .)
Es hat nicht an Versuchen gefehlt, mir eine jener wackeren Frauenspersonen beizugesellen, die früher in der Elisabethstraße dreimal wöchentlich in die Wohnung kamen, damit die Mädchen sich nicht überanstrengten. Seit damals hat sich vieles geändert. Es hat das Odium von etwas Ehrenrührigem angenommen, »anderen Leuten den Dreck wegzuputzen«. Selbst Frauen, die das Schicksal in das abgelegene Seeham gespült und hier recht wenig beschäftigt auf Strand gesetzt hat, tun es nur ganz selten. Wir konnten immerhin ein paar ihrer gängigsten Typen durchprobieren. Der einen fehlte ein warmer Wintermantel, der anderen eine Steppdecke, und so kamen sie für ein Weilchen. Manche konnten nur zu Tageszeiten, die für den Haushalt so störend waren wie ein Nagel im Schuh für eine Bergtour. Einige waren fröhlich und gingen meinen Männern dadurch auf die Nerven, daß sie beim Abwischen der Türfüllungen mehrstrophige Lieder sangen, manche wieder von säuerlicher Gemütsart, und die gingen mir auf die Nerven. Ich glaubte mich bei jedem Teppich dafür entschuldigen zu müssen, daß überhaupt etwas draufgefallen sei, und litt unter der Dürftigkeit

meines Handbesens. Wieder andere brachten minderjährige Kinder mit. Sie waren zunächst still, wurden dann weinerlich und mußten mit Zwieback beschwichtigt werden, dessen Krümel auf den frischgefegten Böden besser Platz hatten als vorher.

Kurz nach Weihnachten jedoch fanden sie alle einen Grund wegzubleiben. Das heißt, den Grund fand ich. Sie blieben einfach weg. Nach Tagen, Monaten, vielleicht Jahren erfuhr man, daß ihre Rente erhöht wurde, daß ihnen der Weg zu weit war oder daß sie das Geschäft als unlohnend empfanden und nur in Häuser gingen, wo sie täglich putzen durften.

Mit einer, die froh ist, daß sie nur einmal wöchentlich zu kommen braucht, sind wir noch – schweig still mein Herze – in den Flitterwochen. Ein endgültiges Urteil liegt somit noch nicht vor.

Heute, wo wir doch nur mehr zu zweit sind (könnte ich, um den Preis der damaligen chaotischen Zustände, die Zeit zurückdrehen, ich täte es!) und es ganz leicht sein müßte, Hochglanz zu erzeugen und zu erhalten, heute ist es das Haus selber, das sich bockig allen Politurversuchen widersetzt. – Von dem auf der Reise Wahrgenommenen angeregt, versuche ich seit gestern wieder, unsere Böden mit Bohnerwachs so zu pflegen, daß sie den Böden guter Hausfrauen zu ähneln beginnen. Da die meisten Dielenbretter aufgerauht sind, ziehe ich mir dabei stets Splitter in die Finger, die nachts in Umschlägen und Gummifingerlingen wieder herausschwären müssen. Tags darauf gibt das an der Maschine sinnentstellende Tippfehler, und es kommt vor, daß Michael bei der Durchsicht einer unendlich traurigen Szene schallend loslacht.

Nur einmal, vor Jahren, hatte ich, als ein Sender ein Hörspiel von Michael wiederholte, eine Anwandlung von schrillem Übermut und fragte einen Fachmann, was es wohl kosten würde, im Wohnzimmer Parkett zu legen. Dabei bekam ich die Auskunft, daß in einem nicht unterkellerten Holzhaus sich die Bodenfläche zusammenzieht und ausdehnt, so daß sich spätestens nach dem ersten Winter die Parkettriemen als Schollen türmen würden, wie Polareis. In unserer Familie ist es üblich, eine solche Wendung der Dinge mit dem Bemerken »Schon wieder Tausende gespart!« entgegenzunehmen.

An ein Zimmer wagt auch heute noch mein wilder Ehrgeiz sich nicht heran: an Michaels Allerheiligstes. Schwache Momente hat jeder mal, und so denke ich es mir schön, seinen Bücherschrank vorbildlich zu reinigen. (Bei anderen Leuten kann man so ausgefallene Dinge wie Kellers Grünen Heinrich aus dem Regal ziehen, ohne daß Staubflusen auf dem Schnitt liegen.) – Doch es gibt keine Tages- oder Nachtzeit, in der ich mich mit Besen und Wischlappen ihm nahen darf. Er kleidet seine Abneigung gegen Groß- und Klein-Reinemachen in sehr charmante

Form: »Tausend Dank, das ist sehr lieb von dir, aber es lohnt sich wirklich nicht. Ich mach's nachher schnell selber«, sagt er.
Er macht es natürlich nicht. Doch ich habe vor dem Kartoffelkäferplakat nicht gelobt, ihn sauberzuhalten, sondern ihn glücklich zu machen. Und so lasse ich es auf sich beruhen.

Liebe Gäste

Heute kam ein Brief: »Ehe die schöne Jahreszeit einsetzt und Ihr wieder so viel Besuch habt, wollen wir schnell noch einmal bei Euch hereinschauen. Wir schätzen, es wird so zwischen Montag und Mittwoch werden. Vielleicht rufen wir auch noch an.«
Ach, wie war es damals, als das Telefon gelegt wurde? »Paß mal auf, wieviel leichter jetzt alles wird, wenn die Gäste sich vorher ansagen«, hatte Michael, der Fürsorgliche, gesagt, »nicht mehr diese quälende Ungewißheit, ob du mittags mehr kochen oder schon um halb drei Uhr den Kuchen fertig haben mußt.«
Die Gäste jedoch sind fast alle motorisiert, sie rollen die Autobahn so schnell entlang, daß sie nirgends mehr anhalten und telefonieren können und stürzen, wie früher auch, mit freudigen Schreien in den Garten, wenn Michael und ich gerade die Jauchegrube ausschöpfen oder drei Ster Torf stapeln, weil ein Gewitter über dem See steht.
Noch schlimmer ist es, wenn im Lauf eines Nachmittags zwei Parteien eintreffen, von denen keine vom Telefon Gebrauch gemacht hat.
Ich bewundere Leute, die gesellschaftliche Talente haben; sie können wildfremde Käuze miteinander auf eine gewisse Temperatur bringen, so daß sich alle Beteiligten wohl fühlen. Ich habe einen Horror davor, Menschen zusammen an einen Teetisch zu setzen, die zwar einzeln besehen reizend sind, sich untereinander aber nicht das geringste mitzuteilen haben. Was dann bleibt, sind Gespräche über die Straßenlage ihrer Wagen, und das ist angesichts der Kürze unseres Lebens reine Zeitverschwendung. Manchmal helfen wir uns so, daß Michael mit der einen Partei im Garten, ich mit der anderen hinterm Haus Tee trinke. Kurz vor dem Aufbruch stoßen die verschiedenen Gäste dann auf der Suche nach dem stillen Ort doch irgendwie zusammen, und ihr Abschied verzögert sich stark. Sie müssen dann nämlich alles nachholen, was wir mühsam hintangehalten haben, und fragen einander: »Sind Gnädigste schon länger in Bayern?«
Das Abwinken der motorisierten Gäste haben wir unter uns aufgeteilt. Michael gibt Ratschläge für das Umkehren auf der Wiese hinterm Haus, Dicki winkt, und ich stürze in die Küche und drehe unter allen Töpfen das Gas an, weil es schon wieder reichlich spät für das

Abendessen ist. In stark belebten Sommern kommen nach den Tee-mit-Kuchen-Gästen meist noch Wermut-mit-Keks-Gäste, und wenn wir das bißchen Abendessen hinuntergewürgt haben, müssen wir die Krümel hastig vom Tischtuch schütteln, denn nun können jede Minute die Käsestangen-mit-Wein-Gäste eintreffen.

Ganz unkonventionelle Besuche kommen auch einmal zu anderen Tageszeiten. Der früheste war ohne Zweifel jener junge Schweizer Verkehrspilot, der den See und die Wiese hinter unserem Haus seit Jahren von oben kannte und nun in seinem Urlaub darauf zeltete. Er kam um acht Uhr früh und bat, unsere Steckdose für seinen Rasierapparat benutzen zu dürfen. Er war so nett, daß wir noch immer hoffen, ihn dereinst auf eben dieser Wiese notlanden zu sehen.

Ebenso unerwartet erschien einmal, vor vielen Jahren, vormittags um elf ein Gast an der Küchentür. Ich war dabei, zu Michaels Geburtstag eine Ente zu braten, die erste seit unserer Hochzeit, und gab mich diesem seltenen Vergnügen mit ganzer Kraft hin. Der alte Mann, der nach der Klinke tastete, legte den Kopf zurück, nahm seinen Rucksack ab und fragte mich, darin herumwühlend, ob ich ihm etwas Besteck abkaufen wolle, er brauche es nicht mehr. Seine Frau sei gestorben, während man ihm im Krankenhaus den halben Magen wegoperiert habe. Gebürtig sei er aus dem Banat, und zur Zeit lebe er in einem Flüchtlingslager in unserer Nähe. Bald zeigte sich, warum er die Küchentür gewählt hatte. Er hatte die andere nicht gesehen. Auf dem einen Auge war er gänzlich, auf dem anderen beinah blind. »An Schimmer hab' ich noch drauf«, sagte er, »an Schimmer.«

Da er es ja nicht sah, hielt ich meine Tränen nicht zurück. Ich führte ihn an unseren Verandatisch und gab ihm warme Milch, das einzige, was er augenblicklich vertrug, hörte mir seine sehr sachlich, ganz und gar nicht wehleidig vorgebrachte Lebensgeschichte an und ging zwischendurch in die Küche, um bitterlich weinend die Ente zu begießen. Verschwollen und mit roter Nase störte ich Michael bei seiner Arbeit, was nur in extremen Fällen geschieht. Michael weiß, daß ich an alten Bettlern entzweigehe, er war lang genug mit mir verheiratet und hat in dieser Beziehung einiges durchgemacht. Er warf einen Blick in mein Gesicht und einen zweiten auf die Veranda, stand auf und öffnete seinen Schrank. »Such dir was aus«, sagte er milde. Ich wählte zwei Unterhosen, Socken, eine Strickjacke. Der Alte freute sich sehr. Er nestelte seinen Rucksack noch einmal auf; ich solle es ihm selber einpacken. Der Rucksack enthielt außer dem billigen Alpakka-Besteck nur ein Feldstühlchen, auf dem der Alte sich unterwegs auszuruhen pflegte. (Es erinnerte mich an das Gepäck des Mädchens in meinem Märchenbuch, das seine Brotrinde, ein Stühlchen und einen Knochen mitnahm, um auf den

Glasberg zu steigen.) Ich lud den Alten ein, immer zu kommen, wenn er Lust dazu hätte. »Gern«, entgegnete er schlicht und voll Würde. »Die Bauern hier sind nämlich sehr, sehr hart.« Niemand wußte das besser als ich.

Wie selten gehen solche Geschichten gut aus. Diese ging gut aus. Er kam wieder, nicht aufdringlich, vielleicht einmal im Monat. Am meisten freute ihn unser selbstgebauter Tabak. Ich hielt es für einen infamen Mordversuch, einem Magenkranken so etwas zu geben, aber meine Männer waren darin anderer Meinung, und unser Gast zog jedesmal schon vor der Begrüßung schmunzelnd seine Pfeife aus der Tasche. Eines Tages erschien er in neuem Anzug, und in seinem Schlips stak eine hufeisenförmige Krawattennadel. Er wollte, sagte er, sich noch einmal für alles bedanken. Es ginge ihm jetzt besser, er hätte etwas ausbezahlt bekommen und zöge jetzt in ein warmes Zimmer ganz für sich allein. Es war zum Jauchzen. Als er den Hut schwenkte und Adieu sagte, stand ich nachher noch lange am Fenster und sah ihm nach, wie er, mit dem Stock tastend, auf dem Feldweg dahinrutschte. Die Möglichkeit, daß es Sanct Expeditus, unser Schutzpatron, in eigener Person gewesen war, der sich einmal inkognito bei uns hatte umschauen wollen, war nicht gänzlich von der Hand zu weisen. Er ist nie wieder erschienen. Doch wenn es sich um einen ganz normalen armen alten Mann gehandelt haben sollte, so hatte er seine Funktion: In Frankreich bringen Bucklige und Blinde Glück. Vielleicht in Bayern auch? Da das Leben eines freien Schriftstellers aus glücklichen Zufällen besteht, können gar nicht genug Bucklige und Blinde kommen. Wir brauchen sie dringend.

Nicht so dringend brauchen wir jene Gäste, die glauben, dem guten Michael ein wenig auf die Sprünge helfen zu müssen. Sie sitzen kaum, da beginnen sie mit dem Satz: »Wissen Sie, ich habe da einen fabelhaften Stoff, der wäre etwas für Sie. Also ich gehe da neulich – es war am Dienstag, nein, es war ein Mittwoch – oder doch Dienstag, ich weiß nicht mehr, ist ja auch egal . . .«

Wenn wir alles angehört haben und Michael die Augenbrauen höflich bewegt hat, um ein Lächeln anzudeuten, gehen die Gäste dazu über, ihn mit schamlosem Lob zu überschütten (ohne je ein Opus von ihm gelesen zu haben). Eine einzige richtig zitierte Stelle, eine einzige Szene, die ihnen wirklich gefallen hat, freuen den Autor mehr. Aber sie glauben ja immer, sie müßten eine literar-historische Wertung von sich geben, in der das Wort »Stilelemente« vorkommt. Dann blicken sie sich rasch und verstohlen auf und unter dem Schreibtisch um, als vermuteten sie, er habe seine Muse im Papierkorb versteckt. Später folgen sie mir trotz meines sanften Protestes in die Küche und drücken mir beim Abspülen den Ellbogen mit den Worten: »Wie herrlich muß es für Sie sein, Ihrem Gatten bei seiner schöpferischen Tätigkeit zu helfen!« Ich kann sie nicht einmal bitten, mir das Abtrocknen abzunehmen, denn zufällig sind gerade alle anständigen Handtücher in der Wäsche, und an der Tür hängen nur höchst provisorisch gesäumte Bettücher, weil mir seit vierzehn Tagen »die schöpferische Tätigkeit meines Gatten« über den Kopf gewachsen ist.

Schon im zarten Alter mußte Dicki uns einen Teil der gastgeberischen Pflichten abnehmen, was ich nicht nur für bequem, sondern auch für erzieherisch hielt. (Er ging mit dem Ausruf: »O Gott, schon wieder eine Dame!« an seine Pflicht, was Papa königlich amüsierte, der bekannte, daß ähnliche Gefühle ihn nun rasche Zuflucht in seinem Atelier suchen ließen.) Dicki begleitete Besucher artig an den See, erklärte ihnen, wie die einzelnen Berge hießen, und wußte anzugeben, wieviel Leute heuer im Eis eingebrochen, beziehungsweise mit dem Segelboot umgekippt und ertrunken waren (auch er hatte schon gemerkt, wie viele Städter erst nach solchen Daten den See ernstnahmen), und verschaffte seiner Mutter so die Möglichkeit, inzwischen daheim ein wenig Kulissen zu schieben, ehe er an seine Hausaufgaben zurückkehrte. (Zeichnung einer Karte über rechtsrheinische Schweinemast oder dergleichen.)

Phantastische Nachtbesucher, wie sie zur Zeit des amerikanischen Einmarsches vorkamen, sind selten geworden. Kuriosa aller Art kommen jedoch unserer einsamen Lage wegen noch immer vor. Wir sind ganz einfach das erste Haus nach einer langen leeren Strecke. So kommt denn ein Mann, der um etwas Brot für eine lahme Ente bittet, zuerst zu uns. Unser Telefon ist das nächstgelegene, wenn an heißen Tagen das heranströmende Volk des Nachbarn ganzes Vorratslager an Limonade ausgetrunken hat und das Auto kommen muß, um es wieder aufzufüllen. Und für ein weinendes Mädchen, das patschnaß und ohne Schuhe früh um sieben bei uns erscheint (der Bock stößt sie so, daß man nicht klären kann, ob sie hat ins Wasser gehen wollen oder nur sechs Kilometer durch den Regen gelaufen ist, weil sie sich mit jemand zerstritten hat), gilt, genau wie für alle anderen Besucher: erst mal eine Tasse Kaffee, der Rest findet sich dann schon.

Diese letztere Geste entfällt, wenn schlichtgekleidete Besucher – die man zunächst für Waschmaschinenvertreter hält – den Garten betreten und dem die Hecke schneidenden Michael unvermutet die Frage stellen, ob er schon einmal über das Leben nach dem Tode nachgedacht hätte. »Aber ich tue ja nichts anderes«, erwidert Michael ungerührt und schnipst weiter, während Ligusterzweiglein rechts und links von ihm herunterregnen. Nur manchmal gelingt es, durch unerwartete Repliken Angehörige fremder Sekten zum Verlassen unseres Anwesens zu bringen, ohne unhöflich werden zu müssen.

Doch ich kann der Besucher nicht gedenken, ohne daß mir ein Gast einfällt, der ähnlich wie Morgensterns Korff nicht wirklich vorhanden und doch überaus evident war. Er kam sozusagen beruflich ins Haus und beherrschte es monatelang. Es handelte sich um eine Chinesin namens Han Suyin, Autorin und Heldin eines Romans, den ich übersetzen sollte. Nie hat mich ein Gast derart mit Beschlag belegt. Schon die allerfrühesten Morgenstunden – unordentlich gekleidet – beschäftigte ich mich ausschließlich mit ihr. Es gab kein Kartoffelschälen, Stopfen oder Waschen, bei dem sie nicht neben mir gestanden hätte, und noch spät abends widmete ich mich ihr konzentriert an der Schreibmaschine. Papa (die Hand hinterm Ohr, um nichts zu verpassen) blieb dann neben mir, hörte sich ganze Absätze an, lobte, prüfte, verwarf, was ich nachzuempfinden und zu interpretieren mich abmühte. Die rätselhafte Chinesin schrieb zwar englisch, dachte aber chinesisch, sie saß mit uns zu Tisch, wurde uns allen vertraut, und da ich sie nicht persönlich fragen konnte, wie sie wohl dies und jenes gemeint habe, rang ich noch nachts im Traum mit ihr. Und wenn ich meinte, nun mein Äußerstes getan zu haben, dann schloß Michael sich mit der Dame in seinem Zimmer ein, und sie verfügte auch noch über seine Zeit. – Sie soll in irgendeiner exotischen Gegend leben, auf den Philippinen, glaube ich, und wird nie erfahren, daß sie so lange Gast in einem oberbayerischen Holzhaus gewesen ist, der intensivste Gast, den wir jemals hatten.

Neulich waren Gäste von jener Sorte hier, die fast mehr Leben in die Bude bringen, als der Arbeit zuträglich. Als sie fortfuhren, meinten sie (und hätten mich, wäre ich zehn Jahre jünger, dabei mit dem Finger unters Kinn gefaßt): »Wer auf dem Land lebt, darf sich in der Einsamkeit nicht völlig abschließen . . .« Ich habe das Gästebuch herausgeholt und darin geblättert. Zu einer solchen Mahnung besteht keinerlei Anlaß.

ISABELLA NADOLNY

Jetzt woll'n s' uns derblecken

Der Lämmergeier

I

Vor dem Wirtshause am schönen Gundelsee ging es heute hoch her. Aus der ganzen Gegend hatten sich die Landleute zusammengefunden, um das Namensfest des hl. Ignatius in altherkömmlicher Weise zu feiern.

Krämer hatten fliegende Buden aufgeschlagen, in welchen sie seidene Tücher für die schmucken »Dirndeln« und lederne Hosen für die strammen »Buam« verkauften. Hier hielt ein phantastisch gekleideter Araber Rosenkränze und »Rosen von Jericho« feil; dort bot eine alte Frau große Herzen aus Lebkuchen den kichernden Mädchen an.

Zwischen den Buden drängte und stieß sich die froh bewegte Menge. Hochgewachsene Burschen mit kühnen Gesichtern, dralle Mädchen in reichgestickten Miedern, alte Mütterchen, welche noch die historischen Pelzhauben trugen, so wogte es durcheinander.

Die Tische vor dem Wirtshaus waren bis auf den letzten Platz besetzt. Unter einer mächtigen Linde saßen die Honoratioren, lauter reiche Bauern, deren Mienen trotzigen Hochmut und eiserne Festigkeit verrieten.

Sie unterhielten sich von den Ereignissen, welche sich draußen in der Welt abspielten, und sprachen manches ernste und gewichtige Wort.

Der Freihofbauer vom Freihof, Ignatius Rammelsteiner, fand das meiste Gehör.

»I woaß net«, sagte er, »was mit dem Dreyfuas is. Ob s' 'n eppa auslassen, oder ob s' 'n eppa drin g'halten. De G'schicht ko ma b'schaugen, wia ma mog. Bal da Dreyfuas schuldi is, nacha ham s' recht, daß s' eahm g'halten, aba bal er unschuldi is, nacha is a Gemeinheit.«

»Recht hat er«, murmelte ein ehrwürdiger Greis, dessen weiße Locken in jugendlicher Fülle unter dem grünen Hute hervorquollen.

»Ja, der Freihofbauer!« sagt wieder ein anderer, »dös is a Mo! An solchen gibt's net glei wieda in unsere Berg herin. Was der sagt, hat Hand und Fuaß!«

»Deswegen hat er's aa zu was bracht«, erwiderte der Greis. »Schaug an Freihof, o Toni, wia r'a dasteht auf stolzer Höh. Justament wia r'a Königsschloß!«

»Und dös Rindviech! Und dös Heu und Grummet!« fiel ein Dritter ein. »Wer amol an Freihofbauern sei Loni heirat, der ko von Glück sagen.«

Der Freihofbauer nahm diese Ausbrüche der Bewunderung ruhig hin. Kein Muskel in seinem ausdrucksvollen Gesichte verriet, daß er sich geschmeichelt fühlte.

Er wartete ruhig, bis sich die Aufregung gelegt hatte, und fuhr dann bedächtig, jedes Wort betonend, fort:
»A Franzos is a Franzos! Und a Boar is a Boar. Bei uns herin waar da Dreyfuas entweder verurteilt worn oder freig'sprocha. Denn bei ins im Boarnland, da steht das Recht so fest und ewig wia insere Berg. Wir halten fest zu insern Kini und sein Haus ...«
In diesem Augenblicke erbleichte er, und seine Falkenaugen flogen zu einem Tische hinüber, wo Burschen und Mädchen sich um einen Zitherspieler geschart hatten.
»Herrgottsakrament, mit wem speanzelt denn da mei Loni?« murmelte er mit vor Wut erstickter Stimme und eilte mit großen Schritten zu der Gruppe hinüber. Dem Zürnenden bot sich ein Anblick, der jeden unbeteiligten Zuschauer entzückt hätte.
Am Tische saß ein bildschöner Bursche; der keck zurückgeschobene Hut ließ die pechschwarzen Locken sehen, das martialisch geschnittene Gesicht war tief gebräunt, ebenso wie die offene Brust; die braunen Augen blickten hell und lustig in die Welt hinein.
Und nicht minder schön war das blonde Mädchen, welches zärtlich den Arm um den Hals des Burschen legte und ihm selig in die Augen schaute.
Der bäuerliche Adonis hielt auf seinen Knien eine Zither, auf der er leise einige Akkorde griff, während er den Kopf zurückbog, um dem blonden Mädchen einen Kuß auf die frischen Lippen zu drücken.
Jetzt schwang das Mädchen mit der linken Hand fröhlich einen Maßkrug gegen die Zuschauer, und beide begannen mit glockenreinen Stimmen zu singen:

Oba so zwoa, wia mir zwoa,
Dös gibt's ja net glei.
Duliä, dulio, duliä – – –

»Jessas, da Voda!« kreischte das Mädchen plötzlich laut und blickte zitternd in das zornige Gesicht des Freihofbauern, der sich rasch durch die Zuschauer drängte.
»Jawohl, dei Voda! Du ehrvergessene Dirn! Hab i di deswegen aufzogen in da Furcht Gottes und der Heiligen, daß du mir, mir, an Freihofbauern vom Freihof, dö Schand o'tuast und hängst di öffentli an so an Lumpen, so an Bazi hi? Mach daß d' hoam kimmst, du ... Mir reden no an Wortl mitanand! ... Du Luada! ...«
»Voda, Voda! Red net so!« keuchte das Mädchen, »über mi derfst sag'n, was d' magst. Dös is dei guat's Recht. Aber an Seppi derfst net schimpfirn. Er is mei Bräutigam vor Gott und da Welt! I hab mi eahm antraut durch an heilinga Schwur. Und ich brich den Schwur net, Voda! ...«

»Wos? Herrgottsakrament!...«
»Fluach net so gotteslästerlich, Freihofbauer«, fiel jetzt der Seppl ein, »und koan Bazi muaßt mi net hoaßen! I hob ehrliche Händ und a paar starke Arm. Auf dena will i mei Loni tragen durch dös Leben, daß s' an koa Stoanl net anstößt. Dei Geld brauch i net, Freihofbauer vom Freihof!«
Mit stolz erhobenem Haupte schritt er durch die Menge, nachdem er noch lange und innig seinem Schatze in die Augen geblickt hatte.
Auch die Zuschauer entfernten sich und ließen den zürnenden Alten allein mit seiner Tochter.
»Machst net glei, daß d' hoam kimmst, du Loas? Machst it, daß d' hoam kimmst?« knurrte der tiefverletzte Vater. »I trink no a Maß a zwoa, nacha kimm i aa und zünd' dir a Liacht auf, du schelchaugets Weibsbild!« – – –

2

Der Freihof lag friedlich und still in der sternenhellen Sommernacht. Das Mondlicht stahl sich zitternd durch den dunkeln Tannenforst und legte sich breit auf die duftenden Wiesen.
Ein leiser Pfiff unterbrach die Stille. Ein Schatten huschte um das Haus, dann hörte man oben ein Fenster klirren.
»Loni, bist a's du?«
»Ja, i bi's, moi herziga Bua. Was willst no so spat auf den Abend?«
»Schau, Loni, mir hat's koa Ruah net lassen, daß mi dei Voda so hart g'redt hat. In mi is g'rad, als wenn ei'wendi a Feuer brenna tat. O, mei liaba Schatz, jetzt muaß i furt vo dir. I roas' ins Amerika hintri zum Buffalo Bill.«
»Mariand Josef, Seppl, tua net freveln...«
»Na, Loni, des is b'schlossen. Was tua denn i no auf dera Welt, wann i di net haben derf? Inser Herrgott woaß, wia i di liab hab! Du bist des Höchste g'wen, des wo i kennt hab. Zu dir hon i aufg'schaut wia zua r'a Heilingen. Du bist da Leitstern g'wen in meinem Leben, du hast mi g'halten, du ganz alloan. Jatzt bin i nix mehr, bal i di nimma hab. Koa Reh im Wald is so valassen als wia'n i.«
»O, mei liaba Bua...!«
»Ja, Loni, schaug', often hon i mir denkt, wia des Glück, des unmenschliche Glück über mi kemma is, ob i dei Liab denn wert bi. Bal i so in deine vergerlblauen Augen g'schaugt hab, is mir gnetta so g'wen, als wia wann da heilige Petrus an Himmi aufmachet. Und jatzt is alles gar, jatzt is aus und gar. Jatzt muaß i zu de Hindianer.«
»Seppi, Seppi. O du liaba Himmivoda, is denn mögli, daß a Menschenherz an solchenen Schmerz aushalten ko. I stirb, bal i di nimma siech,

Seppi. Na kimmst auf mei Grab und bringst ma rote Nagerle und Almrösein, wia's zua Lebzeiten ...«

»Loni, woaßt wos? Geh du mit mir! I hob a paar starker Arm, i vodean scho, was ma braucha; a kloane Hütten und a groß Glück ...«

»Na, Bua, das kon i net. Dös waar a Sünd'. Schaug, wann mei Voda aa net recht hat, so derf i do nix toa genga sein Willen. Er is mir amol g'setzt vom Himmi als mei Voda ...«

»Ja, wohr is, Loni. Du hast recht. I bitt di um Vazeihung, daß i so an Gedanken hab fassen kinna. Du hast recht. Das heilinge Gebot sagt: Du sollst Voda und Muatta ehren, auf daß es dir wohl ergehe und du ... Au, au! Herrgottsakrament ...!«

»Jessas Bua! Wos host denn? Wos host denn?«

»Au! Hör do auf! Dei Voda, de b'suffene Sau, is do ...«

»Gel, hob i di dawischt, du Herrgottsbazi, du ganz vadächtiga! Jetzt hau i di amol her, daß 's a Freud is ... Wart, Bürschei ...«

Der Freihofbauer vom Freihof hatte sich an das Haus herangeschlichen und schlug mit voller Kraft auf das Sitzleder des unglücklichen Burschen ein, der zwischen Himmel und Erde von der Altane herunterhing.

Zorn, Entrüstung, väterlicher Schmerz verstärkten seine Kraft; alle diese Gefühle legte er in die Prügel hinein. Außerdem war er so betrunken, daß er bei jedem Hiebe in das Stolpern kam.

Seppl ließ sich zu Boden fallen und rannte blind vor seelischem und körperlichem Schmerz davon, dem Abgrunde entgegen, der gerade hinter dem Freihofe zum Gundelsee hinuntergähnte.

Loni schrie verzweifelt, auch der Freihofbauer vergaß ernüchtert seinen Zorn und starrte dem Unglücklichen nach. Da ... ein Schrei, ein Fall ...! dann nichts mehr ...!

Der Freihofbauer blickte zum Nachthimmel empor, entblößte langsam das Haupt und murmelte mit erstickter Stimme: »Gott sei der armen Seele gnädig. Von da drunt kimmt koana mehr aufa.«

Im Zimmer oben lag Loni; bewußtlos, aus einer kleinen Wunde an der Stirne sickerte das Blut --

3

Vor dem Wirtshause am Gundelsee saß auf einem Stuhle ein bleicher Mann. Den Arm trug er in der Schlinge, um die Stirne war ein schwarzes Tuch geschlungen.

Es war – Seppl!

Über ihn beugte sich Loni und redete ihm liebreich zu, die stärkende Suppe zu essen. Der Kranke schlug die Augen auf; mit verklärtem Gesichte blickte er auf die weibliche Erscheinung.

»Wo bin i denn?« flüsterte er. »Bin i beim liab'n Himmivoda? Und hot er di aa scho g'holt, du liab's Deandl . . .?«
»Seppi, du bist net g'schtarben«, schluchzte Loni, »du bist no am Leben, du bist no auf dera Welt, de jatzt erscht schö werd für di und mi . . .!«
»Loni, is dös wohr? Is dös wohr?« flüsterte der Kranke.
»Ja, Seppl, und siagst, dort kimmt da Voda, der gibt ins an Segen . . .«
Langsam nahte sich der Freihofbauer. Die eine Nacht hatte seine hohe Gestalt gebeugt und sein Haar gebleicht. Seine Hände zitterten an dem verhängnisvollen Stocke, als er den bleichen Burschen vor sich sah.
»Seppl«, sagte er, »i hob dir Unrecht to. I ko des alles net guat macha. Aber des liabste, wos i hob auf dera Welt, des gib i dir – dort, mei Loni!«
»Freihofbauer, du bist an edla Mensch!« sagte der Kranke, »an deiner Loni will i des Guate vergelten, wos du mir to hast . . .«
Lange verharrte die Gruppe, zu welcher sich inzwischen der Wirt und ein fremder Herr gesellt hatten, in schweigender Rührung.
Der Freihofbauer unterbrach die Stille.
»Jatzt sog mir nur grod, Seppl, wia is des mögli, daß du no am Leben bist von dem jachen Fall? Do muaß insa Herrgott a Wunda to ham.«
»Des hot er aber aa«, erwiderte der Kranke. »Siegst, Baua, wia i vo dir wegg'stürzt bi, is auf oamal schwarz vor meine Augen worn, da Boden is mir unter die Füaß vaschwunden, und i fall in den klaftertiafen Abgrund. I hob Reu und Leid g'macht, und hob mi in mei Schicksal ergeben. Da g'spür i über mi im Fallen an Flügelschlag, und in den Augenblick packt mi was fest bei meiner buchsbaamen Hosen, und krallt si ei, und tragt mi weg. A Lämmergeier is g'wen, a mentisch großer; der hot mi wohl für a Gambs g'halten oder so was. Und so g'fährli des Viech aa sunst in insere Berg doherinna is, desmol is da Raubvogel mei Retter g'wen. I hob no g'spürt, wia r'a tiafer und tiafer mit mir weg g'stricha is. Auf oamol han i wieda an Boden g'spürt, und nacha woaß i nix mehr.«
»Des ander woaß i«, fiel der Wirt ein, »mei Knecht is über d' Almwiesen ganga und siecht, wia da Geier was am Boden fallen laßt. Er schreit und lafft zuawi, und find zu sein Schrecken an Seppi . . .«
Der Freihofbauer hatte schon längst den Hut abgezogen. Tränen liefen über seine gebräunten Wangen, als er jetzt die Augen zum Himmel aufschlug und mit tiefer Stimme sagte: »Ja, des is wahrli a Wunda!«
Auch der Fremde hatte in sichtlicher Rührung die Erzählung gehört. Er trat jetzt vor und sagte: »Härn Se, nächst Gott verdanken Sie Ihre Rettung der ledernen Hose, die das alles ausgehalten hat. Ei cha!«
Loni aber beugte sich über ihren Bräutigam und küßte den Geretteten lange und innig.

LUDWIG THOMA

Der Menter Xaver hat Zahnweh

Von gestern bis heut, hat er gsagt, der Menter Xaver, hat er drei Nächt net gschlafa vor lauter Zahnweh.

Ganz hint in der Eck hat er an Stockzahn, a Mordstrumm, aba hohl wia a alter Trankhafa. Da Xaver sagt, dös kann er net versteh, wenn do a Zahn hohl is, dann is doch im Zahn nix drin, und wia dös »nix« weh toa ko', dös konn er net versteh, dös wui eahm gar net ei'geh. Denn dann müassat do der Burgermoaster allawei Kopfweh ham, sagt er.

Es is aba aa z'wida fürn Xaver, weil er an ganzen Tag mitn rotdipfedn Zahnbund rumlaffa muaß – a jeda fragtn scho aa: »Hast Zahnweh, Xaver?«

»Naa«, brüllt er, »an Fuaß hab i mir verstaucht, drum bind i mir an Kopf ein.« Er hat scho recht, der Xaver, dös muaß do jeder am ersten Blick glei sehgn, daß er Zahnweh hat, sunst taat er do koan Zahnbund ummabinden.

Soweit i an Xaver kenn, konn er ja gar nix dafür, sei Muatter, hams erzählt, soll aa am selben Platz an hohln Zahn g'habt ham und da hat'n halt der Xaver geerbt, da konn ma eahm wirkli koan Vorwurf macha.

Gestern solls aba ganz g'fehlt g'wesn sei. Gestern hat er g'wimmert wia 's Sturmglöckerl, wanns brennt, vor lauter Zähntweh, dann is eahm z'dumm worn. Er hat sei schöne Joppn o'zogn, hat sei Plüschhüatl mitn Adlerflaum aufg'setzt, dössell war eahm aba um fünf Nummern z'kloa, wegn am Zahnbund, aba er hats mit an Spagatschnürl o'bundn, sein Stecka packt und dahi is ganga.

Und wias halt scho oft vorkemma is, wia da Xaver in der Stadt vorm Zahnarzt seiner Tür steht, wars eahm grad, als wia wenn der Zahn auf oamal gar nimma so weh taat. Halt, hat si da Xaver denkt, dös hast schön daratn, a Viertelstund später wenn er aufg'hört hätt, waar er scho herausg'wesn, da hab i aba a Glück g'habt. Und g'lacht hat er, wei er sich das Markl erspart hat.

Auf dö Zehaspitzl is er runtaganga vom drittn Stock, und heruntn hat er sich glei a Maß Bier kafft und a Laugnbrezen. Seine andern Zähn hat dös eiskalte Bier und dö stoaharte Laugnbrezen net g'schadt, bloß der oane Zahn, der wehe, war mit dera Behandlung net z'friedn und er hat halt wieda zum tobn und zum ziagn o'gfangt, so daß da Xaver vor lauter Schmerz as Zahln vergessn hat. Und dö Kellnerin hat g'schrian: »Halt, z'erst zahln!« – und bald hätt er dös aa net g'hört wegn dem dicken Zahnbund.

 Und wia a alter Leimsieda is da Xaver wieda zum Zahndokta aufe mit dem oan Gedanken – jetzt muaß er aussi, der Knocha! – Narrisch hat er o'glitten, und a paar Minutn drauf is er scho auf dem g'spassigen Stuhl drom g'hockt. Zittert, sagt er, hat er wia a Schweinssulz. Aba wia da Zahndokta zu eahm g'sagt hat: »No, mei Liaba, wo fehlts denn?« – da hat der Xaver 's ganze Vertrauen verloren. Mei, hat er si denkt, wenn der aa no so dumm fragt und als Zahndokta net selba kennt, daß i Zahnweh hab, na werds grad recht. »Ja, Zahnweh hab i«, hat der Xaver g'sagt.

»Ja, ja«, moant da Dokter, »dös glaub i schon, daß du mir koan Stiefe zum Doppeln bringst, aber i muaß do wissn, wo du Zahnweh hast?«

»In mein Mai drinna«, sagt der Xaver.

»Ja«, sagt der Dokter, »na muaßt aber dei Mai aufmacha, daß i den wehen Zahn siehg.« – Mei, hat da Xaver denkt, is der neugieri, der werd do als Zahndokter scho öfters an wehen Zahn g'sehgn ham. Dann hat er sei Mai aufgrissn und da Dokter hat einegschaut, hat sei Zangerl g'holt, und da Xaver hat si' denkt »Jetzt hoaßts aushalten« und hat sich im stillen g'wunschen: Liaba lassat i mir jetzt den größten Holzschiefer ausn großn Zeha rausziagn, dös tuat zwar aa narrisch weh, aba i kannt wenigstens vor Schmerzen dö Zähn z'sammbeißn. Aba beim Zahnreißn hats was mitn Zähn z'sammbeißn, wei da Dokter sagt: »So jetzt machas an Mund recht schö weit auf!« Aba dösmal hat da Dokter zum Xaver gsagt: »Gar so notwendig is eigentli dö Rausreißerei net mit dem wehen Zahn, weil man den vielleicht no plombiern kannt. Ich moan, der halts no aus.« Na is er auf sei Schrankerl zuweganga, hat's Zangerl neiglegt und is mit so a neumodischen Bohrmaschin daherkemma. Dös war a langa Schlauch und vorn dro is a Bohrer g'wesn, der hat sie draht wia da Teufe. – »Halt«, hat da Xaver g'sagt zum Dokter – »gehst glei weg mit dera Maschin, mir waars ja schön gnua, was möchst ma denn mit dem Teifelsglump otoa?«

Aber da Dokter hats eahm ganz vernünfti erklärt, an Xaver, daß er den hohlen Zahn vorm Plombieren ausbohren muaß. »Den brauchas nimmer ausbohrn«, hat da Xaver g'sagt, »der is ja so scho hohl.« Da Dokter hat aba mitn Xaver a rechte Geduld g'habt und hat gmoant, da Xaver soll sich halt dann doch den bösen Zahn reißen lassen. Er hat eahm aa versprocha, daß er gar nix gspürat, weil er ihn mit Lachgas behandeln tät.

Jetzt hat da Xaver d'Lippen übernanderg'schobn, hat oa Aug zuzwickt und hat g'moant: »Nix g'spürn, dös waar scho mei seligster Wunsch beim Zahnreißen, aba mit Lachgas, dösell trau i mir net, wei mei Basn vor vier Wocha g'storbn is, und da hab i no Trauer.«

»Ja mei«, hat der Dokter wieda an Xaver vertröst, »woaßt, dös is

a schware Sach mit euch Bauern, jetzt bleibt mir nix mehr übrig als an Nerv töten und a Goldkrone aufsetzen.« – Wia dös da Xaver g'hört hat, is er vom Stuhl aufgrumpelt, hat sein Huat packt und sei Packl, denn vom Töten hat er no nie was wissen wolln, und jetzt in da Republik a Goldkrone aufsetzen?
»Naa, Naa!!! – Pfüat Gott, Herr Dokta – nix für unguat!!!«

KARL VALENTIN

Klagelied einer Wirtshaussemmel

Nicht jede Semmel hat so ein schweres Dasein als gerade wir Wirtshaussemmeln. Eine Privatsemmel z. B. wird beim Bäcker gekauft, heimgetragen und meistens gleich gegessen. Aber wir Wirtshaussemmeln und meine Kolleginnen, die Römischen Weckerln, die Loabeln und die heruntergeschnittenen Hausbrote, wir haben meistens ein ekliges Dasein, bis wir von den Menschen verspeist werden.
Es hat sich ja einmal der Magistrat um uns gekümmert und hat in jeder Wirtschaft kleine Tafeln anbringen lassen mit der Inschrift: »Das Betasten der Nahrungsmittel zum Zwecke ihrer Prüfung ist verboten.« Aber darum kümmert sich heute keine Sau mehr, viel weniger ein Mensch. Nicht genug, daß wir gleich nach unserer Erschaffung aus Mehl und Wasser sofort ins Krematorium kommen, werden wir, wenn wir fertiggebacken sind, von rohen Bäckerlehrbuben in die Lieferkörbe geworfen, diese Körbe werden wiederum unsanft ins Lieferauto geschwungen und im 60-km-Tempo rasen wir armen Semmeln dem Restaurant oder Gasthof zu, in welchem wir heute noch verspeist werden sollen.
Nicht jeder Semmel blüht dieses kurze Dasein wie einer sogenannten Eintagsfliege. Manchen Semmeln geht es wie den alten Jungfrauen. Sie bleiben über, wenn auch nicht so lange. Nach Wochen und Monaten kommen wir in eine vielschneidige Guillotine (Knödelbrotschneidemaschine genannt), werden zu Scheiben geschnitten und bilden den Bestand der berühmten bayerischen Semmelknödel.
Aber wie traurig und dreckig geht es uns armen Wirtshaussemmeln! Wir werden von den Kassierinnen (früher Kellnerin) in aller Frühe ins Brotkörbchen gelegt und auf den Tisch gestellt. So – und nun sind wir der sogenannten Hygiene unterworfen.
Zum Frühschoppen kommt schon um 10 Uhr direkt vom Bahnhof die Familie Bliemchen aus Sachsen. Sie setzen sich alle an den Tisch, und

Frau Bliemchen entnimmt gleich dem Brotkörbchen ausgerechnet »mich«, drückt mir den Brustkorb ein und sagt zu ihrem Mann: »Gustav, guck mal, fühl mal das Brötchen an, wie weich das ist. Hier in Bayern ist das Brot nicht so knusprig gebacken wie bei uns in Leipzig.«
Herr Bliemchen hatte keine Zeit, mich gleich zu drücken, er hatte sich mit seinem Taschentuch eben die Nase geputzt, und erst, nachdem er dieses eingesteckt hatte, nahm er mich in die Hand, drückte mich zusammen, daß ich beinahe aussah wie ein Pfannkuchen, legte mich wieder in das Körbchen und sagte: »Du hast recht, liebes Paulinchen, die Brötchen sind hier scheinbar alle so weich« – indem er sich auch davon überzeugte und eine Semmel nach der andern zerdrückte. Mit gebrochenem Brustkorb lagen wir Semmeln im Körbchen.
Herr und Frau aßen ihre Weißwürste, welche ihnen scheints auch nicht besonders schmeckten, aber die mußten sie ja schließlich essen, weil sie dieselben bestellt hatten.
Wir Semmeln stehen aber unbestellt am Tisch, mit uns kann ja jeder tun und lassen, was er will.
Nach der Familie Bliemchen nahm ein alter Herr, der zwar sehr gut gekleidet war, aber trotzdem einen riesigen Schnupfen hatte, an dem Tische Platz. O weh, dachte ich Semmel, der wird mich und meine Kolleginnen wohl anniesen – gesagt – getan – einige Dutzend Male ging ein kräftiges Hah – zieh über uns Semmeln nieder, begleitet von einem heftigen Bakteriensprühregen.
Wir ertrugen gerne diese Schmach des Angespucktwerdens, uns war es nur um die armen Menschen leid, die nach dieser Sauerei vom Schicksal an diesen Tisch geführt werden.
Der alte Herr aß, trank, zahlte, nieste und ging.
Eine Mutter mit vier Kindern waren die Nächsten. Wir Semmeln zitterten, als wir die vier Kinder an den Tisch kommen sahen.
»Mutter, Mutter – darf i mir a Semmel nehmen!« schrie es durcheinander, und wie Siouxindianer überfielen die Buben das Brotkörberl, welches dem Ansturm nicht standhielt und über den Tisch hinunterkollerte, und natürlich wir Semmeln auch. Die Mutter schalt leise: »Glei klaubts die Semmeln auf und tuts wieder ins Körberl neilegn schö, daß niemand siecht, dö Semmeln genga euch gar nichts an, mir bstelln uns Brezen.«
Zerdrückt, beschmutzt lagen wir vier Semmeln wieder ungegessen im Körbchen. Was wird aus uns noch werden! dachten wir.
Da kamen die vielen Mittagsgäste, schauten uns verächtlich an und bestellten sich anderes Brot, aber direkt vom Büfett.
Wir Semmeln sahen selber ein, daß wir zu unappetitlich aussahen, um verspeist zu werden. Keiner von den vielen Mittagsgästen wollte von

uns was wissen – wir blieben auf dem Tisch stehen, obwohl wir fast von allen Gästen berührt, zerdrückt und angehustet wurden.
Bis der Abend kam, bis die Nacht kam – und schon gleich die Polizeistunde, da kam noch schnell ein Liebespaar geschlichen, setzte sich an den Tisch und trank mitsammen ein Glas Bier.
Sie hatten auch noch Hunger – aber nicht viel Geld. Wie wärs mit den vier Semmeln?
Indem sich beide verliebt in die Augen sahen, aßen sie dazu – uns vier Semmeln.
Die beiden hatten gar nicht bemerkt, wie wir aussahen, denn Liebe macht blind . . .!

KARL VALENTIN

Brief aus Bad Aibling

Hochwohlgeborne Anni,
liebe Ehefrau und Zuckerschneckerl!

Liebe Frau, teile Dir mit, daß ich in Bad Aibling gut angekommen bin. Bei Ankunft stiegte ich aus demselben Zug aus, in dem ich am Bahnhof zu München einstug. Ich wollte absichtlich nicht weiterfahren, da mein Billet nur bis Aibling giltig war und hätte eine Weiterfahrt keinen Wert gehabt, da ich sonst über Bad Aibling hinausgefahren wäre. Die Eisenbahnfahrt ging sehr schnell, da es ein Schnellzug war; wäre es ein Güterzug gewesen, wäre die Fahrt natürlich nur Güter gewesen. Während der Fahrt aßte ich mein Butterbrot und trankte meinen roten Wein. Vis a vis von meinem Schnellzug sauste auf einmal ein anderer Schnellzug vorbei, und zwar so schnell, daß man die Leute, die in dem anderen Schnellzug saßten, kaum grüßen konnte, obwohl vielleicht ein guter Bekannter hätte drin' sitzen können, der dann am andern Tag zu mir gesagt hätte: Gestern waren Sie aber protzig, weil Sie mich nicht einmal gegrüßt haben. Die Fahrt ging dann weiter; auf einmal wurde es mir not, die Notkabine war aber besetzt; deshalb zogte ich die Notbremse und der Zug stund. Der Eisenbahnbesitzer stiegte zu mir in das Kouplet und schrub mich auf wegen Notzug. Die Gesellschaft im Eisenbahnwagen war sehr gemischt; es waren fast lauter Reisende, nur der eine Herr, der in München den Zug versäumte, fuhr nicht mit, da er wahrscheinlich mit dem nächsten Zug hinter uns nachkommt, in welchem wir auch gefahren wären, wenn wir den Zug auch versäumt hätten. – In Aibling selbst ist es sehr schön, obwohl es, glaube ich, sehr wenig Weinkneipen dort gibt. Gestern hat mich der Kurarzt untersucht, er meint, ich müßte nicht im Bett liegen bleiben, nur bei Nacht müsse ich im Bett bleiben, was ich ja so wie so getan hätte. Sonst geht es mir gut; ich habe mein eigenes Zimmer, in welchem sechs Betten stehen, wovon aber nur vier besetzt sind von vier Patientinnen. – Ich schließe nun meinen Brief und hoffe, daß Du mir in München treu bleibst, wenigstens halbe treu, zum mindesten viertel über zwei. Meine Uhr habe ich vergessen, wir haben auch in unserem Schlafsaal keine Uhr.

Wenn Du mir wieder schreibst, schreibe bitte in den Brief hinein, wieviel Uhr es ist. Ich weiß gar nicht, wie ich an der Zeit bin.

Es grüßt und küßt Dich

hochachtungsvollst

ergebenst

Nepermuk Semmelmeier, Patient,

z. Zt. Bad Aibling.

(alias KARL VALENTIN)

Ein Wörterl zum Schluß

»Hat's g'schmeckt?« fragt die Kathi, die alte Kellnerin vom Postbräu, wenn sie dem Gast den sauber ausgestrichenen Teller vom Tisch nimmt.

»Hat's g'schmeckt?« möchten auch der Verleger, der Herausgeber und der Zeichner den verehrten Leser fragen, wenn er dieses Buch jetzt wieder unter sein Kopfkissen steckt.

Vielleicht, daß er wirklich nickt. Dann werden sich die Obengenannten von Herzen freuen. Und mit ihnen die Dichter, von denen die G'schicht'n stammen. Vorausgesetzt, daß sie noch herunten bei uns auf der Erde sind. Und die andern? Vielleicht werden auch die aus unserm weiß-blauen Himmel herunterblinz'ln und werd'n sich denken:

»No ja – nacha war's ja doch nicht umsonst.«

Über die bairische Sprache

sind schon ganze Bände geschrieben worden. Dick wie die feistesten Bierbanz'n und so gescheit, daß fast jedes Wort drinnen steht, das seit vierzehnhundert Jahren, seitdem die Bajuwarier in das Land zwischen Zugspitz und Untersberg einmarschiert sind, gesprochen wurde.
Was ein geborener Baier ist, der braucht nicht erst lang in ein Buch zu schauen, damit er weiß, was dieses und jenes Wörterl heißt, das ihm aus den Urtiefen der bairischen Sprache plötzlich entgegentönen kann. Wen aber das Schicksal nicht in eine bairische Wiege gelegt hat, den es aber trotzdem freut, sich von bairischen Lauten und Worten umschmeicheln zu lassen, für den haben wir aus den vielen Geschichten dieses Buches ein kleines Häuflein echt bairischer Worte herausgeklaubt und sie ihm »übersetzt«.
Noch einen viel größeren Haufen solcher Worte gäbe es zu erklären. Dazu aber sagen wir dem wißbegierigen Leser: »Schaug, daßd no a gscheiters Büachei dawischst wia des is, und nacha suachstas selwa aussi!« Was auf hochdeutsch heißt: »Sieh zu, daß du noch ein klügeres Buch findest als dieses ist, und dann such dir alles selbst heraus!«

a'draat – abgefeimt
allert – benebelt
alloa – allein
auffi – hinauf
aufhean – aufhören
aufweisen – herausstellen
Auswärts – Frühling
aussa – heraus
awi – hinunter

bal – bald, wenn
belzi(g) – sauer, verärgert
Beppn – schiefer Mund
beuteln – schütteln
bi – bin
biang – biegen
Biß – Gebiß
bisse – ein wenig
bistas? – bist du es?
Bleami – Blume
bleed – dumm
bliatn – bluten
Boana – Beine, Gebein
Boaz – Beize
Bot – Angebot
Buid – Bild

daasi(g) – kleinlaut
dakreit – zerkrallt
Dampes – kleiner Rausch
dawüang – erwürgen
deafa – dürfen
dengerscht – dennoch
dengga – denken
dera – dieser (Frau)
derblecken – auf den Arm nehmen
diewei – zuweilen
Dischput – Unterhaltung
dö sell – dieselbe
draamhapert – im Geist verwirrt
dro – daran
Drossel – Gurgel

eahnern – ihren
ebba oder *epper* – etwa, vielleicht
ehnder – eher
eini – hinein
eiwendi – inwendig
eiramma – einräumen
Eisäng – Einsehen
es (zwoa) – ihr (zwei)

feit – fehlt
firti – fertig
foast – feist, dick

gach – jäh, steil
geits – gibt es
gfeit – gefehlt
gfreit – gefreut
gheant – geweint
gheat – gehört
ghoaßn – geheißen
ghoifa – geholfen
glaabt – geglaubt
glanzete – glänzende
gnädig – wichtig
gnetta – fast
Goschn – Mund
graab – grau
graammt – geräumt
greinen – jammern
grüawig – gemütlich
gscheat – ordinär
gscheida – gescheiter
gschloffa – gekrochen
gseng – gesehen
gunnt – gegönnt
gwest – gewesen
gwißt – gewußt
Gwurl – Durcheinander

habtsn? – habt ihr ihn?
ham – haben
hamma – haben wir
hän – hätten
han i – habe ich
Häuter – dürrer Mensch
heagebn – hergeben
heint – heute
Hemmad – Hemd
herflagga – herlegen
hiloahna – hinlehnen
hinterfotzig – hinterlistig
Hirgscht – Herbst
histoin – hinstellen
hoamgscheitlt – mit Holzscheitern nach Hause getrieben
hoamli – heimlich
hoaß – heiß
hoaßt – heißt
hoibert – halb
hoit – halt

ins – uns
Irmi – Ärmel
Irxnschmalz – Kraft

Juchezer – Jauchzer
jiatz – jetzt

kaaffa – kaufen
kaam er? – käme er?
Kas – Käse
kemma – kommen
kenna – kennen; können
Klachee – ungebildeter Mensch
kleanste – kleinste
kloa – klein
knauzen – brummen, nörgeln
koa – keine
kriagst – kriegst du
Kübe – Kübel

laaffa – laufen
langgstacklt – hoch aufgeschossen
lappert – läppisch

liacht – hell
lupfen – hochheben

mentisch – gewaltig
mia – mir
miassn – müssen
moanst? – meinst du

nacha – dann
nausdo – hinausgetan
neamd – niemand
ninderscht – nirgends
no – noch
noamal, nomoi – nochmal
noidi – nötig
nübagfoin – hinübergefallen

oam – einem
oamoi – einmal
often – manchmal, öfters
ogstoit – angestellt
oiso – also
oiss – alles
oiwei – alleweil
Ostand – Anstand

pfüat di – Servus, auf Wiedersehn

raaffa – raufen
ramma – räumen
riacha – riechen
rian – rühren
roasn – reisen
röhren – weinen
ruafa – rufen

samma – sind wir
sans – sind sie
Schaberer – Schürze
schama – schämen
schelchaugat – schielend
schiali(ch) – häßlich
schimpfiern – ausschimpfen
Schleeg – Schläge
schliaffa – kriechen
schnoi – schnell
Schundniggl – Geizkragen
schwaar – schwer
Schwitzpettln – Schweißtropfen
selm – selber
seng – sehen
siachts – sieht sie
siehgstas – siehst du sie
sieg i – sehe ich
sinscht – sonst
soichane – solche
soit – sollte
soiwa – selber
spannen – etwas merken
spata – später
speanzln – flirten
sper – mager
spuin – spielen
stäit si – stellt sich

taat – täte
taugsam – geeignet
toa – tun
tuat – tut

unterhoitn – unterhalten
üwaroi – überall

vadrossn – verärgert
verzoin – erzählen
Voda – Vater
vodeana – verdienen
vui – viel

waar – wäre
Wampen – dicker Bauch
Weda – Wetter
Wei – Weib
weida – weiter

wiara – wie eine, wie einer
winning – scharf
woin – wollen
woltern – sehr
wui – will

zahna – lachen
zammhoifa – zusammenhelfen
zeam – zünftig
zeiti – zeitig
zerscht – zuerst
ziang – ziehen
zoang – zeigen
z'samm – zusammen
z'toa – zu tun
zuawi laffa – hinlaufen

Quellennachweis

Josef Martin Bauer: »Denn der Mensch sucht die Wärme«, München 1965, Paul List Verlag
Lena Christ: »Bauern«, Leipzig 1929, Paul List Verlag
Wilhelm Dieß: »Wir wenden das Leben hin und her«, München 1962, Richard Pflaum Verlag
Paul Friedl: »Heiterer Himmel über dem Waldgebirg«, Grafenau 1967, Morsak Verlag
Oskar Maria Graf: »Kalendergeschichten«, Rudolstadt 1957, Greifenverlag
– »Der große Bauernspiegel«, München 1962, Kurt Desch Verlag
Ernst Hoferichter: »Bayrischer Jahrmarkt«, München 1959, Ehrenwirth Verlag
Ernst Henthaler: »Das übernatürliche Weibsbild«, Stuttgart 1940, Frankh'sche Verlagsbuchhandlung
Franz von Kobell: »Die G'schicht' von' Brandner Kasper«, München 1951, Prestel Verlag
Lukas Wilhelm Kristl: »Das übernatürliche Weibsbild«, Stuttgart 1940, Frankh'sche Verlagsbuchhandlung
Julius Kreis: »Ringelspiel des Alltags«, München 1934, Langen/Müller Verlag
Johann Lachner: »999 Worte bayrisch«, München 1950, Süddeutscher Verlag
Joseph Maria Lutz: »Käuze am Weg«, Nürnberg 1937, J. L. Schrag Verlag
Isabella Nadolny: »Seehamer Tagebuch«, München 1962, Paul List Verlag
A. de Nora: »Bayernbuch«, München 1913, Albert Langen Verlag
– »Nazi Semmelbachers Hochzeitsreise«, Leipzig 1910, L. von Staackmann Verlag
Fritz von Ostini: »Bayernbuch«, München 1913, Albert Langen Verlag
Kurt Preis: »Münchner Wurzgarten«, München 1942, Arbeitsgemeinschaft für Zeitgeschichte
Georg Queri: »Schnurren und Späße von Georg Queri«, Leipzig 1935, L. von Staackmann Verlag
Eugen Roth: »Lebenslauf in Anekdoten«, München 1962, Carl Hanser Verlag
– »Unter Brüdern«, München 1958, Carl Hanser Verlag
Herbert Schneider: »Münchner Gschichten«, Bd. I und II, Pfaffenhofen 1967, Ilmgau Verlag
Carl Borro Schwerla: »Die letzten Bayern«, München 1970, Ehrenwirth Verlag
J. N. Sepp: »Bayernbuch«, München 1913, Albert Langen Verlag
Siegfried Sommer: »Und keiner weint mir nach«, München 1958, Kurt Desch Verlag
Karl Spengler: »Die gewendete Münze«, München 1963, BLV Verlagsgesellschaft
Ludwig Steub: »Sommer in Oberbayern«, München 1960, Heimeran Verlag
Ludwig Thoma: »Gesammelte Werke«, München, R. Piper & Co. Verlag
Karl Valentin: »Gesammelte Werke«, München 1962, R. Piper & Co. Verlag
Willy Vierlinger: »Dimpflmoser«, München 1942, Eher Verlag
Wolfgang Wehner: »Amalie kam – Amalie blieb«, München 1955, Süddeutscher Verlag

Einige der Zeichnungen von Ernst Hürlimann wurden bereits veröffentlicht in dem Band »Eahm schaug o«, München 1969, Süddeutscher Verlag.

Der Verlag dankt allen Autoren und Verlagen für die freundliche Genehmigung zum Abdruck.